理工男谈理财

构建受益一生的财富体系

王喆 李腾 著

电子工业出版社
Publishing House of Electronics Industry
北京·BEIJING

内 容 简 介

投资理财是每个人都关心的话题，程序员、工程师这些技术人也不例外。本书作者正是站在"理工男"的角度，结合真实的实战案例，讲解技术人应该怎样发挥自己的"理性思维"优势，科学地梳理自己的理财思路、投资策略和个人职业发展路线。

本书既适合有投资经验，但缺乏"科学投资""财富体系"观念的普通投资者阅读，也适合有理工科相关背景，刚进入投资理财领域的初学者阅读，还适合希望进一步挖掘自己职场价值的程序员、工程师阅读。读过本书之后，相信你可以搭建一个更稳固的财富体系。

未经许可，不得以任何方式复制或抄袭本书之部分或全部内容。
版权所有，侵权必究。

图书在版编目（CIP）数据

理工男谈理财：构建受益一生的财富体系 / 王喆，李腾著. —北京：电子工业出版社，2023.1（2025.8重印）. ISBN 978-7-121-44461-6

Ⅰ. ①理… Ⅱ. ①王… ②李… Ⅲ. ①投资—基本知识 Ⅳ. ①F830.59

中国版本图书馆CIP数据核字（2022）第200070号

责任编辑：郑柳洁
印　　刷：北京捷迅佳彩印刷有限公司
装　　订：北京捷迅佳彩印刷有限公司
出版发行：电子工业出版社
　　　　　北京市海淀区万寿路173信箱　邮编：100036
开　　本：720×1000　1/16　印张：16.5　字数：326千字　彩插：1
版　　次：2023年1月第1版
印　　次：2025年8月第3次印刷
定　　价：109.90元

凡所购买电子工业出版社图书有缺损问题，请向购买书店调换。若书店售缺，请与本社发行部联系，联系及邮购电话：(010) 88254888，88258888。
质量投诉请发邮件至 zlts@phei.com.cn，盗版侵权举报请发邮件至 dbqq@phei.com.cn。
本书咨询联系方式：(010) 51260888-819，faq@phei.com.cn。

前言 | 一个理工男的财富观

你好，我叫王喆，一个标准的理工男。高中在理科班，大学在清华大学读计算机专业，毕业后一直从事算法工程师的工作，现在是一名互联网公司的技术经理。纵观这几十年的学习工作经历，我走出了一条典型的理工男"升级打怪"路线。

作为一个工作了十年的理工男，我有两个不算远大的愿望。

第一个愿望，是在自己的专业领域做精做深，树立自己的技术影响力。所以，除了在学习和工作中不断挑战自己，我还出版了几本技术书，申请了近十项专利，发表了十几篇论文，领导了几个开源项目。我并不是行业大咖，但我相信，自己是一名优秀的程序员，也会坚持在技术这条路上一直走下去。

第二个愿望，是管理好自己的钱，让自己的财富稳健增值。这不仅是为了提升自己乃至整个家庭的生活质量，使家人充满幸福感，也是为了能够在未来，自己可以不受客观条件的约束，去追求更遵循内心的理想。

在这本书里，我希望跟你聊聊自己追求这两个愿望的心路历程，特别是站在一个理工男的角度，从财富管理的视角去规划自己的职业发展路径，用理工科的思维构建一个稳健的投资理财体系。我不是什么投资大师，也不可能给你什么财富密码，我只是希望从一个普通人的视角分享一些财富管理的经验，希望能让你有所收获，让你的生活变得更好。

我的"爱财"之路

我第一次接触理财的时候还在上小学，那时每天中午的《新闻30分》都会在结束时播报沪深股市的情况。也就是从那时起，我对电视上那些红红绿绿的数字产生了兴趣，总感觉这后面藏了什么惊人的"秘密"。

大一时，我有了一定的空闲，也从生活费和奖学金里挤出来上千元的理财启动资金，终于如愿以偿地买入了人生的第一只股票。刚开始，我感觉自己是一个怀才不遇十八年，憋了一身本领终于可以在股市中大杀四方的天才少年。结果当然是被市场教做人。

时间一晃已过去了十五六年，这期间我踩了不少坑，也积累了大量投资理财的经验，并从中受益颇丰。无论是房产，还是基金、股票、期货，又或者是创业、期权，这些和钱有关的项目我都参与过，管理的可投资资产也从最开始的几千元，逐渐上升到千万的级别。我的投资理念也从莽撞到理智，从懵懂到有序，最终形成了一套覆盖生活方方面面的财富观体系。

有了丰富的投资经历和一定的理论积淀，我开始有意识地对自己的经验进行整合和输出。2014 年，我跟另一位理工男，清华大学数学系的师兄，当时银华基金的投资经理李腾，共同创建了"科学投资"网站和知乎专栏。从那时起，我会定期跟包括李腾在内的几位专业投资人进行交流讨论，总结自己投资行为的得失，提炼投资经验。

这个过程不仅仅是为了提升个人的财富，更重要的是，我们都看到过身边的家人、朋友、同学，因为陷入各种投资误区，蒙受经济损失。因此，我们都有一个愿景，就是让科学的财富管理理念影响身边的普通投资者。本书也是我们实现这个愿景的又一次尝试。

所以，在本书中，我会从"爱管钱"的理工男的角度，背靠李腾等投资专家的支持，给你讲一讲，怎么管理好自己的金钱财富和职场财富。

利用 5%的时间产生 50%的收益

我相信绝大部分的理工男朋友，都是非常聪明且努力的。在我将近十年的职业生涯中，我遇到的同事也大多是工作非常认真，本身非常聪明的程序员。从收入上来说，他们往往也是同龄人中的佼佼者。这些理工男朋友，很少被工作中的困难绊倒，却总是在"管钱"这件事情上栽跟头。

买房嫌太贵，不知道该不该出手，总是错过最佳时机；对炒股充满热情，投入大量业余时间，却总是被割韭菜；随大流买基金，却又不知道该怎么挑，随便选的基金总是表现平平……

有时我就在想，是因为"管钱"这件事情太难吗？难道比我们遇到的各种编程语言还难学吗？比理工专业课堂上教的微积分、线性代数还难搞定吗？比一张张设计图、一本本技术书还难钻研吗？

我看未必。

我们会在"管钱"这件事情上栽跟头、走弯路，不是因为它有多难，而是因为我们根本没有像重视自己的工作一样重视它。

也许你会说，我当然重视工作了，不然挣不到钱又何谈管钱呢？这种想法不是没有道理，但是我们在"工作"和"管钱"这两件几乎同等重要的事情上的时间投入严重失衡。为了挣钱而行色匆匆的我们，愿意花100%的时间在工作上，却从没有停下脚步，花哪怕是 5%的时间认真思考关于"钱"的问题。为了挣钱，我们可以用"996"的节奏工作，但真的挣到钱了，要么是还各种超前消费的贷款，要么是把钱放在工资卡里，不闻不问，任其贬值，或者随便投到某些看似会赚钱的理财项目上，被别人收割。这不是很荒谬吗？

英文中有个短语叫"low hanging fruit"，字面意思是"挂得很低的、容易摘的果子"，含义是那些容易实现的目标。我相信，一个真正的聪明人，应该学会用极少的精力去摘那些生活中的"low hanging fruit"。和解决你工作中那些极端刁难人的问题相比，进行有效的财富管理就是"容易摘的果子"。而本书希望做的，就是通过阐明一种正确的财富管理方法，让你能不那么费力地跳一跳就摘到这些果子。

如果你现在把100%的时间放在工作上，那么不妨挤出 5%的时间，学习正确的财富管理方法。随着时间的推移，我相信财富管理带给你的收益将逐渐超过工资收入。用 5%的时间，换取至少50%的收益，聪明的你不可能错过这笔买卖吧？

为什么说拥有理工思维是学习理财的前提条件？

看到书名叫《理工男谈理财：构建受益一生的财富体系》，你可能有些好奇：理财每个人都能学，理工男理财有什么优势吗？

当然，不是说只有"理工男"才能理好财，而是说拥有理工思维是理好财的一个前提条件。"理工男"不是指男生，而是指用理工思维思考问题的人群。只有当你用正确的思维方式，用严谨的逻辑去管理你的投资行为时，才具备管好自己的钱的基础。具体来说，拥有理工思维在理财时的优势主要有下面三点。

优势一：理性的思维方式，正是一个成功投资者最宝贵的品质。

大部分拥有理工思维的人，在从事工程、科研类工作时，会把产品、业务的逻辑梳理出来，形成规则，变成程序、图纸、报告，这跟投资理财的过程太像了。投资的过程，就是从一次次的投资行为中提炼规则，形成交易系统，然后根据反馈不断调整。

我们中的很多人有不少投资失败的经历，原因可能就是我们没有意识到，要把工作中严谨的思考方式迁移到财富管理的过程中。而这一点，就是本书希望解决的最关键问题。

优势二："理工男"往往拥有巨大的工具优势。

理工男往往都是使用工具的高手。就拿程序员这个群体来说，我们可以用编程这个工具，快速验证大量别人花很多时间都讨论不清楚的问题。我记得我在第一次买房的时候，跟很多购房者一样，不知道贷款到底贷多一点好，还是贷少一点好；是早点还完好，还是晚点还完好。

后来，我干脆编了一个程序，模拟了我之后的还款、投资、工资收入等变量的变化过程。最终，我根据自己的理财能力，做出了长贷款、晚还款的决策。事实证明，这个决策在当时的客观环境下是非常正确的，帮助我抓住了后续的很多次投资机会。

当然，每个人的客观条件、投资能力都不一样，到底哪种方式更适合你，需要你自己去分析。但这个利用工具高效分析验证，得出结论的过程，就是我们理工男每天都在做的事情，也是我们最擅长的事情。

优势三："理工男"的职业生涯，有挖掘不完的价值。

我一直坚持的理念是，想理好财，先理好自己。特别是在职业生涯的早期，在你的理财资金不足的情况下，把自己理好，把更多精力放在职业生涯的发展上，是更具性价比的做法。而"理工男"从事的往往是技术性较强、行业天花板较高的工作，本身就有挖掘不完的价值。管理好自己的职业生涯这座金矿，也是广义理财的一部分。

总之，如果你是一个拥有理工思维的人，却在手握思维优势、工具优势、职业优势这三大"利器"的情况下都不好好学习理财技巧，那么还有谁更适合学呢？

这本书是怎么设计的？

既然作为"理工男"的我们，在理财上有天然的优势，那如何把这种优势发挥到最大呢？这正是我希望通过这本书为你解决的问题。

在写这本书时，我希望它能够为读者树立起一个广义上的理性财富观，涵盖生活中跟"钱"相关的方方面面，从管理投资到管理职业规划，从跳槽到做副业，从买房到炒股，从基金筛选到量化投资。其中每个点都不会触及太多、太深的细节，但对于一个普通人来说，树立起理性的财富观念才是最重要的——用 5% 的时间做正确的事情，远远比用 95% 的时间在错误的方向上狂奔收益更大。

具体来讲，我把本书分成"财富框架""个人发展""理财实战""进阶策略""量化投资"五章，按照由总到分、由浅入深的逻辑，帮读者搭建起个人的财富体系。图 a 就是由这五章构建起的财富体系，其中也包含了各章的要点，使本书的内容一目了然。

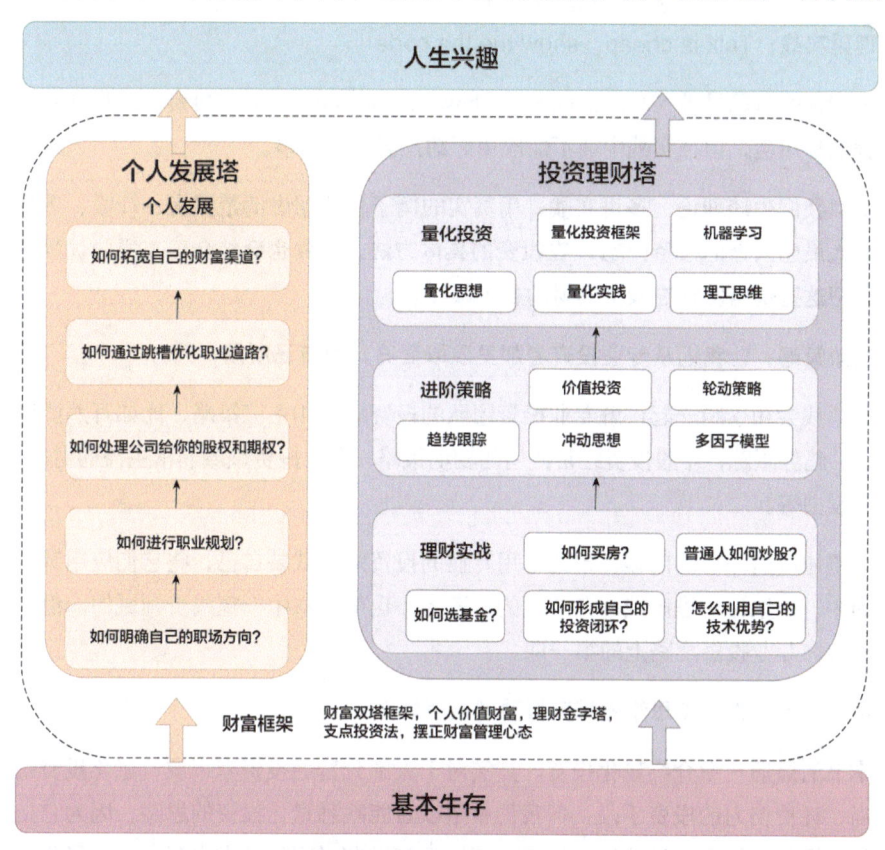

图 a　本书内容结构框架

财富框架：从 0 出发，搭建正确的财富管理体系

前面提到本书要解决的最关键问题就是帮读者搭建起个人的财富体系。所以，在第一个模块，我们首先要做的就是树立正确的财富观，厘清一个稳固的财富框架到底是什么样的。在此基础上，我们谈细节才有意义。

在这一章，我会帮读者充分发挥理工男在逻辑思考能力上的优势，搭建逻辑自洽的**"财富双塔框架"**，纠正那些普遍存在的投资误区，建立"讲逻辑"这个最重要的投资支点。

个人发展：自己的发展才是最大的财富

我们已经明确了一点：理工男的职业道路本身就是一座大金矿。那么对我们来说，财富管理的范围绝不仅仅是投资理财，自己个人价值的提升才是最大的财富源泉。所以在这一章，我会和读者谈谈从事技术岗位的工程师、程序员最关心的几个人生话题，包括职业规划、跳槽涨薪、主业副业等。

理财实战：Talk is cheap，show me the code

我们程序员总是讲"Talk is cheap，show me the code"，其实投资理财也是一样的。理论我们都知道，但在实战中能不能应用好却是另外一回事。

本章我们少谈理论，多讲实战，用真实的例子和数据讲清楚买房、炒股、选基这几个普通人最感兴趣的投资问题。在投资的具体方法上，我也会结合理工男的优势，讲一讲如何把这些优势发挥在投资理财的各个领域。

进阶策略：让我们从专业投资者那里汲取营养，为自己所用

本章我会和李腾一起讲解专业投资团队的投资理念和主流策略，比如耳熟能详的价值投资、趋势跟踪，A股投资经常使用的轮动策略，专业投资领域非常主流的对冲思想、多因子模型等。

希望通过这一章的内容，帮助你用专业的投资知识武装自己，将它们应用到你的投资行为中。如果你想进阶成一名专业的投资者，也可以从中一窥投资领域的前沿知识，让它成为你专业投资之路上的第一课。

量化投资：把理工思维发挥到极致的投资体系

本书的最后一章介绍量化投资。其实对于大部分普通投资者来说，量化投资是一个门槛高、耗费精力的投资手段，但我仍希望读者能熟悉量化投资的思路，因为它是一套能把理工思维发挥到极致的投资体系。即使我们没有时间和精力去开发一套量化投资系统，也可以从量化的思想中收益颇多。

努力做一个更好的、普通的自己

最后，我想送读者一句话：努力做一个更好的、普通的自己吧。接纳自己的"普通"是做好理财的前提，99.9%的人都不是投资天才，只有以一个普通人的姿态去面对财富管理这件事情，才能够扎扎实实地积累自己的财富，否则只能搭建一个由自负和运气组成的空中楼阁。

本书不是致富宝典，能让你直接实现财富自由；更不是什么仙丹妙药，能解救你于生活的水火。但是，只要你有一颗平常心，跟我一起走上财富管理的旅程，那么在前进的路上，你一定会变成更好的自己——这甚至是比赚更多的钱还重要的事情。

财富管理是一个漫长的过程，也是一件要陪伴你一生的事情。我很荣幸你能看到这里，也希望这本书能在你的脑海中埋下一颗财富的种子。下面，就正式开始我们的财富之旅吧！

谨以此书献给刚刚康复的母亲和从小带我看《新闻联播》的父亲，你们的健康才是我最大的财富。

王 喆

2022 年 9 月 12 日

美国旧金山湾区

目　录

第一章　财富框架　001

第 1 节　理财框架：构建属于你的财富双塔　003

第 2 节　个人发展：你自己的发展才是最大的财富源泉　011

第 3 节　理财金字塔：如何建立稳固的投资理财结构　016

第 4 节　实战知识：有哪些收益稳健的经典资产配置组合　024

第 5 节　支点投资法：主动投资是讲逻辑的　032

第 6 节　不当"韭菜"：在财富管理的过程中摆正心态，知己知彼　039

第二章　个人发展　047

第 7 节　职业方向：如何选择一个有前景的职业方向　049

第 8 节　职业规划：大公司 VS 小公司，怎样选择更有前途　056

第 9 节　期权股权：如何正确处理公司给你的期权和股权　065

第 10 节　跳槽涨薪：要把握职业发展的节奏　072

第 11 节　财富拓展：35 岁失业？我们如何拓宽财富渠道　078

第 12 节　压力管理：家庭和人生价值远高于职场价值　087

第三章　理财实战　093

第 13 节　基金投资：构建投资理财塔的极佳工具　095

第 14 节　实战知识：如何选出一只优质的基金　　101

第 15 节　房产投资：如何做出理性的买房决策　　112

第 16 节　实战知识：编个程序来计算怎么还房贷最合适　　121

第 17 节　股票投资：适合普通投资者的股票投资方法是什么　　127

第 18 节　投资闭环：如何成为越来越专业的投资者　　135

第 19 节　技术优势：理工男如何用技术超越其他投资者　　143

第四章　进阶策略　153

第 20 节　价值投资：永远不过时的中长期投资策略　　155

第 21 节　趋势跟踪：怎样跟着趋势赚钱　　162

第 22 节　轮动策略：如何踩准市场变换的节奏　　172

第 23 节　对冲思想：这个世界上有稳赚不赔的生意吗　　180

第 24 节　多因子模型：整合不同策略，形成合力的顶层框架　　187

第五章　量化投资　195

第 25 节　量化框架：典型的量化投资系统包含哪些模块　　197

第 26 节　机器学习：我们能将机器学习用于量化投资吗　　204

第 27 节　量化实战：从 0 搭建一套简单的量化投资系统（上）　　212

第 28 节　量化实战：从 0 搭建一套简单的量化投资系统（下）　　220

第 29 节　理工思维：把量化的思想应用在投资的方方面面　　227

结束语　知行合一：财富管理是一生的事情　233

番外　238

番外一　王喆对话李腾：程序员对基金经理的"灵魂十问"　　238

番外二　有哪些能够持续学习的参考资料和相关网站　　249

番外三　知识总结：本书的全部思维导图　　252

第一章
财富框架

如果你是一名程序员，那么你肯定知道技术架构的重要性；如果你是一名土木工程师，那么你肯定明白结构设计是何等关键；如果你是一名航天工作者，那么你一定会把系统设计放在最重要的位置。

既然在这么多领域想取得成功都需要好的结构设计、好的顶层框架，理财当然也不例外。举个例子，你现在想用 10 万元购买一个理财产品，是投入高风险的股票市场，还是购买稳定收益的债券，又或者是存入灵活存取的余额宝？这个投资行为被单独拿出来讨论是没有任何意义的。只有将它放到你当时的理财框架中，才能说清楚哪种选择是最优的。

很多政治家、军事家喜欢说的"不谋全局者，不足谋一域"就是这个意思。10 万元的投资比起军事家面临的"一城一域"的选择肯定不算什么，但对一个人来说已经是一次重要的决策了，我们理应用理性的、全局的思维去处理每一次投资决策。本章就从全局的角度出发，认真做好理财过程中最重要的一件事：梳理正确的财富观，搭建好理财框架。

第 1 节　理财框架：构建属于你的财富双塔

在前言中我提到过，本书是写给普通人的。普通人不会生来就有千万的资产，也不会因为"踩"准了比特币或者公司上市的风口秒变富豪。巴菲特的经验固然好，但他传授的投资经验是从全球顶级投资大师的角度，而不是从普通人的角度来说的。那么谁是普通人呢？

我眼中的"普通人"是由一种生活状态定义的。这种生活状态就是在不断追求个人和家庭的幸福感，通过努力工作提升自己的收入水平，用劳动所得和理财收入满足基本生活所需，如果有闲钱和业余时间，可以一定程度上追求个人的兴趣爱好。如果你和我一样处在这样的状态，那毫无疑问，你就是一个普通人。

对于咱们普通人来说，**这一生主要会面对四个课题，分别是"基本生存""个人发展""投资理财""人生兴趣"**。其中，"基本生存"是地，"人生兴趣"是天，在这天地之间，"个人发展"和"投资理财"是支撑起天地的两座高塔。这样由个人发展塔和投资理财塔组成的稳固的财富结构，就是我们要建立的财富双塔框架（如图 1-1 所示）。随着本书内容的推进，这个简单的框架也会逐渐枝繁叶茂。

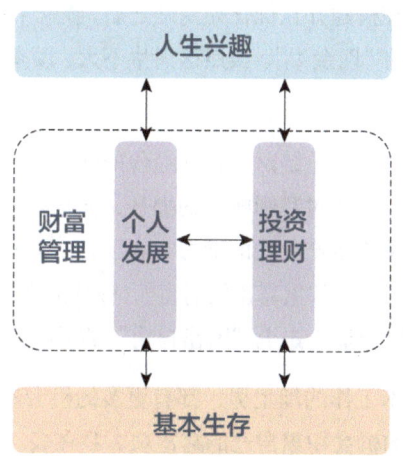

图 1-1　财富双塔框架

在展开具体的章节内容之前，我想先问你一个小问题：你是怎么理解"财富"的？有的读者可能会说，这还用问吗，"财富"当然就是我们拥有的金钱了。我曾经也有类似的想法，从小时候听到的"万元户""百万富翁"这些概念，到互联网时代关注到的不断有人通过投资数字货币、参与公司上市实现财富自由的案例，认为"财富"代表的是我们赚了多少钱。

直到我读了《富爸爸穷爸爸》这本书，才知道自己的"格局"小了。"财富"的定义远远不限于金钱，而是任何有价值、能产生收入的东西。在《富爸爸，穷爸爸》中，作者把一个人的财富归为下面几大类：

- 不需本人到场就可以正常运作的业务。
- 股票。
- 债券。
- 能够产生收入的房地产。
- 版税，如音乐、图书、专利等。
- 其他任何有价值、可产生收入，或者有增值潜力，并且有很好销路的东西，如艺术品。

以第一项"不需本人到场就可以正常运作的业务"为例。我是一个足球迷，在本科期间，我用业余时间搭建过一个下载足球壁纸的网站。这个网站流量不算大，但大概每个月能给我带来将近 300 元的广告收入，这个网站就是一个典型的"不需本人到场就可以正常运作的业务"，因为在搭建并且优化完网站之后，我就不用花费太多精力管理它了。它成了一只能够为我赚钱的"现金牛"。虽然这只牛不大，顶多算一只蜗牛，但毫无疑问，这是我的一项优质财富。

写这本书也是一样的，我在总结财富管理经验的同时，也在为自己创造财富，因为本书出版之后获得的版税，以及对我影响力的提升，同样是一笔实打实的财富。所以财富并不是钱本身，而是一种稳定产生钱的能力或者项目。只有意识到"人生在世，最重要的事情不是打工赚工资，而是积累真正的财富"，你才能实现从"打工者思维"到"理财者思维"的转变，才有可能真正走上"财富自由"的道路。

其实很多从事高新技术工作的理工男，都有更多的机会参与公司创业、专利申请、技术转化等，也就有更多的机会积累自己的财富项。我在表 1-1 中为个人发展塔和投资理财塔各列了七个典型的财富项，供读者参考。

表 1-1 财富双塔中典型的财富项

财富项	个人发展塔	投资理财塔
1	优质公司的关键技术岗位	能够产生收入的房地产
2	优质公司的关键管理岗位	优质公司的股票
3	技术人脉	优质公司的债券
4	自身的技术壁垒	黄金、石油及大宗商品类投资标的
5	技术书版权、专利、技术课程	任何能较稳定产生收益的交易策略
6	影响力资源,包括但不限于微信公众号、知乎专栏、微博等	能较稳定产生收益的量化交易系统
7	所在公司的期权、RSU(受限股票单元)等	其他任何有价值的投资标的

这些财富项就是建成理财双塔的一块块砖,砖越多、越厚,你建成的财富双塔就越稳固、越高大。重要的事情再说一遍,财富双塔是由一个个财富项组成的,而不是由钱堆起来的。

让你的财富飞轮转起来

财富双塔的定义和基本架构让我想起了著名的吉隆坡双子塔(如图 1-2 所示)。这是我非常喜欢的一组建筑,两座高楼看似独立,却是在同一个地基上搭建起来的,上方有廊桥相连,给人的感觉异常稳固。这简直就是我们要构建的财富双塔框架的建筑版。这样的二元结构形成了完美互补又互相支撑的关系。

图 1-2 吉隆坡双子塔

"个人发展"这座塔，总体上是一个人外向能力的体现。在职业发展过程中，你必须和他人充分协作，互相影响。就算我们是工程师、程序员，需要把更多精力放在内向能力的发展上，也会有大量需要外向能力的工作，如项目管理、协调沟通、架构设计等。

而"投资理财"这座塔，本质上是一个人内向能力的体现。从某种意义上讲，理财的过程也是修身的过程，是一个静下心来认识自己、跟自己和解的过程。只有达到了一种平静、真实的状态，你才能成为一个好的投资者。

在跟李腾讨论时，他也提到这些年的一个重要体会：对自己的认知，尤其是对自己**能力边界和风险承受能力的清晰认知，比找到一个顶级投资策略或抢手的投资标的更关键。**所以，在进行投资时，我们不应该把所有的精力都用在研究技术指标和投资策略上，而应该把其中的一多半精力投入到认识自己上，思考自己有哪些优势和不足，想清楚自己要的是什么，并且不断地更新、调整。

个人发展需要外向型能力，投资理财需要内向型能力，所以从能力范畴上，个人发展和投资理财是完美互补的。从财富管理的角度，它们又是互相支撑，互相加速的。从静态上看，它们是一个双塔结构；而从动态上看，我把这个相辅相成的过程称为"**财富的旋转飞轮**"（如图 1-3 所示）。

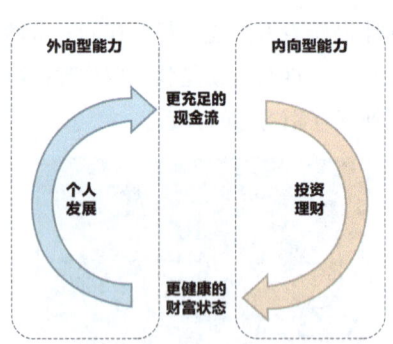

图 1-3 财富的旋转飞轮

让我们看看这个"飞轮"是怎么转起来的："个人发展"能带来稳定的现金流，"投资理财"则把现金流放大，让我们进入更健康的财富状态；有更健康的财富状态作为后盾，我们就能以更好的心态投入个人提升中，进而带来更充足的现金流，形成一个良性的循环体系。

我们每个人都应该试着让自己的财富飞轮转起来，而不是任由其卡在一边，只关注自己的工作，或者完全放弃职业发展，把希望都寄托在投资理财上。财富飞轮的两边缺一不可，而且，你的财富飞轮越早转起来越好，接下来我会向你详细解释这一点。

财富飞轮越早转起来越好

在跟我带的一位实习生闲聊时，他向我提了一个问题：读书的时候，应不应该在理财上花时间？

除了担心影响学业，他主要的顾虑是自己的可用资金非常有限。他说，自己可用于理财的存款可能只有几千元（来自奖学金、生活费），最多也不过是几个月的实习工资，在这种情况下理财真的有意义吗？我给了他非常明确的建议：不仅要理财，而且要大胆地尝试各种不同的投资方式。股票、基金、债券，甚至期货，只要不影响学习和工作，都可以尝试。总之，**要尽早让你的财富飞轮转起来**。

你开始理财时的年纪越小，你的试错成本就越小。而且，投资心态和投资技巧需要通过锻炼来提升，你开始得越早，相对其他人就越有心态和技术优势，可以获取收益的时间也就越长。**在投资理财的路上，你必须做时间的"朋友"，做那些能够让你长期获益的事情**。

就拿我的经历来说吧，我在本科时（2009年）拿几千元炒股，研究生时（2011年）拿5万元交易纸黄金，刚工作（2013年）时用10万元尝试了一年期货交易，2014年到现在，我用更多的钱进行基金和股票投资，逐渐积累了几百万元的可投资资金。

现在看来，我非常庆幸在如此早的学生时代，就开始积累自己的投资经验。那时的我，会因为几十元的波动就产生一些情绪，也会因为赚了几百元喜出望外，现在看来都是非常可笑的。正是这些"可笑"的经历，帮助我建立起后来的投资信心，而**自信和淡定的投资心态，往往是投资行为中最重要的**。

为什么这么说呢？举个例子，如表1-2所示，玩过德州扑克的读者肯定知道，这个游戏中有两个非常重要的概念：升级和降级。如果你从低于NL10（10美元一个买入时获得稳定盈利）的级别，贸然升入NL20及以上的级别，等待你的只可能是快速输掉所有的筹码和本金。因为你不是神，只是一个普通人，超出你能力范围的游戏只会让你的心态彻底崩掉，无法做出理性决策。

表1-2 线上德州扑克的升降级点

游戏级别	资金范围（美元）	升级点（美元）	降级点（美元）
免费级	0~20	20	—
NL2	18~40	40	18
NL4	36~80	80	36
NL6	54~120	120	54
NL10	90~300	300	90

续表

游戏级别	资金范围（美元）	升级点（美元）	降级点（美元）
NL20	280~600	600	280
NL30	420~950	950	420
NL50	950~2000	2000	950
NL100	1900~6000	6000	1900
NL200	5800~12000	12000	5800

换成投资理财也是一样的：在你没法在 10 万元这个级别建立稳健的投资组合时，贸然用更多的钱参与投资，肯定会陷入进退两难的困境，造成不可控的亏损。在德州扑克的牌桌上，有一句很有名的话："当你不知道牌桌上谁是鱼时，你就是那条鱼。"这句话在投资领域同样适用：当你不知道谁是市场中的"韭菜"时，毫无疑问，你就是"韭菜"。所以，既然投资理财这件事和你的一生息息相关，为什么不从现在开始，尽早提升自己的"级别"呢？

我身边有些父辈的亲朋，在理财上做出了相当不合理的选择。他们退休之后，由于没有太多生活寄托，就选择炒股作为自己发挥余热的途径，加入很多炒股群、基金群，随大流投资。这样一个听起来很简单的例子，至少违背了本节说过的两个重要原则，陷入了致命的误区。

（1）我们说过，要让财富飞轮尽早转起来。退休后才把它转起来，这样做有两个风险：一是对他们来说本金太大。很多人用自己的退休储蓄炒股，极易导致心态失衡，进而影响生活质量；二是没有长时间的技术积累，贸然进入需要较高技术水平的股市，这无异于德州扑克中只适合操作 2 美元买入的选手，贸然进入 200 美元买入的游戏牌桌，除了被其他"鲨鱼"吃掉，不可能有其他结果。

（2）前面提到，投资理财的能力，本质上是一个内向型的能力。加入过多的炒股群，跟同样不懂的人交流，不仅毫无意义，而且会让自己更烦躁。成功的投资者的操作方式有且只有一个，那就是通过平和的、有条理的分析得出自洽的投资结论，并依此精确执行。除此之外，别无他法。

如何平衡花在财富双塔上的时间

看到这里，我们要着手解决一个实际问题——如何平衡花在财富双塔上的时间。很多理工背景的读者会有这样的疑问：我们平常的工作实在太忙了，连思考职业发展的时间都没有，怎么可能有精力构建你说的财富双塔？

作为一个在中国工作了五年，在美国工作了五年的程序员，我非常理解"理工男"承受的压力。但我还是要说，我们一定要"挤"出时间来思考财富双塔的问题，因为不思考，你就无法摆脱这种疲于应付的处境，到了你精力不济的年龄，"中年危机"可能就要来了。前面讲过，要让你的财富飞轮转起来，进入一个正向的良性循环，而不是仅凭你的职业收入支撑家庭财务，就是希望你能尽早脱离这种"独木难支"的险境。

其实我的生活跟很多读者一样——生活上有家、有娃，工作上有 OKR、有 Deadline。但是不管怎样，**每天的晚 10 点到 12 点，是被我预定的、雷打不动的自有时间**。我已经这样坚持了五年，而且还会持续坚持。五年每天 2 小时的积累，我都做了哪些事情呢？主要有下面几件：

1. 个人发展方面（时间占 80%）

（1）写了两本技术畅销书：《深度学习推荐系统》《百面机器学习》。

（2）开设了极客时间技术专栏《深度学习推荐系统实战》。

（3）跟踪推荐系统和计算广告业界前沿，更新《王喆的机器学习笔记》知乎专栏和公众号。

（4）不定期受邀做技术分享、会议审稿，举办 Workshop、业界访谈等活动。

2. 投资理财方面（时间占 20%）

（1）跟李腾进行每周一次的投资经验讨论，更新《科学投资》知乎专栏和公众号。

（2）开设了极客时间理财专栏《程序员的个人财富课》。

（3）每周花一个小时复盘上一周的投资状况，调整资金布局，只做中长线投资，当前的资金分布主要在房产、A 股、美股和大宗商品类 ETF。

（4）根据最近发生的重大事件，不定期进行临时的资金布局调整。

我的时间分配原则是这样的：第一，**绝不混淆工作时间和财富管理的时间，做坚决的任务隔离，防止精力分散**；第二，跟时间做朋友，保持每天的短时投入和累计的长时投入；第三，坚决固定自己进行财富管理的时间，没有重大的工作和突发事件，雷打不动地在财富管理的时间做与财富管理有关的事情。

时间既不是省出来的，也不是挤出来的，时间是你提前隔离出来的，这就是我的经验。

小结

本节我们解决了财富管理领域最重大的问题：建立财富框架。在这个过程中，有一些非常关键的点，这里再强调一遍，请读者务必牢记。

（1）财富双塔框架指的是由个人发展塔和投资理财塔组成的稳固的财富结构。

（2）"个人发展"更需要人的外向型能力，而"投资理财"更需要人的内向型能力。

（3）要尽早让个人发展塔和投资理财塔互通互助，让财富的飞轮转起来。

（4）工作紧张时，要提前隔离出思考和处理财富管理问题的时间，只有这样，才能尽早脱离疲于应付的状态。

思考题

2020 年 3 月，我出版了技术书《深度学习推荐系统》，这本书的创作持续了一年，累积花费了 500 多个小时的写作时间，你能用财富双塔的框架解释我为什么要花如此多的精力写这本书吗？

番外小知识 《富爸爸穷爸爸》的作者罗伯特·清崎

罗伯特·清崎，1947 年 4 月 8 日生于美国夏威夷，投资家、企业家、教育家。"富爸爸"系列丛书合著者，富爸爸公司合伙创始人，财商教育的领路人。他还发明了一种培养富人财富观的玩具——《现金流》纸板游戏，教人那些以前只有富人懂的金钱游戏规则，以培养人们的财商。

《富爸爸穷爸爸》出版于 1997 年，书中作者通过比较两个爸爸的财富观，向读者展现了穷人和富人的思维差异。穷爸爸有博士学历，在政府里有一个稳定且收入不错的工作，却陷入了上班、赚钱、消费的死循环；富爸爸高中毕业，却成了夏威夷最富有的人之一。

穷爸爸告诉他要好好读书，找个好工作，赚钱过稳定的生活。富爸爸告诉他要让钱为自己工作，明白资产和负债的区别，并且专心购买和打造属于自己的资产。资产就是把钱放进你口袋的东西，例如股票、债券、房产、知识产权等；而负债就是把钱从你口袋中拿走的东西，例如债务、消费等。穷人为钱工作，富人让钱为自己工作。

第 2 节　个人发展：你自己的发展才是最大的财富源泉

本节我们聊一聊财富双塔中的"个人发展塔"。

很多读者一听到"财富管理"这个概念，就会把它跟"投资理财"画等号。也许你还想问我：这本书不是讲理财吗？为什么不先讲怎么投资基金、股票，反而先聊"个人发展"这种听起来就很"务虚"的话题呢？

其实这是一个很大的误区。**相比于投资理财，"个人发展"带来的自身价值的增长，才是我们首先应该关注的财富增长极**。而且，如果你有很强的个人发展规划能力，那么自身价值增长带来的收益绝对不会比投资理财低。

本节我们就讲一讲"个人价值"都包括哪些，以及如何从财富管理的角度进行个人发展规划，管理好我们自己这座财富金矿。

个人价值的三个同心圆

提到个人价值，还有一个常见的误区，就是把"个人价值"狭隘地理解为"职场价值"。这样的理解，不仅会导致我们错失很多个人发展的机会，而且本质上造成了职场"内卷"现象。这一点很好理解，当所有人都认为个人价值仅仅体现在工作中时，就会把全部注意力和精力集中到非常窄的空间中，怎么可能不"内卷"呢？

要想让自己的价值被充分开发，首先我们应该清楚自己有哪些个人价值。在我看来，一个"社会人"的价值，应该由三个同心圆组成。它们由内而外依次是"职场价值""专业延伸价值""家庭与人生价值"（如图 1-4 所示）。接下来，我们看看它们具体指什么。

首先是最核心的"**职场价值**"，也可以把它称为"**专业能力价值**"。它是我们在这个社会的立身之本，是让我们拿到人生第一桶金的一技之长。程序员见面时，最喜欢聊的话题就是哪个公司发展好，应该怎么提升自己的技术级，如何跳槽，如何谈 Offer，等等，这些本质上都是为了提升我们的职场价值。

和"职场价值"密切相连的是"**专业延伸价值**"。顾名思义，它是由我们的专业能力延伸出来的个人价值。

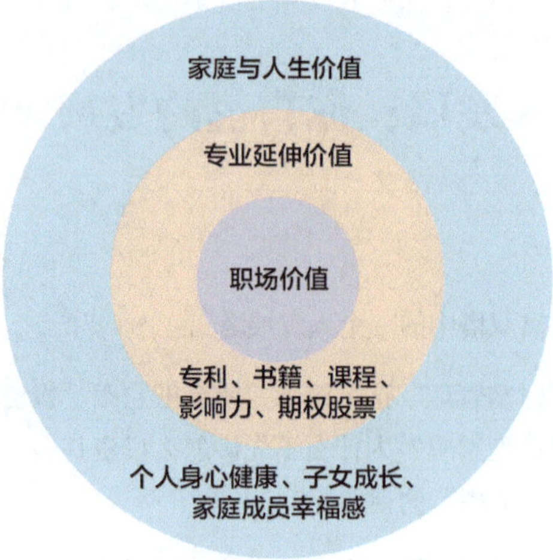

同心圆图示：
- 家庭与人生价值
- 专业延伸价值
- 职场价值

专利、书籍、课程、影响力、期权股票

个人身心健康、子女成长、家庭成员幸福感

图 1-4　个人价值的三个同心圆

举例来说：当我们加入一家创业公司，公司给我们的期权是专业延伸价值；我们在自己的专业领域达到一定的高度之后，申请的专利、写出的 Paper、编著的技术书是专业延伸价值；我们通过技术博客、业界交流积攒的影响力是专业延伸价值；我们通过带团队、做架构逐渐沉淀下来的人脉和技术资源也是专业延伸价值。除了做好本职工作，我们还需要时刻提升自己的"**专业延伸价值**"，因为积攒下来的个人价值才是你自己的财富。

最外圈是"**家庭与人生价值**"。这是一个更大的话题，限于篇幅和作者能力，本书不会深入讨论这部分内容，但我们一定要清楚，实现家庭与人生价值是大部分普通人工作奋斗的终极意义。长期高强度加班，忽视自己乃至整个家庭的身心健康和幸福感，这种做法绝对不可取。第 1 节中描述的财富双塔架构图，也向读者传达了这个意思：你的人生兴趣和家庭幸福才是双塔要支撑的天，这是双塔存在的意义。

要分清楚什么是财富，什么是收入

明确了个人价值的范围，下面介绍如何利用财富管理的思路来提升我们的个人价值。阅读本书的读者，肯定有很多人已经在职场上非常成功了。你可能会说，我现在年薪百万，个人价值不是已经很高了吗？提升空间还有多大呢？

在这里我想说，**不要混淆"收入"和"财富"这两个概念**。年薪百万，是你的个人收入；你有能够拿到百万年薪的能力，才是你的个人价值，或者说个人财富。而我们说的要提升个人价值，管理自身的"财富金矿"，就是要持续提升自己获得高薪的能力。

对个人价值的错误认知会对我们的个人发展产生影响吗？当然会。最直接的就是对职业发展路线的影响。我是知乎"机器学习"等三个领域的优秀答主,经常收到同行的职场咨询。下面是我收到的两个咨询案例,以此说明如何用积累"财富"而不是提高"收入"的思路进行职业规划。

案例一

> 我在某二线互联网公司的算法岗工作了 6 年。现在,我收到了某一线公司 P7 级别的 Offer,包裹(offer package)总值 60 万元;同时,还收到了另一个二线互联网公司同级别的 Offer,包裹总值 70 万元。我应该怎么选呢?

对于这类公司和收入之间的选择问题,按照财富管理的思路,我一般推荐选第一个。因为在**一线互联网公司获得的经验和技术级是职场的财富**,而不仅仅是一份工作收入,它是有益于今后整个职业生涯发展的。

积累这样的职场财富其实跟投资理财一样,都能产生"复利",而不仅仅是产生当前的现金流。所以我在给同行提建议时,一般都会引导大家从积累职场财富的角度思考。你的选择应该建立在至少十年的职业规划,而不是最近三年的收入比较上。

案例二

> 我在某一线互联网公司担任 P7 级别的岗位工作,现在我有机会去一家处在上升期的二线互联网公司,担任技术经理。我去不去呢?

这是一个典型的技术职位和管理职位之间的选择。如果以财富管理的思路来选择,我推荐去。因为互联网行业发展到现在,已经进入了存量竞争的阶段。这时,**好的职位的稀缺性已经高于好的技术的稀缺性**。在一个领域提出独创性技术的门槛非常高,而一个上升期公司的经理职位就成了更有价值的"财富"。业内的读者应该都清楚,从 P7 升到 P8 有多困难。与其熬四五年去搏一个技术级的提升,还不如抓住一个优质的经理职位。而且,技术管理带来的经验提升和人脉积累,是技术上的提升无法替代的。这些都是今后职业生涯发展的宝贵财富。做这个决定的前提是你对新公司的准确判断。新公司必须是一家真正处在"上升期"的公司,否则就要做出相反的决定。

上面仅仅是两个职业规划的例子,事实上,对 Offer 的选择是一个综合考量多种因素的过程,我会在第二章详细讲解。在这里,读者只要分清什么是收入的提升,什么是职场财富的积累就可以了。在职业生涯的规划上,职场财富的积累往往比短期收入的提升更重要,因为前者能够持续产生长期收益。

外包消耗型工作，积累财富型资源

财富管理的思路，除了用来进行职业规划，还应该贯彻到我们个人发展的各个方面。完成本职工作时，我们要注意提升自己的专业能力价值；业余时间，我们应时刻注意提升自己的专业延伸价值。

你可能会问：本来上了一天班就已经筋疲力尽，剩下不多的业余时间还要被通勤、做家务、陪伴家人这些琐事填满，我哪有积累价值的时间？

这是个好问题，也是大部分上班族都面临的现实情况。但我要说，被这个问题困扰的读者一定没有搞明白一个重要的道理：人的精力确实是有限的，但我们应该关注人生中最重要的那些事情。践行这个道理的关键点，就在于我们要尽量"外包消耗型的工作，积累财富型的资源"。

这里的"消耗型的工作"，指的是那些消耗我们的精力却无法带来财富积累的工作，典型的就是日常的家务，以及办证、办手续等琐碎的流程性工作。

以我的家庭曾经外包出去的一些工作（外包消耗型工作）为例：

- 聘请一位做饭阿姨，负责做晚饭、洗碗等家务，每月 2000 元。
- 外包周末家务，聘请保洁公司负责每周的保洁工作，每月 1000 元。
- 孩子出生后，聘请一位全职的育儿嫂，负责除陪伴、教育以外的全部琐碎工作，每月 7000 元。

1 万元的外包花销解放了我，使我有大量的业余时间和精力。这样，晚上我才能有 2 小时去积累专业知识，管理各项投资。我用这些时间积累的专业延伸财富产生的直接收益，远远超过每月 1 万元的花销，更不要提今后的升值潜力了。

而且，我的妻子也无须在这些琐碎事务上花太多时间和精力，因为做这些事情也是对她个人价值的浪费，也会让整个家庭价值打折扣。我的父母、岳父母也没有过多参与这些琐碎的家务，他们有一段快乐的退休生活也是对整个大家庭价值的提升。而所有这些，都直接或间接地提升着我们所有人的幸福感和成就感，这是对我上面提到的"个人价值同心圆"的最好诠释。

有些刚工作的读者可能会认为每个月 1 万元的外包花销太高，自己的工资可能才 1 万元出头。其实外包消耗型工作就是一个指导思想，只要你认为你的时间比能够购买的服务宝贵，就应该义无反顾地花钱买时间。比如我们出门办事，要选择打车还是公交，如果花 40 元打车能够早半个小时完成任务，还能避免把你宝贵的精力浪费在挤公交这件毫无价值的事情上,那么这 40 元一定是划算的——在这个做学生家教的时薪都能达到 200 元的时代,很难想象你半个小时的时间和额外的精力连 40 元都不值。

这部分内容讲的所有例子,都是想告诉你一件事情:不要在小事上仔细,大事上糊涂。在个人发展的道路上,你必须时刻紧绷着"积累财富"这根弦,把自己宝贵的时间和精力放在最重要的事情上,其他低效的事情,尽量外包。

要注意个人发展过程中财富的自然生发

看到这里,一些读者可能会问:所谓的专业延伸价值哪有那么好积累?那都是大咖才能干的事情。我承认,大咖肯定更容易积累这样的专业财富,但是普通人同样有无数的机会,让自己的专业能力发挥价值。因为大量的专业延伸价值根本不需要你挖空心思凭空创造,它们更多的是**在你个人发展过程中自然生发的**,你要做的就是用心抓住它们。

下面三个例子,全都是我身边真实发生的事情,供读者体会如何把专业能力转化成财富。

小 M 是儿童医院的护士,有丰富的儿童医护经验和大量临床资料。2011 年,她跟老公一起通过外包建立了一个母婴类的网站,通过精心打理,在 2014 年就能有每月 1 万元的收入。现在,她更是通过建立相应的 App,让每月收入超过 5 万元。

小 A 是一位大公司的会计,Excel 重度使用者。2015 年,他把自己最常用的 Excel 技巧整理成书。由于 Excel 的使用者极多,而且他书中的内容都来自实战,实用性极强,所以这本书迅速畅销,小 A 年收入的稿费超过 15 万元。

小 X 是一位 NLP(自然语言处理)方向的硕士研究生,他把平时读论文、做模型的实践经验通过知乎、公众号分享给大家,逐渐成为这个方向的头部大号,每个月仅广告收入就超过 1 万元。

可以看到,他们中的任何一个人都不是各自专业领域的顶尖专家,而仅仅是一些有专业能力的从业者。但是,正因为他们能够让这些专业能力的延伸价值从自己的日常工作中生发出来,才积累起了能产生稳定现金流的财富型资源。

本节我围绕"个人价值"举了很多例子,讲了很多个人发展过程中应该遵循的原则,受限于篇幅,终究有一些浮光掠影。但请你不要着急,我们会在第二章讲清楚个人发展的方方面面。

小结

在本节的最后，我再整理一下前面提到的几个关键概念，请一定牢记，因为这是管理好我们个人价值的基础。

- 个人价值由三个同心圆组成，它们由内向外依次是"职场价值""专业延伸价值""家庭与人生价值"。
- 在个人发展的道路上，要分清楚什么是财富，什么是收入。财富是能够持续产生收入的个人价值，而收入是一个瞬时变量，是你个人价值带来的经济收益。

为了有更多的时间和精力积累财富型资源，我们要尽量外包消耗型的工作。

- 专业延伸价值并不是你挖空心思凭空创造出来的，而是在你个人发展过程中自然生发出来的，你要做的就是用心抓住它们。

为了搭建我们财富双塔框架中不可或缺的"个人发展塔"，本节明确了个人发展中的关键原则。但这只是个开始，我会在第二章介绍更多理工男关心的热门话题。

思考题

算法工程师几乎是最近五年最火热的职位之一，很多其他方向的工程师也期待转向算法方向，从而获得更高的收入。如果你是一位工作了五年的 Java 工程师，你会做出这样的选择吗？你可以用本节提到的财富管理的理念分析并回答这个问题吗？

第 3 节　理财金字塔：如何建立稳固的投资理财结构

本节我们来聊一聊财富双塔中的另一个支柱"投资理财塔"。

如果说"个人发展塔"是我们财富的第一桶金，是产生现金流的基石，那么"投资理财塔"就是我们财富的"聚宝盆"和"放大器"。在我的观念中，有两件事情是值得做一辈子的，一是在自己的专业方向上精益求精，二是持续提高自己投资理财的能力。只有这样，我们才能让自己的家庭财富，以及它带来的幸福感最大化。

但是，在和很多同行交流的过程中，我发现了一个问题：跟他们深厚的专业知识比起来，大部分人对于投资理财的认识往往是非常肤浅，甚至是错误的。本节就先从顶层架构上谈一谈，如何构建我们的投资理财塔，让它像金字塔一样安全、稳固。

找"砖块"：这个世界上到底有哪些投资标的？

造一座金字塔，我们第一步要干什么？肯定是去找造塔的材料。在一座理财金字塔中，最基本的砖块就是一个个独立的"投资标的"。

这里出现了一个专业词汇"标的"，我们今后还会多次用到它。它指的就是**我们投资理财过程中的投资目标**，比如股市中一只具体的股票，房地产市场中的一套商品房，金融机构发行的一款理财产品，等等。

接下来，我就从整体上介绍市场上所有的投资标的。你可能觉得会有很多，但其实我们用以下四个类别就能概括所有具体的投资标的。

- **固收类投资标的。**
- **股票类投资标的。**
- **实物类投资标的。**
- **新兴类投资标的。**

固收类投资标的，指的是预期收益率固定，或者波动较小的投资标的。最典型的就是国债、企业债等各类债券。此外，还有一些保险、银行理财产品。它们的特点就是风险相对较小，收益率相对较低，但稳定。

股票类投资标的，指的是A股、美股、港股等各大证券市场的股票。这是我们普通投资者讨论最多的投资标的，你的身边应该也有不少人期望通过"炒股"来实现财富自由。这类标的的特点就是收益高、风险高、波动大。

实物类投资标的，最典型的代表就是房产。买房是我们每个人都绕不开的话题，也是和家庭、人生密切相关的重大投资。所以，房产往往是对我们普通人来说最重要的实物类投资标的。广义上，实物类投资标的还包括原油、铁矿石等大宗商品，以及黄金、白银、艺术品等。这类投资标的的总体特点是投资金额较大，流动性较差。

新兴类投资标的。当前最典型的新兴投资标的是数字货币。由于数字货币这个概念本身源于技术圈，相关的区块链等话题又是理工男非常感兴趣的，所以数字货币的投资在理工男的圈子里非常火热。除此之外，近来炒作得非常火的"元宇宙"的虚拟资产也是典型的新型投资标的，它的特点是未来不确定性强，收益和波动都极大。

这四大类投资标的还可以再细分：每一类投资标的都有内部子类，每一个子类中又有很多具体的投资标的。这样，就可以组成一个从大类到小类、由高层级到低层级排列的**投资标的金字塔**，具体如图1-5（a）所示。

图 1-5（b）是与图 1-5（a）中各层级投资标的对应的投资方法，也就是我前面提到的"投资理财金字塔"。

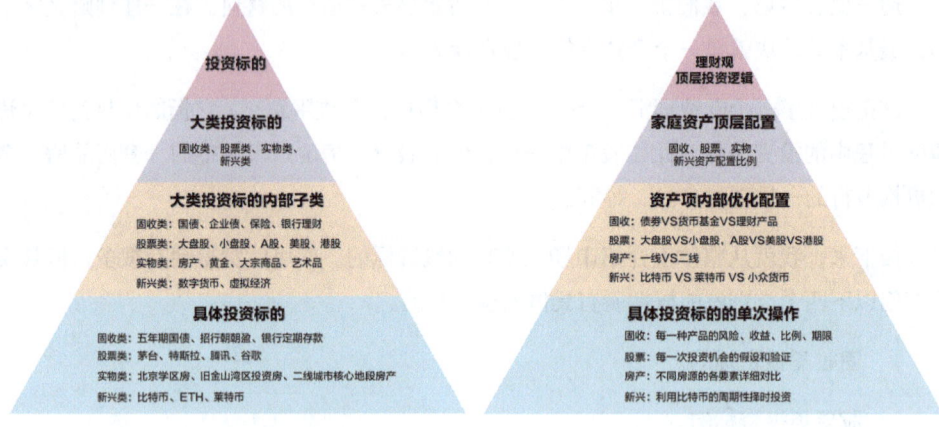

（a）投资标的金字塔　　　　　　（b）投资理财金字塔

图 1-5　投资标的金字塔和投资理财金字塔

我们在对家庭资产进行配置时，往往就是遵循这种金字塔式的配置方法。

首先，在自己的理财观，也就是顶层投资逻辑的指导下，做家庭资产的顶层配置，确定上述四大类投资标的的配置比例。

然后，根据对每类资产的了解程度，做资产项内部配置的进一步优化。

最后，落实到每一次具体的投资操作上。

这种自顶向下的投资方法，我把它称为"**层级迭代式投资法**"。

我需要了解所有的投资标的吗？

面对这样一座复杂的投资标的的金字塔，你可能一时有点懵，因为看上去要掌握的东西实在是太多了。我们真的需要了解所有的投资标的吗？

其实不用。研究投资标的时，我们只要遵循这个原则就够了：尽可能熟悉全部四大类投资标的的特点，然后根据自己的兴趣和擅长的领域，有针对性地深入研究具体的投资标的。

这其实和程序员进行系统设计是一个道理。如果你想让你的系统性能优秀，就要统筹设计系统中的各个模块。只要缺少了一个模块，就可能影响整个系统的稳定性和运行效率。但是，一个人不可能成为所有模块的专家，所以我们只要能在统筹全局的同时，深入一个或几个点，就足够了。

熟悉四大类投资标的，听上去是一个艰巨的任务。但是别害怕，只要使用下面三个方法，就不难掌握各个大类标的的基本投资方法了。

方法一：趁早开始

在第 1 节中就提到过，要让自己的财富飞轮早点转起来，越早越好。熟悉各个投资标的也是一样，你熟悉得越早，就可以越早享受它带来的好处。

方法二：设置观察仓

设置观察仓，就是指把少量的、无关痛痒的钱投入你想要了解的投资标的。这部分钱会自然而然地吸引你的注意力，让你去观察这个标的的风险和收益特性，在做到知己知彼后，你就可以做进一步的投资了。

这个方法我屡试不爽，既能快速熟悉不同标的的特点，又不用承受太大的投资损失。所以，我建议你在进入任何一个新的投资领域时，都先采用这个方法，快速学习的同时又不会伤筋动骨。

方法三：结合兴趣，有重点地学习

这一点前面也提到了。我鼓励你多了解各类投资标的的特性，并不是要你了解所有细分的投资标的，事实上，也没有人可以做到这一点。你要做的，是结合自己的兴趣，进行有重点的学习。

还是以我的经历为例：我对固收类、股票类、实物类、新兴类这四大类投资标的都有研究，分别是从银行理财产品、科技股、房产和比特币入手的。在广度上，对大类投资标的有一个正确的认知，同时对自己感兴趣的点有较深入的研究，这才是正确的学习方向。

在这里，我要再次强调全面了解四大类投资标的的重要性：这四大类投资标的，都有自己的宏观周期性规律。对我们普通投资者来说，利用这些宏观规律赚钱，远比钻进一个点，做非常狭窄的投资研究要简单。

这里可以总结一句我的投资心得：深度的钻研，应该在广度的"low hanging fruit"都已被摘完的前提下进行。这一点，对平衡我们的时间投入和投资回报来说非常重要。

打地基：资产配置的经典组合

我相信所有接触过投资理财的读者都听过一句话，"鸡蛋不能放在一个篮子里"。这句话听上去简单，却是现代投资组合理论的核心思想。

现代投资组合理论是由诺贝尔经济学奖获得者马科维茨在 1952 年提出的，它的影响力一直持续至今。可以说，这个理论是我们构建一个稳健的资产配置体系的基石。

如果说不同类别的投资标的是构成我们投资理财塔的材料，那现在我们已经收集了足够的"砖块"，可以运用合理的资产配置方式给我们的"投资理财塔"打地基了。即使我们一点理财知识都没有，只要把这个地基打好，就能获得非常理想的投资收益。

在这里，我就介绍一个财富管理行业中非常著名的资产配置方案——永久组合。

"永久组合"是 1973 年由美国专业投资人哈利·布朗提出的。顾名思义，他提出这个组合的初衷就是让投资人只要"永远"保持这个组合比例，就能获得不错的稳定收益。

这个组合非常简单，用一句话就能说清楚它的配置方案，即"25%的美国标普 500 指数基金（简称股票），25%的美国十年期国债指数基金（简称债券），25%的黄金指数基金（简称黄金），25%的货币基金（简称货基）"。

当然，中国市场的具体投资标的肯定是不同的，把这个方案套用到中国市场就是"25%的沪深 300 指数基金，25%的五年期国债，25%的黄金指数基金，25%的货币基金"，如图 1-6 所示。

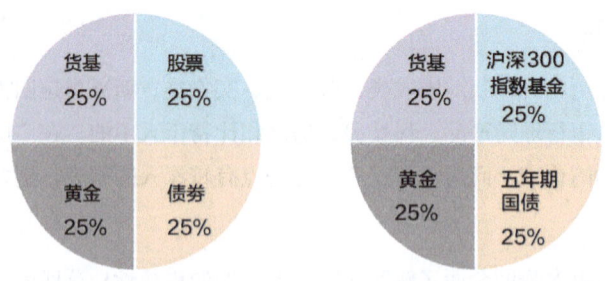

图 1-6　永久组合的配置比例

显而易见，永久组合就是把你的财富分成四份，平均地投资到股市、债券、黄金和货基这四种资产类别上。那么，这个组合的收益是多少呢？我们看看表 1-3。表 1-3 所示为从 2002 年年初—2020 年年末的永久组合收益率（60/40 组合会在第 4 节详细介绍，这里仅做对比）。

表 1-3　2002 年年初—2020 年年末的永久组合收益率

投资指标	60/40 组合（中国）	60/40 组合（美国）	永久组合（中国）	永久组合（美国）
年化收益率	6.70%	7.30%	6.80%	6.80%
最大回撤	50.90%	32.80%	27.20%	15.90%

可以看到，从 2002 年年初到 2020 年年末，在这将近 20 年中，只要你坚持使用永久组合，就算什么都不改变，无论在中国还是美国，你都能获得 6.80% 的年化收益率。

只要你稍微有一点理财经验，就知道这个年化收益率不仅远高于货币基金 3% 左右的年化收益率，还远高于市面上任何一款银行理财产品的年化收益率。更重要的是，永久组合在中美市场的最大回撤仅有 27.20% 和 15.90%，远低于 A 股 50% 以上的最大回撤，风险低很多。

正因为这样，如果你是一个财富管理的新手，只要遵循这些经过时间充分验证的资产配置方案来配置你的财富，就可以获得稳定且可观的财富收益。

当然，资产配置的经典组合远不止永久组合这一种。第 4 节将详细讲解几种对专业人士和普通投资者都适用的经典投资组合方案。

资产配置失衡，如何做到"资产再平衡"？

关于资产配置，我还想提醒你一件重要的事：**要时刻关注自己的资产配置是否平衡。**

需要特别强调的是，这里的资产不仅限于我们投资的闲钱，还应该把自己的房产，甚至把父母、配偶在内的整个家庭的资产都考虑进来。如果这个大家庭的资产严重偏向某一单项资产，就存在资产配置失衡的问题，你的"投资理财塔"就是不稳固的。

举例来说，我在 2017 年第一次系统性梳理了自己整个大家庭的资产，发现了一个非常严重的问题：我们夫妻二人及双方父母组成的大家庭的资产严重偏向房产，占比居然达到 90% 以上。而且，基于中国人安土重迁的观念，这其实是中国家庭普遍存在的现象。

2017 年，我们且不论房价未来会怎样，单就我家庭的资产配置而言，房产的占比显然过高。这样的严重失衡状态，可能会带来以下两个后果。

（1）**单一资产的风险敞口**（risk exposure，这是一个专业词汇，指的是未加保护的风险）**过大**。房地产市场的波动将严重影响整个家庭的资产价值。

（2）**房产占用了过多的资金**，这会导致我丧失其他领域的很多投资机会。我通俗地称其为"miss value"。

既然意识到了问题，我们就要去解决，解决办法就是"**资产的再平衡**"，也就是把你的资产配置从失衡的状态纠正回来。

于是，从 2017 年起，我主要采取了两个措施。

首先，我把自己小家庭的新增收入，以及我父母的新增收入，全部配置到股票类和固收类资产上。在这个基础上，考虑到自己的风险偏好（个人对于不同风险的心理承受能力）相对较高，我把自己的收入全部配置到股票类资产上，父母的收入则以 40% 和 60% 的比例配置到股票类和固收类资产上。

其次，我直接进行了投资大类的置换。当时我对中国房地产的基本判断是：中国房地产市场在未来十年将进入一个长期稳定阶段，房价只可能出现小幅上升。于是，我在 2018 年卖掉了一套小的投资房，把还完房贷后剩余的资金以接近永久组合的比例投资到了其他投资大类中。

经过这一系列的调整，我整个大家庭的资产配置状态变得更健康，抗风险能力更强。图 1-7 所示为我从 2017 年到 2021 年 7 月的资产再平衡过程。

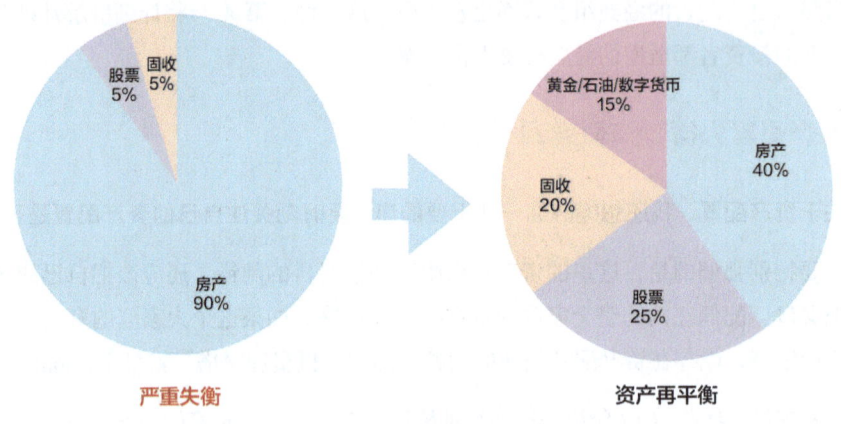

图 1-7　从资产的严重失衡状态到资产的再平衡

诚然，每个人、每个家庭都有不同的资产配置状况，我的做法不可能适合所有人。但问题的关键在于，你是否有资产配置的概念，以及切实执行资产配置理念的行动力。

如果你从来没有认认真真地梳理过自己的家庭资产情况，那么你的"投资理财塔"很可能是根基不稳、风雨飘摇的。所以，在总结本节之前，我要给你留一个小任务：拿一张纸，或者打开一个文档，花半个小时，列出你所有的家庭资产。然后，看看它们是不是有严重失衡的情况。如果有，想一想自己接下来应该怎么做。

小结

本节详细介绍了财富双塔中的另一座塔——"投资理财塔"的搭建和管理方法。本节的关键点非常多且异常重要,我把最关键的五点列在了下面,你一定要再看一遍。

所有的投资标的可以分为四大类:**固收类、股票类、实物类、新兴类**。

要尽力了解所有的投资标的大类,**设置观察仓**就是很好的了解新标的的方法。

在做资产配置时,要遵循**层级迭代式投资法**,自顶向下规划你的投资行为。

记住永久组合的投资比例:25%的股票,25%的债券,25%的黄金,25%的货基。

要时刻关注自己的大类资产是否存在失衡的情况。如果存在失衡,就要制定切实的计划进行**资产再平衡**。

思考题

(1)和身边一些人交流时,发现他们有一个想法:进行资产配置只在资产规模较大时才有必要。关于这个问题,你是怎么想的呢?

(2)我们在投资标的大类中没有提到基金,你觉得是为什么呢?或者说,你认为基金应该算作一大类投资标的吗?

番外小知识　诺贝尔奖获得者——马科维茨

哈里·马科维茨,美国人,出生于 1927 年。他是享誉美国和国际金融经济学界的大师,曾任美国金融学会主席、管理科学协会理事、计量学会委员和美国文理科学院院士。他是现代资产组合理论的开创者,并凭借对现代金融经济学理论的开拓性研究,获得了 1990 年诺贝尔经济学奖。

1950 年,马科维茨取得芝加哥大学硕士学位,仅仅两年后便获得芝加哥大学博士学位。同年,他在学术论文《资产选择:有效的多样化》中,首次应用资产组合报酬的均值和方差这两个数学概念,从数学上明确地定义了投资者偏好。

投资组合的最优风险收益组合取决于均值-方差投资组合构建的给定风险水平下的最大收益。正是组合方差形式的巨大变化,使他发现了投资组合可以减小方差、分散风险的奥秘。

> 马科维茨革命性的均值-方差投资组合理论最终扩展为资本资产定价模型，该模型是投资管理实践的重要组成部分，主要用来帮助家庭和公司合理组合、运用其资金，以在一定风险范围内取得最大收益。

第 4 节　实战知识：有哪些收益稳健的经典资产配置组合

本节我们沿着第 3 节介绍的"投资理财塔"的思路，讲一讲 4 种**收益稳健**，对普通投资者来说又相对**好操作**的经典投资组合。

最经典、极易操作的"股债组合"

首先，介绍一个历史最悠久，操作极简单，但至今仍有很强实用价值的组合——股债组合。

顾名思义，"股债组合"是指主要投资于"股票"和"债券"这两类资产的资产配置组合。其中，60/40 股债配置组合，即 60%股票和 40%债券的组合最经典，它大约在五十年前就开始在美国流行，成为当时各投资机构推荐给投资者的标准组合。

在股债组合中，股票部分是这个组合产生长期收益的核心驱动力，而加入适当比例的债券资产，将显著降低组合整体的波动水平，让投资者承担的风险大幅减少。海外市场最著名的股债组合，就是我们刚刚提到的 60/40 股债组合。在国内，因为股票的波动率相对偏高，而债券的波动率相对偏低，所以我们针对国内投资标的的特点，调整为 40/60 股债组合，即 40%的股票和 60%的债券。

下面就验证一下，从 2005 年到 2022 年 8 月，这十七年半间 40/60 股债组合的收益率和波动率到底怎样。在这里，我使用沪深 300 指数代表股票资产，使用上证国债指数代表债券资产。

从图 1-8 的股债组合净值走势图中可以看出：绿色的股债配置组合的净值曲线虽然有波动，但比蓝色的纯股票资产曲线平滑了很多；同时，股债配置组合的长期收益又比纯债券资产高很多。所以，直观上看，股债组合确实通过简单的资产配置策略就把股票和债券的优势都占了。

(净值)

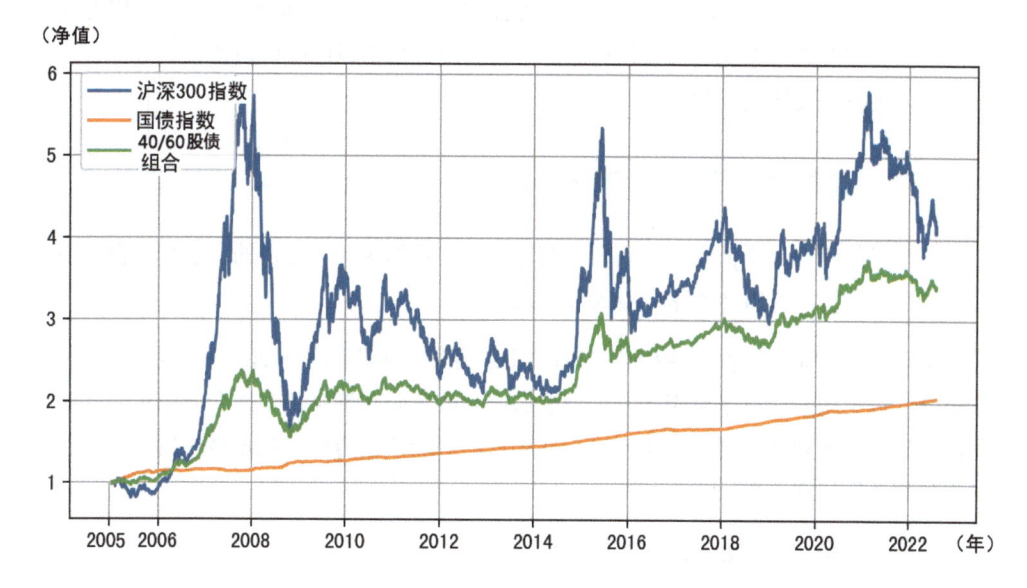

图 1-8　40/60 股债组合 2005 年至 2022 年 8 月的净值曲线

这时读者可能会问，有没有更量化的指标来表示收益率和风险呢？当然是有的。我推荐你关注表 1-4 中的两个指标，年化收益率和最大回撤。

表 1-4　40/60 股债组合 2005 年至 2022 年 8 月的业绩指标

资产名	年化收益率	年化波动率	最大回撤	夏普率	收益/回撤比	权重
沪深 300 指数	8.4%	25.9%	72.3%	0.23	0.12	40%
国债指数	4.2%	1.0%	2.4%	1.59	1.73	60%
40/60 股债组合	7.2%	10.4%	34.2%	0.45	0.21	100%

年化收益率很好理解，就是在选定时间段按复利计算的年均收益率。最大回撤，指的是净值曲线中最大一次下跌的幅度，它是衡量一个投资标的风险特性的最重要指标。

还有一个指标叫夏普率，它是由年化收益率减去无风险收益率（本书的无风险收益率设为 2.5%），再除以年化波动率得来的，描述了承担单位波动能够换取的超额收益，专业投资者一般用它直接衡量一个投资标的的好坏。

简单的 40/60 股债配置组合，长期年化收益率为 7.2%，已经接近纯股票 8.4% 的年化收益率水平。同时，它的最大回撤从纯股票的 72.3% 大幅降低到 34.2%。

72.3% 的最大回撤是什么概念呢？如果你对自己的风险偏好没有明确的认知，只要问自己这样一个问题就够了：如果自己的资产下跌 7 成，晚上还能不能睡好觉？如果你觉得自己会像大多数人那样寝食难安，那 3 成最大回撤的股债组合肯定更适合你。

有的读者可能是极度厌恶风险型的投资者，3 成的损失都不能承受，那么有没有风险更可控的资产配置方案呢？其实是有的。下面我要介绍的风险平价组合，就是一种以组合风险为出发点设计的方案。

风险更可控的"风险平价组合"

风险平价组合是由波士顿磐安资产管理公司的钱恩平博士提出的，这个组合的设计思路是让每类资产对组合整体风险的影响大致相等。

拿 40/60 股债组合来说，股票资产对这个组合整体风险的影响远大于债券，这就让这个组合的风险跟股票过于强相关，不利于通过分散风险来增强整个组合的稳定性。要避免这个问题，就要调整资产配比，让股票和债券对股债组合的风险贡献一致。这就是风险平价组合的基本思想。

具体怎么做呢？主要分以下三步。

第一步，罗列一系列你想要投资的资产类别。

第二步，计算这些资产类别指数的历史波动率，也就是年度收益的波动水平。

第三步，用这些波动率的倒数作为权重来构建组合。

下面，继续以股票和债券作为例子，构建一组股债风险平价组合。

代表股票资产的沪深 300 指数，波动率大致是 20%~30%；代表债券资产的上证国债指数，波动率大致是 1%~2%。它们波动率的倒数比大致是 1:10，这样就得出了我们构建组合的权重。

接下来，我们看一个回测实例。回测是对一种投资策略在历史数据上的复盘，相当于用历史数据检验策略的实战效果，在量化策略的研发中是一种最常用的手段，类似于软件开发的测试环节。

我们大致按照 10%股票和 90%债券的权重，在 2005 年年初开始建仓这组股债风险平价组合，之后每季度再平衡一次，也就是按照当时的资产价格重新把股债的比例调整到 1:9。我们可以得到如下回测结果。

表 1-5 和图 1-9 所示的股债风险平价组合与前面的 40/60 股债组合相比，最大回撤大幅下降，只有 5.9%。我想，这样稳定的组合一定可以让你睡好觉！当然，作为降低风险的代价，它的年化收益率也降到了 5.1%。如果你能坚持这样的投资组合，保持收益率的稳定，长期的复利也能够显著提升你十五年后的财富水平。

表 1-5 股债风险平价组合 2005 年至 2022 年 8 月的业绩指标

资产名	年化收益率	年化波动率	最大回撤	夏普率	收益/回撤比	权重
沪深 300 指数	8.4%	25.9%	72.3%	0.23	0.12	10%
国债指数	4.2%	1.0%	2.4%	1.59	1.73	90%
股债风险平价组合	5.1%	2.8%	5.9%	0.94	0.85	100%

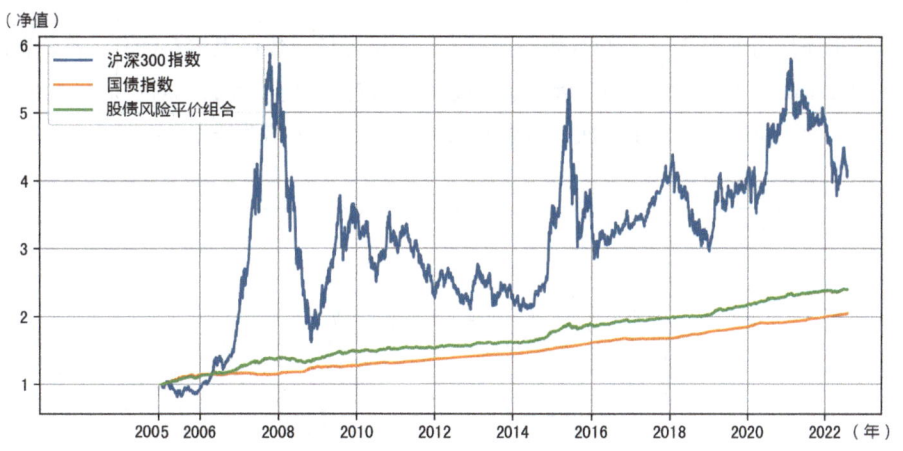

图 1-9 股债风险平价组合 2005 年至 2022 年 8 月的净值曲线

股债风险平价组合的背后逻辑是分散风险，让组合整体的收益来源多样化，这样就能够相对安全地穿越各种不利的市场行情。当然，加入越多的投资标的，组合的风险就越分散，组合整体的收益就越稳定，这是需要一定的调研和计算能力的。

看到这里，有的读者可能又有疑问了：我们都是金融理财领域的业余选手，不懂也不会算波动率，而且也不想在资产配置上投入太多精力，能不能直接给我一个"标准答案"，可以什么都不用想，闭眼投的那种？

天底下真有这种能让人躺着赚钱的投资组合吗？你别说，还真有，就是第 3 节提到过的永久组合。下面就详细分析永久组合设计的理念和它的收益表现。

可以盲投一辈子的"永久组合"

第 3 节也提到过，永久组合的设计初衷是希望构建一个能够终身持有的资产配置组合，通俗点就是一辈子闭着眼投不用管的配置组合。

这样一个组合包含的所有投资标的都应该具有长期的生命力，不能五年、十年之后就从市场上消失了。而且，组合权重的确定应该非常简单，不需要做数据统计或者信息搜集工作，这样才能"永久"。

于是，20世纪70年代，美国的专业投资人哈利·布朗提出了永久组合，它以相等的权重，配置于四类非常常规并且"永久"的资产：25%的股票、25%的国债、25%的黄金和25%的现金。股票和国债，我们在介绍股债组合时都熟悉了，新加入的黄金则是一把对抗通货膨胀的"利器"，而现金可以最大程度地削弱风险，并留出流动资金。

接下来，我们通过回测介绍永久组合在中国市场的实际应用效果。

这里还是用沪深300指数代表股票资产，上证国债指数代表债券资产，黄金资产用黄金期货指数代表，现金资产用货币基金代表。按这四种资产各25%的权重在2005年年初建仓，之后每季度再平衡一次，得到如图1-10所示的净值曲线。

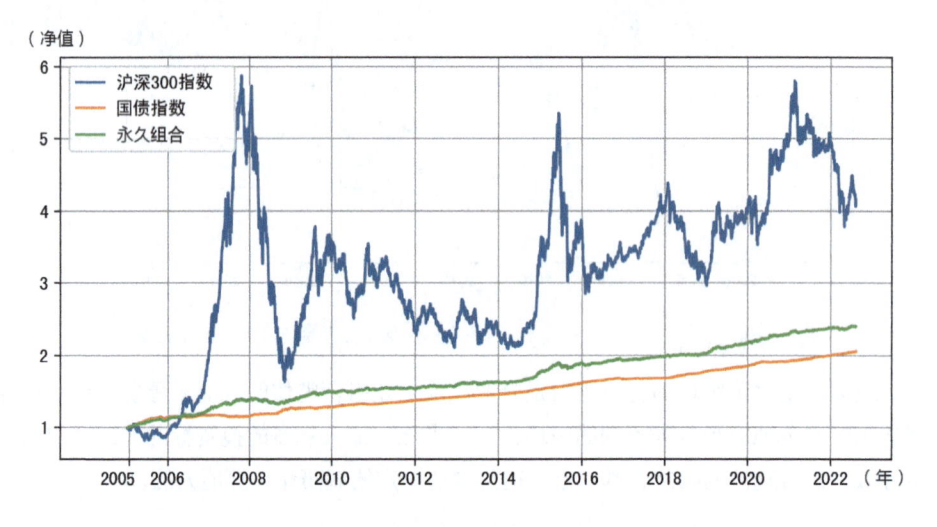

图1-10　永久组合2005年至2022年8月的净值曲线

如表1-6所示，永久组合的年化收益率达到了6.8%，最大回撤相比股债组合的34.2%降到了27.4%。更重要的是，永久组合的稳定性已经在超长历史跨度中得到了反复验证。

表1-6　永久组合2005年至2022年8月的业绩指标

资产名	年化收益率	年化波动率	最大回撤	夏普率	收益/回撤比	权重
沪深300指数	8.4%	25.9%	72.3%	0.23	0.12	25%
国债指数	4.2%	1.0%	2.4%	1.59	1.73	25%
黄金9999	7.0%	16.1%	44.9%	0.28	0.16	25%
货基指数	3.0%	0.2%	0.0%	2.81	86.80	25%
永久组合	6.8%	7.9%	27.4%	0.55	0.25	100%

我们再看一下永久组合在美国市场的效果，你会更明显地感受到这个组合的优势。由于美国金融市场的稳定性更好，永久组合在长达四十五年跨度中的表现是，年化收益

率达 8.15%，最大回撤仅为 12.42%，这充分证明了它稳定性和持久性俱佳的特点。

到目前为止，我介绍的组合都是侧重于大类资产投资的，风险较低，收益较稳定。那我们能不能通过投入更多的调研时间，让我们的组合收益更高呢？答案当然是肯定的。如果你有更强的投研能力，更多的精力，是可以获得更高收益率的。关于这一点，读者可以从接下来介绍的"耶鲁组合"中汲取一些经验。

标的丰富、业绩卓越的"耶鲁组合"

"耶鲁组合"在机构投资者中非常出名，它是由美国耶鲁大学捐赠基金会管理的，负责人是大卫·史文森。在他管理该基金的三十五年间，基金规模从 13 亿美元增长至 312 亿美元，获得了远高于市场平均水平的长期收益。

耶鲁组合的基本构建思路是：**要尽量多地引入有坚实盈利逻辑的资产类别**。例如，这个组合重配了当时其他捐赠基金都不敢配置的对冲基金、股权基金、风险投资等资产。这些当时的新兴资产，确实创造了经济价值，我们只要能设法鉴别出其中的优质资产，就可以相对安全地分享它们在成长过程中带来的巨大收益。而且，因为当时其他机构不敢配置这些新兴资产，所以这些资产当时的价格都比较便宜。耶鲁基金因此获得了长期卓越的业绩。

对普通人来说，耶鲁组合似乎很难复制，因为像对冲基金、股权、风投等资产，普通人很难接触到，也很难进行鉴别。但也不必望洋兴叹，我们仍然可以在力所能及的范围内复制它的基本思想：**尽量扩充和优化自己的资产类别，增加收益来源**。

举个例子，针对上面我们刚刚学习的股债组合，可以做如下优化。

引入美股资产。因为相比 A 股，美股在更长的时间区间内有更稳健的表现。

将代表 A 股大盘指数的沪深 300 指数基金替换为主动股票型基金。主动股票型基金主要由更专业的基金经理管理。因为 A 股现阶段的普通投资者比例仍然较大，所以专业投资者凭借信息和技术优势，有更丰厚的超额收益空间。

接下来，演练具体的实际操作。我们用中证股票型基金指数（股票基金）代表中国的主动股票型基金资产，用标普 500 指数代表美国股票资产，用上证国债指数代表债券资产。按 30%中国主动股票型基金资产、10%美国股票资产和 60%债券的权重在 2005 年年初建仓，之后每季度再平衡一次，得到表 1-7 所示的业绩指标和图 1-11 所示的净值曲线。

表 1-7 类"耶鲁组合"2005 年至 2022 年 8 月的业绩指标

资产名	年化收益率	年化波动率	最大回撤	夏普率	收益/回撤比	权重
国债指数	4.2%	1.0%	2.4%	1.59	1.73	60%
标普 500 指数	7.2%	19.5%	56.8%	0.24	0.13	10%
股票基金	12.8%	23.2%	59.3%	0.44	0.22	30%
类"耶鲁组合"	8.0%	7.4%	22.6%	0.73	0.35	100%

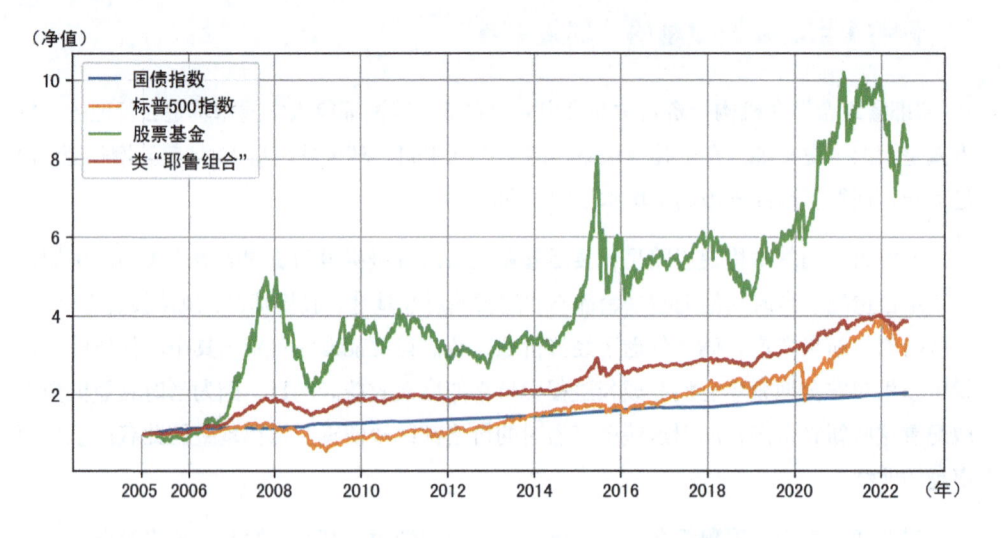

图 1-11 类"耶鲁组合"2005 年至 2022 年 8 月的净值曲线

从表 1-7 中可以看出，我们创建的类"耶鲁组合"，仅利用 22.6% 的最大回撤就获得了非常有吸引力的 8.0% 的年化收益率，在风险和收益两个维度都击败了 40/60 股债组合。我们仅做了一些大类资产的简单筛选和回测，就可以享用到低风险、高回报的组合收益，**这就是资产配置带来的"免费午餐"**！

如果把这个组合跟单一资产相比，它的优势会更明显。例如，和代表股票的沪深 300 指数相比，类"耶鲁组合"用了不到三成的最大回撤（22.6% VS 72.3%），换来了超过九成的收益（8.0% VS 8.4%），大幅度提升了投资的性价比。你看，是不是可以算得上"物美价廉"？

小结

到这里，本节就接近尾声了。为了方便读者对比本节提到的所有组合，我把它们的业绩指标全部总结到了表 1-8 中。

表 1-8 本节所有投资标的业绩指标对比

资产名	年化收益率	年化波动率	最大回撤	夏普率
沪深 300 指数	8.4%	25.9%	72.3%	0.23
标普 500 指数	7.2%	19.5%	56.8%	0.24
国债指数	4.2%	1.0%	2.4%	1.59
黄金 9999	7.0%	16.1%	44.9%	0.28
货基指数	3.0%	0.2%	0.0%	2.81
40/60 股债组合	7.2%	10.4%	34.2%	0.45
股债风险平价组合	5.1%	2.8%	5.9%	0.94
永久组合	6.8%	7.9%	27.4%	0.55
类"耶鲁组合"	8.0%	7.4%	22.6%	0.73

可以看出，相对于单一资产，四种经典资产配置组合中的任何一种的夏普率都有显著提升，明显改善了风险收益特征。也就是说，用远远小于单一资产的回撤水平，获得了跟单一资产中收益最高的股票资产接近的长期年化收益。

事实上，在财富管理过程中，**学会应用资产配置的思想，比选择具体的组合方案重要得多**。即便你使用的不是本节提到的四种经典配置方案，但只要将一些相关性较低的资产类别进行组合，并用一个较为均衡的权重来分配，那么分散化的投资就可以大幅降低你的财富风险，让你的收益率更稳健。

思考题

在如表 1-8 所示的业绩指标对照表里，货基指数的夏普率居然达到了惊人的 2.81，远远高于类"耶鲁组合"的 0.73。请你思考以下几个问题。

- 货基指数是一个优于类"耶鲁组合"的投资方案吗？
- 货基指数的夏普率为什么这么高呢？
- 如果让你去选择资产配置方案，你是会选择货基指数还是类"耶鲁组合"呢？

番外小知识　耶鲁组合的管理者大卫·史文森生平

1980 年，27 岁的大卫·史文森从耶鲁大学博士毕业，来到华尔街，并很快取得了成功。1985 年，他应恩师之邀，毅然辞去华尔街的工作，回到耶鲁大学掌管学校的捐赠基金。该基金从 1985 年的近 20 亿美元规模增长到 2021 年的 423 亿美元。在过去二十年中，耶鲁的捐赠基金年回报率为 11.3%，远超美国其他学院和大学捐赠基金的回报率。

他的方法被称为"耶鲁模式",随着耶鲁大学捐赠基金投资的持续成功,这一模式逐渐得到认可。耶鲁模式与其他传统大学捐赠基金不同的是,其大幅降低了传统资产类别的投资,如国债、债券、美股等,而把目光转向了另类投资,如外国股票、房地产、自然资源和私募股权等。并且,耶鲁模式认为资产配置是投资过程的核心环节,大量配置流动性较低的另类资产,是基于它们的预期收益和多元化效应,同时也需要投资者对资产进行更积极的配置。

不幸的是,史文森于 2021 年 5 月 5 日因癌症去世,享年 67 岁。高瓴资本张磊发表文章《传奇永不落幕——纪念大卫·史文森》致敬恩师。前摩根史丹利董事长巴顿·毕格斯说:"世界上只有两位真正伟大的投资者,他们是史文森和巴菲特。"

第 5 节　支点投资法:主动投资是讲逻辑的

在前面的两节中,我们学习了资产配置的概念,了解了几个易于操作、收益稳健的经典投资组合。合理的资产配置是我们"投资理财塔"的基石。只要你有足够的定力,就可以通过简单的资产配置策略,享受长期稳定的收益。

但有的读者可能会说:"永久组合 6.8% 的年化收益还是太低了。我想通过投资赚到足够的钱,实现我财富自由的梦想。"

首先要纠正的是,长期稳定的 6.8% 的年化收益其实是一个非常优秀的收益率。能够不受诱惑,十几年如一日坚持永久组合的配置,本身就是一件极难做到的事情。

至于"财富自由",我想,只有在合理的资产配置基础上,依照非常严密的逻辑进行主动投资,并长期进行投资实战训练,才有可能实现这个目标。除此之外的任何"暴富"想法都是不切实际的。

本节介绍如何主动出击,才有可能拿到超额的年化收益。

投资公理——投资是讲逻辑的

我们提到,要想进行主动投资,就必须依照非常严密的投资逻辑。这就涉及投资中的一个本质问题:我们所有投资行为的出发点到底是什么?

有的读者说：我最近投资比特币赚了不少钱，因为我一直跟着一个币圈大咖，他怎么投，我就怎么投。那这位读者的出发点就是"跟投大咖"。

有的读者说：我最近又买了很多茅台的股票，因为我看茅台的股票已经从最高点跌下来不少了，价格足够便宜。那这位读者的出发点是"抄底"。

还有读者说：我最近又买了不少A股的指数基金，因为我看A股大盘又开始上涨了。那他的出发点就是"追涨"。

这些读者的出发点对不对呢？对，也不对。说对，是因为他们都能给自己的投资找到一个理由；说不对，是因为他们找到的理由太过片面，既没有严格的数据和丰富的经验支撑，又没有严密的投资逻辑指导后续的投资行为。

其中，后者是更加重要的。我在跟几位专业投资人交流时，也常聊到这一点，对此我们达成了共识：**投资行为的出发点有且只有一个，那就是"严谨的投资逻辑"**。你可以把这句话看作投资领域的公理。

个人情绪是所有投资者的"公敌"

在心理学领域，有一个非常重要的概念叫"EGO"，即自我或自我意识。如果说按照严谨的逻辑进行投资是投资者必须遵循的公理，那么包含着大量个人情绪的EGO就是投资者的公敌。

具体来说，在投资中个人情绪会有什么样的消极影响呢？也许你没有太直观的感受，那我就举个例子。普通投资者常常会有如下类似的投资行为。

2020年下半年，无论国内还是国外，关于新能源的投资都非常火热。特斯拉、蔚来汽车、理想汽车，它们的股票涨幅都在10倍以上。于是，很多人坐不住了，有人眼红，有人兴奋，有人后悔。在种种个人情绪的驱使下，大部分人都顾不上太多，想的只是一定要赶上新能源这趟车，于是纷纷打开券商App，抓紧下单买入。

我们先不说这样的投资能不能赚到钱，你的投资动机就已经注定了这笔投资是毫无价值的。赚钱了，只会驱使你在错误的路上越走越远，直到下一次亏钱；亏钱了，带给你的就是实打实的损失，让你怀疑、否定自己。我把这些由人类EGO触发的投资叫作"**无效投资**"。

再拿我身边人的投资行为举个例子。2021年上半年，以比特币为代表的数字货币经历了一波急速上涨并大幅回调的行情。2021年1月，我的一位同事在比特币3万美元附近的点位入场，他的本意是趁着上涨趋势赚一波"快钱"，然后快速退场。

这个出发点其实没有问题，跟着大趋势走，短线操作一波离场就好。但到了 2021 年 3 月，比特币上涨到 6 万美元左右时，他推翻了自己的投资逻辑，转而看好比特币的长期发展。他说，随着越来越多企业用比特币支付，比特币将迎来真正的牛市，所以选择继续加仓比特币。

还是那句话，我们暂时不管这样的投资能不能赚到钱，先看背后的投资动机。这样随意改变自己投资逻辑的行为，只可能有一个结果，那就是毫无逻辑的止盈和止损。也就是说，投资者根本不知道自己为什么赚到钱了，或者亏了钱。我把这样的投资者称为"逻辑错乱"的投资者。

截至 2021 年 6 月，比特币已经跌至约 3.5 万美元，由于高位加仓，这位同事的利润已由正转负。这时我们要担心的是，他会不会再次"逻辑错乱"，又不看好比特币的长期价值，选择抛出了？在专业的投资者眼中，这样"逻辑错乱"的投资者是非常高价值的韭菜。

在你看到这本书时，也许比特币已经涨到 10 万美元一枚，也许已经跌到 1 万美元一枚，但不管现在的情况怎样，这位同事到底有没有赚到钱，都不能改变他投资逻辑错乱的事实。不管是由人类 EGO 触发的"无效投资"，还是随意改变投资逻辑的"逻辑错乱"行为，它们对财富管理来说都毫无意义。甚至，这些行为都称不上是一次"主动出击"，顶多算是拿自己的钱扔了一回骰子，玩了一把还挺刺激的游戏。

到底什么才是真正的"主动投资"呢？什么才是所谓的"有逻辑的投资"呢？下面介绍一种典型的有逻辑且可行的投资方法——支点投资法。

支点投资法

支点投资法是我和李腾总结了十几年的投资经验后提出的，它不复杂，足够基础且实用。我建议你认真琢磨下面的每一句话，因为支点投资法是本书所有主动投资都遵循的投资框架。

所谓"支点投资法"，就是先为你所有的投资行为寻找一个逻辑支点，之后随着时间的推移，不断验证这个支点还存不存在。一旦这个支点消失，就要毅然决然地选择结束这次投资行为。

图 1-12 已将支点投资法的要点描述出来，读者可以对照这个流程图来理解。

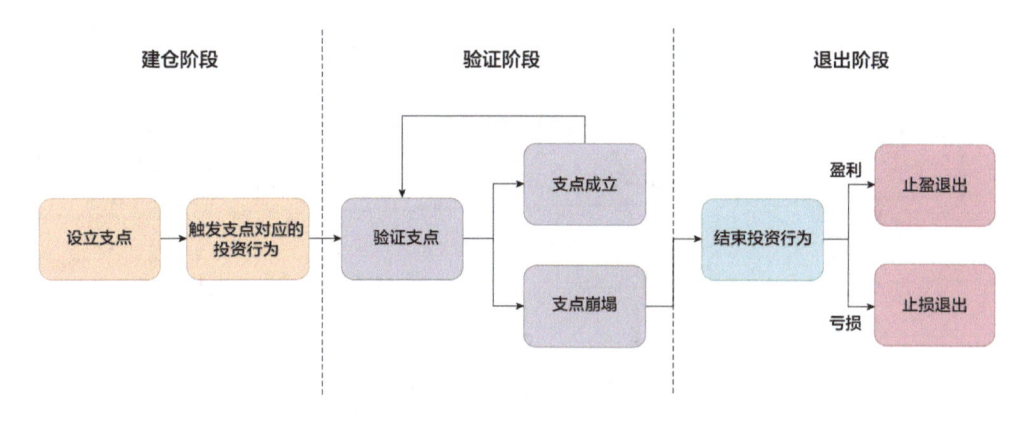

图 1-12　支点投资法

支点投资法主要分为三个阶段，分别是"建仓阶段""验证阶段""退出阶段"。

"**建仓阶段**"的主要任务是寻找这次投资行为的逻辑支点，然后根据这个支点，触发相应的投资行为。

"**验证阶段**"则是要不断验证你的投资支点。如果支点的逻辑还成立，就持续持有当前投资标的；如果支撑投资支点的条件已经不存在了，就证明当初的投资行为已经没有支撑了，就要进入投资的退出阶段。

最后的"**退出阶段**"，需要的是你坚定的执行力，不管该次投资是盈利还是亏损，只要投资支点不存在了，都应该坚定不移地退出。退出时如果你处于盈利状态，就是"止盈退出"，这次投资行为就是成功的。而如果处于亏损状态，就是"止损退出"，虽然这次投资行为失败了，但由于你清楚地知道亏损的理由，这次投资过程就成了提升投资水平的宝贵经验。

下面，举一个应用"支点投资法"的典型例子。2021年年初到2021年6月，我基于宏观经济政策的支点投资了某航空股，获得了43.3%的收益，这是一个典型的执行支点投资法的案例，如图1-13所示。

大家都知道，新冠疫情对全球航空业的打击是致命的。从图中的股价走势可以看到，2020年3月以来，某航空龙头股从28美元直接跌到了10美元左右。

2021年元旦前后，这只股票的价格仍然没有恢复。但这个时间点，全球各大药企已经陆续研制出疫苗并上市，全球主要国家也通过降息、量化宽松等手段救市。这是不是一个好的投资航空股的时间点呢？

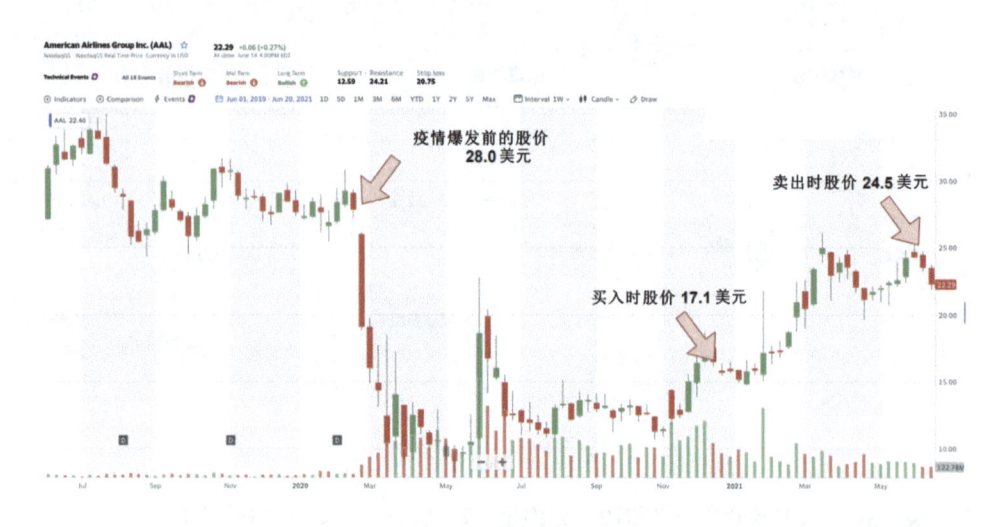

图 1-13　投资某航空股的案例

我当时的判断是这样的：如果疫情好转，那么航空股必然会有相应的反弹；如果没有好转，情况也不会比最低点差，投资的损失也不会过大。我们只要时刻注意疫情的发展变化和航空股价格的波动，时刻验证这个投资支点是否成立就行了。

2021 年 6 月，航空股的股价确实像我当初估计的那样大幅上涨，基本恢复到了 2020 年前的水平。但是要注意，到这时，当初的投资支点已经消失了，因为该只股票的价格已经反弹，当初支撑航空股价格修复的支点已经不存在。所以，我在 2021 年 6 月 3 日以 24.5 美元的价格卖出该只股票，这半年的收益率为 43.3%。

这是一次完整的应用支点投资法的投资行为。希望你能够对照支点投资法的流程图，厘清我是怎样设立投资支点，验证投资支点，并最后止盈退出的。

当然，在具体的投资行为中，还有调研、选股、择时等诸多会影响投资结果的细节问题。但只要你在每次主动投资时都遵循支点投资法，就一定能不断丰富自己的经验，提高自己发现投资支点的能力。在投资之路上，只有方向正确，我们的所有努力才是有意义的，这就是我一再强调投资支点重要性的原因。

止盈和止损的本质是什么？

有了支点投资法的框架，我们就可以在这个基础上，很好地回答一个投资领域的关键问题：到底如何做止盈和止损？如果你认识不清这个问题，就永远无法真正把钱赚到自己的口袋里——即使你在一次、两次投资中侥幸赚到了钱，也会因为没有合理的止盈和止损体系，在未来的投资中凭"实力"把钱亏回去。

那么"止盈"和"止损"的本质到底是什么呢？表面看，这是投资中两种截然不同的结局，但其实它们的本质是统一的。无论是"止盈"还是"止损"，都在做同一件事，就是"退出"。而"退出"的原因，有且只有一个，就是你当初那个投资支点的崩塌。

在这里，我们再从三个不同的角度，用三句话来"翻译"什么叫作"**投资支点的崩塌**"。

（1）为了进行一次主动投资，你首先要做的肯定是做出一个投资假设，来指导你的投资行为。在投资行为发生后，如果最初的这个投资假设已经不成立了，就应该选择退出，不管是止盈还是止损。

（2）在投资行为发生之前，你一定要有一个投资理由，或者理论支撑。当这个支撑不存在时，就应该止盈或者止损。

（3）在投资开始时，我们一定要为这笔投资寻找一个支点，你之后所有的行为都是建立在这个支点上的。当这个支点消失时，你难道不应该退出重来吗？

显然，这三句话说的都是一回事。重要的事情说三遍，就是为了加深你的印象。道理很简单，难的是将其真正内化到自己的认知体系中，并在投资实践中坚定地执行。在这里，你可以再翻出之前的支点投资法流程图看一看，我相信你会对止盈和止损的时间点有更好的把控。

小结

本节我们讨论了一个关键问题：在默认的资产配置方案的基础上，如果想主动追求超额收益，应该怎么做？答案就是支点投资法。支点投资法是本书所有主动投资遵循的投资框架，非常重要，我把相关要点列在了下面，希望你能够牢记。

永久组合 6.8% 的年化收益其实是一个非常优秀的收益率，想要通过主动投资获得超过它的收益率，并不是一件容易的事情。

要想通过主动投资真正赚到钱，就必须遵照"**严谨的投资逻辑**"。

"**逻辑**"和"**情绪**"是一对严格对立的敌人，在投资过程中，一定要避免由情绪驱使的"**无效投资**"和"**逻辑错乱**"行为。

"**支点投资法**"分为"**建仓**""**验证**""**退出**"三个阶段。它的大致过程是：在投资行为发生之前，寻找一个逻辑支点；随着时间的推移，不断验证这个支点还存不存在；一旦这个支点消失，就毅然决然地选择结束这次投资行为。

止盈和止损的本质是统一的，都是在投资支点崩塌之后的退出行为。退出时盈利，则是止盈操作；退出时亏损，则是止损操作。

思考题

掌握了支点投资法，是不是就意味着我们一定能盈利？一个掌握支点投资法的新手和一个熟练运用支点投资法的大神，他们的主要差距是什么？

番外小知识　心理学中的 EGO 指的到底是什么？

弗洛伊德将人格结构划分为三个部分——"Id，Ego，Super-ego"。

本我（Id），是指原始的自己，包含生存所需的基本欲望和冲动。本我按快乐原则行事，它不理会社会道德、外在的行为规范，它的目标是求得个体的舒适、生存及繁殖，它是无意识的，不被个体所觉察。

自我（Ego），是自己可意识到的执行思考、感觉、判断和记忆的部分，自我的机能是寻求"本我"冲动得以满足，而同时保护整个机体不受伤害。

超我（Super-ego），是人格结构中代表理想的部分，它是个体在成长过程中通过内化道德规范、内化社会及文化的价值观而形成的，其机能主要是监督、批判及管束自己的行为。超我要求自我按社会可接受的方式去满足本我，它所遵循的是"道德原则"。

自我斡旋于本我、超我和外部世界之间，在原始冲动、道德和现实世界中寻找平衡，尽可能满足三者。自我更忠实于本我的冲动，但是会受来自超我的负罪感、自卑、焦虑的惩罚，而自我也会采取否认、转移、幻想等方式防御。

为什么说要在投资行为中压抑自我，就是因为自我的意识往往是从本我出发的，而市场本身又是客观的、不依赖于某个个人存在的。只有完全抛弃自我，才能在市场中寻找到规律并坚定执行。

第 6 节　不当"韭菜"：在财富管理的过程中摆正心态，知己知彼

本节是本章的收尾。在接下来的四章中，我会基于已经搭好的框架，给读者讲解具体的财富管理方法。但在这之前，我们还剩一个重要的总体性问题没解决，那就是**投资心态**。

我在第 1 节中就强调过，自信和淡定的投资心态，往往是投资过程中最重要的因素。那我们应该怎么摆正心态呢？我觉得完全可以用一个词来概括，那就是"知己知彼"，也就是对自己、投资标的和交易对手都有清晰的认知，只有这样才能避免成为被收割的"韭菜"。

本节我们就来纠正普通投资者的常见投资误区，讲一讲如何在财富管理中认清自己，认清对手，并从自身优势出发赢得胜利。

永远记住，你只是一个普通人

前言中提到过，本书的目的是希望能让你成为"**一个更好的、普通的自己**"。事实上，投资者成为被收割的"韭菜"，往往不是因为"技不如人"，而是无法接受自己只是一个普通人。

巴菲特的老师格雷厄姆，曾不止一次向普通投资者推荐购买"指数基金"，建议他们不要做各种"花式"的主动投资。这是因为，绝大多数的普通投资者都不具备高超的投资技巧和过人的天赋，被动地配置指数基金，往往就是保持财富与市场一同增值的最好办法。如果你过分自信地主动操作，就很可能被别有用心的人"收割"。

所以，我们绝大多数人在投资前，都应该对自己说以下三句话。

- 我这辈子不可能只靠投资实现财富自由。
- 我不可能是那个万中无一的幸运儿，刚开始投资就能稳定盈利。
- 如果我在投资时随意操作，不讲投资逻辑，就算一时靠运气挣到了钱，早晚也会亏光。

只要你清楚这三点，我相信，就算你什么都不做，只靠着合理的资产配置被动投资，

也能超过市场上 50% 的投资者。

你也许对我的这种说法心怀疑虑，那就给你举个例子：2020 年，中国的 A 股全市场指数上涨了 23.7%，但中国股民的盈利比例有多少呢？51.9%。也就是说，将近一半的中国股民居然在大盘上涨了 23.7% 的情况下亏钱了。这不就是说明，即使你什么也不做，也能战胜全国 50% 的股民吗？进一步说，如果你能够遵循"永久组合"等被动的资产配置方案，战胜 80% 的股民也不是什么难事。

如果你不满足于此，准备通过主动投资赚取更多收益，那"知己知彼"这一点对你来说就更重要了。而要做到"知己"，就要跳出那些常见的投资误区，想清楚自己作为一名普通投资者的优势，摆正心态。你可能想问，具体有哪些常见误区呢？我们又该如何发挥自己的优势？别急，下面我就给你详细讲一讲。

普通投资者的常见误区

误区一：加入多个炒股群，盲从"炒股专家"或炒股类电视节目的意见

很多个人投资者喜欢听同事、专家的意见，加入很多炒股群、理财群，期望获取一些独家的信息和技巧。我们且不论这些意见到底有没有用，先从第 5 节介绍的"支点投资法"出发，分析"听专家意见投资"的弊端。

在你跟随某位专家投资时，其实是默认这个专家的意见就是你的"投资支点"。也许这位专家的意见是对的，但是支点投资法要求你不断验证这个投资支点还存不存在，你不清楚专家做出这个决策时的内在逻辑，又如何做验证呢？

而且，在支点投资法中，退出的条件是支点的崩塌。思考一下，你是听专家意见买入的，那么这位专家能够如此认真负责，专门通知你该退出了吗？

退一步说，假设这位专家确实很厉害，你买入和卖出都是跟着他操作的，这就意味着你投资的唯一支点就是这位专家的意见。但他管得了你一次投资，还能管你一辈子吗？他能时时刻刻、毫无保留地把他所有的投资决策都分享给你吗？这显然是不现实的。

其实管理自己的个人财富，就像锻炼身体、抚养子女、学习知识一样，是人一生中最重要的体验之一，只可能通过你自己的思考和经验的积累来完成。任何依赖他人的想法，都是幼稚且不可持续的。对于专家的意见，我们应该持一种"拿来主义"的态度，重要的是将其吸收、消化，转化成自己做决策的能力。只有这样，你才能成为独立且成熟的个人投资者。

误区二：盲目自大，频繁短期操作

在投资的初期，大部分人都有盲目自大的心态，我也不例外。2009 年，我刚炒股的时候，运气比较好，赚了一些钱，于是就认为自己非常厉害，天赋异禀，不再是一个普通人了。在这种心态下，我开始进行频繁的短期操作，不操作就觉得手痒痒，感觉不多做操作就体现不出我的聪明才智。结果呢，我的收益率从最初的 10% 迅速下降，然后由正转负，最低时亏损到 30%。这一失败经历还让我阶段性地放弃了股票投资。

那怎么看待"频繁短期操作"这种做法呢？暂且不谈过多操作带来的交易佣金上升问题，我们先来分析一下，频繁短期操作时，我们面对的对手是谁。

一般来说，市场上做中高频交易并且能够盈利的人，几乎都是专业投资者：有依托强大投研团队的基金经理，有每天至少花 4 小时交易、5 小时复盘的私募交易员，还有全体成员都是名校毕业、国内外投资经验都异常丰富的量化投资团队。而我们作为一个普通投资者，把自己放在他们的对立面，真的有胜算吗？

专业投资者是怎么看待频繁短期操作的呢？李腾做过十几年的基金经理，他总结了两种可以靠频繁短线操作盈利的方式：一是通过高频交易模型，利用大数据、强大的算力、低延迟的交易系统及交易所的返点实现；二是只交易自己特别熟悉的几只股票，并且有大量交易经验和超出常人的投资天赋。

听完李腾说的这两种情况之后，我很有自知之明地放弃了高频短期操作，因为我的时间、精力和拥有的资源都满足不了上面提到的两种情况。

有一句话说得好："不要拿自己的业余爱好挑战别人的专业。"更何况在投资领域，这里的"别人"往往就是这个世界上最聪明的一群人。要记住，我们仅仅是普通投资者，不要主动把自己扮成"韭菜"，送到别人的"镰刀"下。

误区三：谨小慎微，只敢把钱放银行存定期

和过度自信、频繁操作的投资者相比，有的投资者会陷入另一个极端：曾经因为炒股或者投 P2P 亏过钱，就"一朝被蛇咬，十年怕井绳"，什么投资都不敢做了。

其实，这样的行为同样是"韭菜"行为，只不过收割你的不是那些专业投资者，而是通货膨胀，是上涨的房价，是你错过的一个又一个投资机会。

一个人的财富永远都是相对的，别人的财富都按照 7% 的速度增长，而你的财富放在银行，按照 3% 的速度增长，这本身就是一种财富的缩水。举个例子：2010 年，100 万元能在北京海淀区买一套 50 平方米的一居室，这十年中你把 100 万元存在银行，现在成了

140万元，但50平方米的一居室涨到了500万元，这140万元的购买力可能只够买一个厨房。

我们建立财富双塔结构，是希望能让你的财富飞轮越转越快，而不是让你的财富逐渐缩水。把你的钱置换成优质的财富资源，再通过科学的方法进行主动配置，才能实现财富的保值和增值。

以上就是个人投资者的三个常见误区。如果当下你还在被这三个误区困扰，那么非常不幸，你很有可能是金融市场中的一棵"韭菜"！

这时你可能会问：难道我作为一个普通投资者，就什么优势也没有，只能接受当"韭菜"的命运吗？当然不是。拥有这种悲观的心态说明你还没有正确认识自己。要记住，即使和专业的投资者相比，我们也有对方无法超越的优势。只要能认清自己的优势，并将其充分发挥，你同样能在投资这场持久战中赢得胜利。

和专业投资者相比，普通投资者的优势在哪儿？

优势一：长钱优势

个人投资者最大的优势就是长钱优势。这里的"长钱"，指的是可以长期不被挪动，只用于投资的资金。

机构投资者使用的资金都是代理人的，而代理人在遇到较大的回撤时，对机构投资者的信任就会崩塌，产生大量的赎回行为。

李腾经常和我说，表面上看机构投资者的优势非常突出，其实他们也有很多的无奈。尽管机构投资者有来自顶级名校的团队成员，有丰富的投资经验，有大体量的资金，有取之不尽的投研资源，但是他们最大的无奈就是他们的钱不是长钱。一方面，什么时候卖出更多是由他们的客户决定的；另一方面，机构投资者背负着巨大的短期业绩压力。所以，对一些收益更丰厚的长期投资机会，机构投资者只能忍痛舍弃。

相比而言，普通投资者的资金是自己的，如何投资全凭自己控制，是真正的长钱。理解了这一点，你就会意识到：在长期投资这条赛道上，机构投资者是有先天缺陷的。这就是普通投资者在长期投资这条赛道上"克敌制胜"的客观基础。

利用长钱优势，你可以在底部逐步买入一个被低估的投资标的，并耐心地长期持有。而世界上一流的投资机会，往往都需要长期持有，只有具备真知灼见的个人投资者才有可能好好把握它。这是专业的机构投资者无法比拟的优势。

优势二：专业信息优势

对个人投资者而言，除了长期投资的机会，还有一些特殊赛道的机会，如果把握住了，就真有可能改变人生。这种机遇只会出现在你最熟悉的、有认知优势的细分领域。这种对某个细分领域的认知优势，我称之为个人投资者的"专业信息优势"。

专业信息优势主要来自我们长期从事的行业。因为是业内人士，所以有着领先于市场的认知，即使遇到自己解答不了的问题，也有可利用的资源进一步求证。最关键的是，我们对自己所在行业的判断更有信心，这样才能在长期投资中坚守信念。

举一个最简单的例子：一位在特斯拉或蔚来汽车上班的技术人员，对于新能源汽车领域的认识，一定远远高于其他投资者，甚至高于专业的投资机构。这时，利用自己的专业知识，在法律允许的范围内，投资相关领域的公司股票，就是一种利用专业信息优势进行投资的理性行为。

利用专业信息优势进行投资的具体实例，我会在后续的内容中深入讨论。在这里你只需要明白一点：弄清楚你对哪些领域的专业认知超过他人，然后利用这个信息优势投资。在你的专业赛道上获得成功的概率远高于其他的投资赛道。

优势三：理工男优势

最后一个优势，它完全属于我们"理工男"这个群体，我把它叫作"理工男优势"。毫不夸张地说，学习理工科的工程师、程序员、科研人员是当今世界不断进步的重要推动者。借助专业知识和先进的软件和硬件工具，工程师往往能够通过高效的信息收集、严谨的逻辑分析，找到技术问题的解决方法，不断加速科技的迭代和产品的更新。

而投资，恰恰就是一项高度依赖信息的活动，需要持续搜集和分析信息，不同的投资机构之间，比的就是信息搜集和分析的能力，而这两方面的能力都可以被先进的工具极大地赋能。熟悉这些先进工具的理工男，必定拥有领先于普通投资者的优势。

在这里，读者可能会有疑问：专业投资机构那么有钱，聘用一些优秀的研究员、程序员去提高它们团体数据分析、算法开发的能力不就行了，我们个人即使能够利用理工科的思维分析问题，与这些更专业的全职人才相比，还能有什么优势呢？

其实不必这么悲观。大型投资机构的高管，一般是传统投资出身，并不熟悉现在最先进的分析工具，比如机器学习的模型算法、大数据的分析方式。而一个人对于自己不熟悉的领域，有着本能的不信任，这样的不信任甚至是刻在基因中的。所以，我可以自信地说，当时代发生变革时，推动社会进步的力量更可能来自初创企业，甚至是工程师个人。

清楚了这一点，我们就应该知道：如果能够在投资过程中，**发挥我们理工男的工具优势、思维优势和职业优势，构建一些量化的交易算法或者系统，是完全有可能在投资的过程中胜出的。**

在个人发展的过程中同样要摆正心态

前面三个误区和三大优势，全都是从投资理财的角度讲的。对财富双塔框架熟悉的读者一定会问：在个人发展的过程中，还需不需要考虑个人的优势和劣势，做到知己知彼呢？答案当然是肯定的。在个人发展的过程中同样要摆正心态，避免成为被收割的"韭菜"。

这里的"割韭菜"是更广义的，它指的是一切收割我们财富的行为。我在第 2 节搭建"个人发展塔"时曾经讲过，个人发展过程中的财富包括你的专业技术能力、技术人脉、职场级别等。如果有一家公司，它只会让你在工作中进行单调重复的劳动，而不会帮你提升技术，也不会让你在工作中结识更多技术超过你、综合素质优于你的同事，那么毫无疑问，你被公司"割韭菜"了。你不会从这家公司获得任何财富，拿到的仅仅是用你的重复劳动置换来的工资。

有的读者可能会说：我现在学会在公司"摸鱼"了，人生也基本"躺平"了，公司哪割得了我的"韭菜"？明明就是我在割公司"韭菜"啊！

这样的读者很"聪明"，却不够智慧。因为这种短期"割韭菜"的行为，是以损伤你的长期财富积累为代价的。我觉得对大部分普通人来说，提升自己的个人财富才是人生最可靠的保险。长期的"摸鱼"行为带来的一定是个人发展的停滞不前，如果公司健康发展也就罢了，一旦出现问题需要裁员，个人发展长期停滞的你根本不具备足够的职场财富，也就会被人才市场无情地抛弃。

所以，互相促进、互相成就才是公司和员工的健康关系。公司财富和个人职场财富也一定是同步提升的。这一点也不用我多说了，硅谷公司及国内互联网公司的无数成功故事已经做了有力的证明。

那么到底如何管理自己的职场财富，如何选对公司、选对方向，让个人价值快速提升呢？这里先卖个关子，我们将在第二章详细介绍这个话题。

小结

本节已经接近尾声。读者可以把它看作在学习具体的财富管理之前，正确认识自己、摆正心态的一个机会。本节的内容很多，可以简单总结成一个出发点、三个误区、三个优势，以及一条补充观点。希望你再看一遍，加深印象。

一个出发点：任何投资理财的行为，都要以"你只是一个普通人"为出发点。

三个误区：在投资理财的过程中，听信所谓投资专家的意见；期望通过频繁的短期操作赚取更多的收益；因为惧怕投资亏损，只敢把钱放到银行。

三个优势：长钱优势、专业信息优势、理工男优势。

一条补充观点：我们在个人发展的过程中同样要摆正心态。

到这里，我们就结束了本章的学习。我要再次强调，本章的内容非常重要。因为如果框架立不住，细节再丰满也仅仅是"不打地基就盖高楼"，盖得越高越危险。最后，结合本章的重点内容，图 1-14 再次丰富了财富双塔结构，希望能够帮你一眼掌握本章的精华。

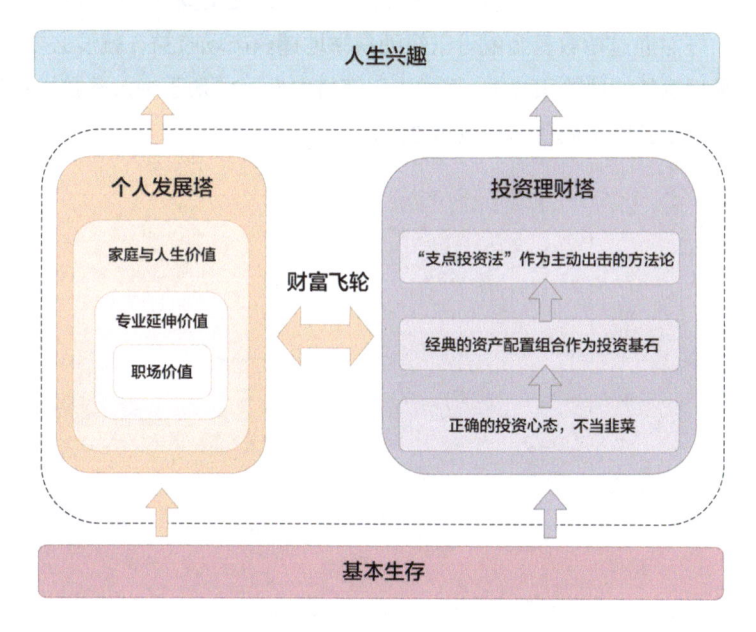

图 1-14 财富双塔结构

思考题

本节我们提到了三个投资误区。你曾经走过类似的弯路吗？在投资理财过程中，你还遇到过哪些"坑",陷入过哪些误区?

番外小知识　格雷厄姆和指数基金

　　本杰明·格雷厄姆出生于 1894 年。1914 年,20 岁的格雷厄姆从哥伦比亚大学毕业,来到华尔街闯荡。初到华尔街的格雷厄姆很快表现出异于常人的投资天赋,他总是可以在公司财报中敏锐地嗅到投资机会,凭借其对股票价格的准确判断在华尔街积攒了名气。1923 年,格雷厄姆成立了自己的私人基金,并且在那个市场繁荣的时代一路高歌猛进,其管理基金的收益远超其他机构。

　　然而,在 1929 年的"大萧条"中,格雷厄姆迎来了人生的滑铁卢,在市场不断下跌的情况下,他还是不断地加杠杆抄底,最终走到了破产的边缘。多年以后,他总结过往的经验和教训,完成了其最经典的著作——《证券分析》,并由此奠定了他作为"华尔街教父"的地位。

　　格雷厄姆的一生坚定价值投资。晚年的格雷厄姆在接受采访时表示了对指数基金的认可:既然通过指数基金就可以轻而易举地捕获市场收益,就没必要为实现超额收益再承担额外的风险和成本。其学生巴菲特也表示:"对于绝大多数投资者来说,低成本的指数基金就是最合理的投资基金。"

第二章
个人发展

在财富双塔结构中,"个人发展塔"是不可或缺的两大支柱之一。对理工男来说,我们的职业发展就是最值得挖掘的金矿。特别是在职业生涯的早期,我们自己就是最好的"理财产品"。

拿程序员这个职业举例,假如我们刚毕业加入了一家小公司,年薪是 15 万元。如果不好好打理自己这支理财产品,三年之后也许只能原地踏步,但是如果平时注意积累和学习,懂得规划自己的职业道路,三年之后是肯定有机会跳槽到大公司,或者在技术职级上更进一步的。以互联网大厂的初、中级技术职位 P5 和 P6 来说,平均的年薪在 30 万~50 万元。所以,我们自己这支理财产品是有可能在三年之内实现收益率翻倍的。市面上不可能有任何一只理财产品有这样的涨幅。因此,永远不要忽视个人发展塔对你财富增长的作用。

本章我会用六节的内容给你讲一讲如何构建个人发展塔,希望对你选择职业方向、规划职业生涯、管理主业和副业有帮助。

第 7 节　职业方向：如何选择一个有前景的职业方向

这几年，一谈到个人发展，所有人都在说"选择大于努力"。在我看来，这句话虽然有一定道理，但也有很强的误导性。对于一个人的职场发展来说，有三件事同样重要，缺一不可，那就是"选择"、"坚持"和"努力"。

本节我们就着重谈一谈个人发展中最重要的话题：如何"选择"一个有前景的职业方向，并用正确的方法"坚持"和"努力"，由此取得成功。

从长期来看，一个好的职业方向是什么样的？

熟悉我的读者都知道，我是一名算法工程师，在知乎、微信公众号和 GitHub 上有不少关注者。这些关注我的程序员同行们最喜欢问我一个问题——如何选择一个好的职业方向，可见大家有多关心这个话题。

举一个具体的例子：2013 年以来，人工智能大热，算法工程师这一职位的薪资水平也水涨船高。于是，大量的在校生转向机器学习方向，甚至已经工作四五年的研发工程师们宁愿从零开始，也要投身算法岗的竞争之中。那么，如此火热的算法工程师职位，算是一个好的职业方向吗？把这个问题延伸开来，**钱多的方向就是好的职业方向吗？**

对这个问题，我的回答可以总结为一句话：一个职业方向好不好，可以从两个维度来判断——长期来说，要看它的"高度"和"容量"；短期来说，要看它的"供需关系"。

与考虑一个职位的短期属性相比，我更建议读者优先考虑它的长期属性，以十年以上为一个周期去规划自己的职业生涯，只有这样才能不断垒高自己的职场护城河。因此，一个职业方向的"高度"和"容量"，就是我们应该关注的两个最关键要素。

在这两个要素中，"高度"指的是这个职业方向上顶尖从业者能达到的职场高度，也就是我们常说的"职场天花板"。算法工程师，只从年收入看，在国内可以达到 200 万元（2021 年一线公司的高级技术职位数据），在美国可以达到 60 万美元（再往上属于凤毛麟角，不具有统计意义）。对普通人来说，显然是足够高的天花板了。

其他程序员相关的职位，比如 C++ 或者 Java 后端工程师职位，Android 或者 iOS 的移动端工程师职位，也都具备很高的天花板，而且具备长期的稳定性，毫无疑问，它们都是高度足够高并且稳定，值得长期耕耘的领域。

跳出互联网行业，航天军工、汽车制造等领域的工程师岗位是不是一个高度足够高的方向呢？虽然他们的绝对收入可能不及互联网领域，但这些行业肯定是长期存在并不断发展的，其中的佼佼者同样可以获得不菲的收入，而且稳定性高于互联网行业。如果能够在行业内部做更精细的选择，比如在汽车行业中让自己的技术栈更偏向新能源、自动驾驶，那职场天花板不输互联网行业。

相对而言，互联网行业中的测试工程师、传统的硬件工程师，以及技术栈较老的前端工程师，这些方向的天花板就明显低很多；传统行业中的机械领域，由于产业升级极端艰难，整个行业的收入比较低。选择了这些方向，即使你再努力，也很有可能在收入和影响力方面比不上选择前面几个方向的同行。这也就是大家常说的"选择大于努力"。

在职业生涯的早期，甚至是在大学选择专业的阶段，我们就应该学会先"仰望星空"，看看头上的"天"是不是足够高，再脚踏实地地前行，保证方向不出错。

第二个要素"**容量**"，指的是这个职业方向能够容纳的从业者的数量。前面提到互联网领域的算法、后端、移动端等方向，高端制造业如航天、汽车制造等方向，它们的从业者容量都非常大，这就代表整个行业是繁荣的，跳槽的机会非常多，我们就容易把握住行业中新的发展机会。

但有些方向就差一些，比如互联网算法岗中的一些方向（计算机视觉、语音识别等），虽然个别岗位的高度也很高，但整个行业的容量和相关明星企业的兴衰有着密切的联系，波动非常大。从容量上讲，这些方向比不上搜索、广告和推荐领域的算法岗。

总之，一个好的职业方向，一定是高度很高，容量很大且稳定的。如果你是应届生，或者刚工作几年的初级工程师，那么一定要好好审视自己目前的方向。如果当前的领域高度有限，容量也很低，那么长期来看你的职业道路存在较大的风险。在这种情况下，在职业生涯的早期换到一个有前景的赛道，是非常值得去做的一件事。

识时务者为俊杰：短期的供需关系同样重要

在看准了一些有长远发展前景的方向之后，这些方向的短期人才供需关系同样是影响我们选择的重要因素。《三国志》中有一句话，"识时务者，在乎俊杰"，就是说要看清楚当前这个时代的趋势，才能成为出色的人物。

对工程师来说，在选择职场方向时，同样要做到认清趋势、认清自己、避免死磕，这样才能做出最适合自己发展的决定。

表 2-1 是某 App 总结的 2021 年 IT 领域一些岗位的简历投递录用比例。

表 2-1　2021 年 IT 领域一些岗位的简历投录比

岗位名称	投递录用比	岗位名称	投递录用比
硬件质量工程师	2:1	机器学习/数据挖掘算法工程师	5:1
安全工程师	3:1	Android 开发工程师	5:1
无人驾驶系统工程师	3:1	无人驾驶算法工程师	2:1
Web 前端开发工程师	4:1	运筹优化研发工程师	9:1
无人机软件开发工程师	4:1	语音算法工程师	11:1
数据开发工程师	4:1	自然语言处理开发工程师	13:1
计算机视觉工程师	32:1	推荐算法工程师	43:1

我们看到，虽然推荐算法工程师是一个高度极高，容量也很大的方向，但是它的投录比居然达到了惊人的 43:1。而且我相信，有意愿投推荐算法工程师岗位的读者，学历背景、实习经验都不会太差。那么，在这种客观背景下，你还要跳到这片红海中，跟大量的高素质对手搏杀吗？

这时你可能会问：如果我确实对推荐系统方向特别感兴趣呢？就只能忍痛放弃我喜欢的方向吗？其实也不是，你还可以选择其他跟推荐系统相关的岗位，如数据挖掘工程师或者后端开发工程师等核心职位。这些方向本身就有足够的高度和容量，竞争程度也没有算法岗那么激烈。而且，在积攒了相关经验之后，未来转到推荐算法方向的跨度也不会很大。综合来看，这是一个非常合适的选择。

再举一个金融投资行业的例子。金融投资行业最核心的岗位就是基金经理和投资经理。几乎所有学投资的人来到这一行的梦想，都是成为投资经理。他们在投简历或者面试时，通常会表示只对投资经理或投资经理的预备岗位感兴趣，而对投资行业的其他岗位不感兴趣。但在投资行业中，基金经理的岗位非常少，而支持性的岗位，如研究员、与数据模型相关的工程师岗位、运营和客户服务岗位相对多。

其实，当你笃定去争抢基金经理的岗位或者他的预备岗位时，就会面临来自国内外顶级学校的最优秀人才的竞争。这就是我们说的供需严重失衡的问题——如果你硬要去竞争这样供需失衡的岗位，那么胜算是非常低的。

这时，做一定程度的妥协就是明智的选择。如果想进入投资行业，可能更高效、性价比更高的方式是先选择一个支持性的岗位，历练自己，等待合适的时机，或当自己的认知积累到一定程度，有了相应的资源和市场敏锐度时，再找一个合适的机会，走上基金经理的岗位。

事实上，现在市场上做得最好的基金经理，大部分都是研究员或者实业界有五年以上工作经验的，在积累了大量的上市公司的人脉资源后，才走上基金经理的岗位。反之，那些名校毕业含着"金钥匙"，一毕业就开始搞投资的，缺少一线实践认知、综合能力和应有的敬畏之心，容易在波动起伏的投资领域栽跟头。

我相信本书的读者中，一定有非常厉害的"大咖"，可以收割所有一线公司的Offer。在这种情况下，当然不用做权衡，选择你最喜欢的、高度最高的方向就好。但是，对于大部分普通人来说，在认清自己的定位之后，选一个长期发展空间够大，短期竞争又不会太激烈的方向才是最优的决定。

选择后的坚持和努力才是影响你收入的第一要素

在工程师的职业发展过程中，选择固然重要，但真正影响你收入的是"选择"后的"坚持"和"努力"。选择好的方向可以给你很大的发展空间，而能否达到预期高度就要靠长期积累了。

我一直很反对"单纯面向钱编程"的做法：算法岗收入多，就刷大量相关课程，恶补机器学习；Java方向火，赚得多，就报培训班，参加集训营……这样做的人，也许可以靠短期突击获得一个还不错的初级职位，却很难登上行业金字塔的顶端。殊不知，金字塔的顶端才有最精彩的风景。

表2-2展示了2021年谷歌公司不同级别的软件工程师的收入。L3一般是硕士应届毕业生的级别，收入是19.2万美元，美国大部分一二线互联网公司的收入也基本在这条水平线上。如果你没有决心和定力，过一两年就换方向、跳槽，那你的收入也只能在这条线附近徘徊。但是，如果你能在一个岗位深耕五年以上，升职到L5的级别，那你的收入就可以达到35.4万美元。毫无疑问，这时你已经是该领域内的专家了，如果跳槽去其他公司，收入只会更高。所以，在一个有前景的方向上坚持、努力，才是真正的利益最大化的选择。

表2-2 2021年谷歌公司不同级别的软件工程师的收入

级别	总收入（万美元）	基本工资（万美元）	股权（万美元）	奖金（万美元）
L3	19.2	13	4	2
L4	26.7	15.7	8.1	2.8
L5	35.4	18.7	12.9	3.7
L6	48.7	22.2	21.4	5
L7	66.6	25.9	32.8	7.8
L8	102.0	33.1	57.2	11.9

有几位在 Java 后端方向工作了五年以上的"老兵",也曾向我咨询转方向的问题。其中有一位是这么说的:

"推荐系统这个方向太火了,收入也高,我想通过学习网络课程、参加集训营的方式转到推荐系统算法岗方向。王老师,你觉得这条路可行吗?"

对于这个问题,我是这么回答的:

"你已经在 Java 后端工作了五年以上,肯定积累了大量 Java 开发的业务经验,以及 JVM 调优、各种数据结构的优劣等非常宝贵的领域知识。这时,彻底放弃这个本身很有价值的方向肯定是一种损失。算法岗确实收入高,但你要知道,在这个领域你是一个新人,和刚毕业的应届生处于一条水平线上。而且,面试算法岗的应届生基本都是'名校毕业+名企实习'这样的背景,你不一定有竞争优势。

"我建议你结合自身的经验优势,补充领域知识,转到推荐、广告系统相关的后端岗位上去。这样不仅复用了自己五年以上的后端经验,还能够如你所愿,转到推荐系统相关的方向,得到更大的发展空间。"

从财富管理的角度,贸然抛弃五年的技术财富,显然是非常吃亏的一件事情。即使转方向,我们也要尽量复用积累下来的技术财富,这样才能不断向更高的级别冲击。

我们一定要清楚的是,当一个行业告别拓荒时期,进入**存量竞争**时代时,只要面试稍微高端一点的职位,就要面对非常激烈的竞争。例如,现在的互联网行业,靠突击面试题、准备一些相关基础知识,已经无法获得好职位了。

所以,"选择"后的"坚持"和"努力"就非常重要。只要你当前所处领域的高度和容量足够,就要尽量沿着已有的方向往高处攀爬,这样你才能持续积累专业领域的财富。

什么时候选择转方向?如何转方向?

我们分析了不随意转换职业方向的原因,这时你可能会问:难道转换职业方向就真的那么难吗?在什么情况下,我们应该毅然决然地换方向呢?

我觉得在两种情况下,你可以坚定地选择新的职业方向。

第一种是你对自己的毅力和决心非常有信心,清楚自己一定会在新方向坚持下来。

对于这样的读者,我举双手支持你选择新的道路,因为你一定会在新的方向上取得成功。我带过的一位新人就是一个非常典型的例子。他是国内某"211 大学"硕士毕业,做广告系统的非算法研发工作,但非常希望转做机器学习工程师。为此,他工作之余坚持学习英语，准备各类申请材料，最终申请到了 CMU 的相关硕士项目，现在在 Facebook（2021 年改名 Meta）做机器学习工程师。

我相信如果你有这样的恒心和执行力，年龄、背景都不是关键问题，你一定会在新方向上成功。

第二种是自己所在的方向已经进入长期的下行通道。

如果你发现，自己所处的职业方向已经处在长期的下行通道上，就应该立刻为离开这个方向做准备。

一个典型的例子是从 2013 年开始的去 IOE 大潮。IOE 指的是 IBM 的小型机、Oracle 数据库和 EMC 存储设备。这三项基础设施曾经长期占据中国互联网、金融、通信公司的核心位置，有大量高薪从业者。但随着去 IOE 成为国家战略，我们就应该清楚，无论是从容量还是高度上，这个方向都不会再现往日的辉煌。这时，转方向就是 IOE 从业者最应该做的事情。

类似的例子还有很多，比如曾经红极一时的 Flash 应用相关的工程师，塞班等非 Android、iOS 的移动端工程师，传统的 J2EE 工程师，等等。在新的技术潮流的冲击下，和坚持原来的方向相比，果断转换到更广阔的赛道显然是更明智的选择。

在传统行业，如汽车制造，当电动车、自动驾驶严重冲击传统燃油车的市场时，如果传统的车辆工程师仍抱着燃油车的老技术栈不放，则势必会进入一个长期的下行通道。

如果你已经有了转换方向的想法，你可能还想问我：在转方向的过程中，我到底要具体做些什么呢？我觉得可以分为三大步骤。

第一，下决心。 按照我们前面提到的原则，从"短期"和"长期"两个维度，确定你未来希望从事的方向。

这里我要强调的是，你的决定一定要建立在充分的分析决策之上，而且一旦做出这个决定，就不要轻易改变。要清楚开弓没有回头箭，在接下来至少一年的准备期内，不要摇摆，所有的工作、学习行为都要围绕着转方向这个目标。

第二，定目标。 在确定自己的目标方向后，至少提前一年去看目标职位的职位介绍（Job Description，JD），列清**具体目标**。你需要进行细致的规划，包括需要掌握的工具，需要了解的领域知识，需要准备的面试题，等等。然后，根据这些具体目标，有的放矢地扫清转方向过程中的障碍。

第三，**攒经验**。你当前的工作、学习行为，都应该围绕新的目标去调整。例如，你想从后端研发岗转到推荐算法岗，那么可以看看现在公司内部有没有推荐系统相关的后端岗位，先跳到相关方向上来。再比如，你是一名应届生，想从数学方向转到软件工程师方向，就应该马上着手积攒项目经验，寻找相关的实习岗位。总之，要千方百计向你的目标岗位靠近。

必须承认的是，转换自己的职业方向不是一件容易的事情。但是，与其在一个没有前景的方向上浪费时间，陷入"温水煮青蛙"的尴尬境地，不如搏一把，尽早跳到发展潜力更大的领域。如果你已经想清楚、做好规划，并愿意为自己的未来持续努力，我给你的只有鼓励和祝福。加油！

小结

第 5 节重点强调过，投资是讲逻辑的。其实放到选择职业方向、规划职业道路上，道理也是一样的。在进行职业方向选择时，同样需要我们保持清晰的思路，用严谨的逻辑去分析当前的形势。

最后，我将本节的要点再梳理一遍，希望能帮你建立严谨的职业方向选择逻辑。

- 有前景的职业方向有两个特点，**一是高度高，二是容量大**。
- 在找工作时，不仅要考虑长期发展，还要考虑**短期供需关系**的影响。
- **选择后的坚持和努力才是影响你收入的第一要素**，因此，不建议在没有规划的前提下频繁跳槽。
- 只要满足这两个典型条件之一，就建议你转换职业方向：一是个人转方向的决心非常坚定，对自己非常有信心；二是当前职业方向进入了长期的下行通道。
- 转换职业方向，具体可以分为三个步骤：第一步，**下决心**，开弓没有回头箭；第二步，**定目标**，提前一年查目标岗位的 JD，确立详细的目标；第三步，**攒经验**，千方百计地向你的目标岗位靠近。

思考题

这是一个真实的咨询案例：小 A 立志成为一名一线大厂的算法工程师，他现在手头有两份 Offer，一份是做某大厂的数据研发工程师，一份是做中小厂的算法工程师。

如果你是小 A，你觉得哪个选择更有利于自己长远的职业发展呢？

> **番外小知识　吴军和《浪潮之巅》**
>
> 吴军博士毕业于清华大学和约翰·霍普金斯大学，曾任谷歌公司高级资深研究员，原腾讯副总裁，人工智能专家，也是硅谷风险投资人。
>
> 《浪潮之巅》收录了吴军博士在谷歌公司任职期间撰写的系列文章，介绍了他对互联网和 IT 业界兴衰变化的观察和思考。作者在硅谷工作多年，身处一个时代的前沿阵地，在这本书中，我们可以从作者的视角看到一个不一样的硅谷。
>
> 《浪潮之巅》是一本人人可读的通俗读物，尤其是对 IT 和互联网从业者或者创业人员来说，它不仅是一本讲述了 IT 科技公司，如微软、苹果、甲骨文、雅虎等公司的发展历程和荣辱沉浮的历史书，重要的是还通过对这些 IT 明星公司兴衰过程的分析，揭示了信息科技产业中一些共性的规律和启示，这些内在的规律与启示可以帮助我们窥见信息科技产业的本质，看清我们正处于巨变中的世界，对我们看清行业的发展、职场的变迁也有重要的参考意义。

第 8 节　职业规划：大公司 VS 小公司，怎样选择更有前途

第 7 节介绍了如何选择一个有前景的职业方向。在大方向确定好后，接下来的问题就是如何在这个方向上进行具体的职业发展规划。

我想你一定听说过很多"大咖"的"职场升级"故事：工作三年升到 P7，五年升到 P8，27 岁当经理，30 岁当总监……当然，我们身边肯定存在这样的成功人士，但他们的成功是运气使然，还是有规律可循呢？在职业规划这个关乎个人发展的重大问题上，到底有没有什么可行的方法论？怎样在大公司和小公司之间进行选择，才能让我们的职场收益最大化？本节我们就来聊聊这些问题。

用财富管理的思路去管理你的职业生涯

在解决具体问题之前，先聊一个根本性的问题：我们上班到底是为了什么？

有的读者说，我上班就是为了挣钱，哪个公司给的钱多，我就去哪儿。还有的读者说，我上班就是要发挥更大的影响力，哪个公司出名，能让我影响到更多用户，我就去哪儿。

他们的回答都没错。《史记》中有名言："天下熙熙，皆为利来；天下攘攘，皆为利往。"作为普通人的我们，上班当然是为名为利，为了养家糊口。但这里我要说的是，名利也分短期利益和长期利益，挣钱也分挣快钱和挣慢钱。

一般来说，每个人的职业生涯至少有二十年，我们是应该在乎最近一两年的收入，尽快把钱赚到手呢？还是应该进行一个长期的规划，让自己的职业生涯更具成长性呢？对我们理工男来说，这个问题不难回答。对于一个优化问题，相比找到一个局部最优点，我们更应该寻找一条通往全局最优点的路径。

用我的老本行——机器学习领域的术语来解释，对于职业生涯，我们要优化的目标函数是 n 年职业生涯利益的总和，而不是最近一年的职场收益（如图 2-1 所示）。这样来看，看似棘手的职业规划问题，就转换成了一个财富管理的问题。那我们应该怎样管理职场财富，让整个职业生涯的收益最大化呢？

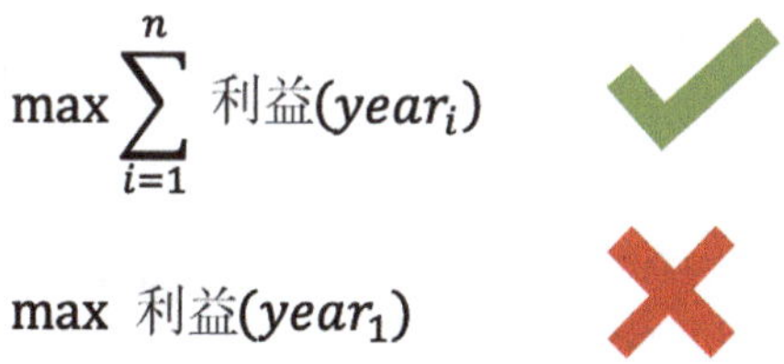

$$\max \sum_{i=1}^{n} 利益(year_i) \quad ✓$$

$$\max \ 利益(year_1) \quad ✗$$

图 2-1　职业生涯的目标函数

举个简单的例子。小 C 是一名刚毕业的"985 学校"的优秀硕士生。他可以去一家一线互联网公司做研发，年薪 25 万元；也可以去一家特别缺人的中小型公司，虽然岗位相同，但年薪 30 万元。如果你是小 C，你会如何选择呢？

如果我们优化的是最近一年的收益，那么毫无疑问，肯定选择去小公司拿高薪。但如果我们考虑的是整个职业生涯的收益，那么大公司的履历更有价值。因为在大公司的技术积累本身就是一笔财富，不仅可以产生短期的收入，还能产生复利。

你可能想问我：职场中的复利是怎么产生的？让我们先回到前面提到的例子。假设小 C 选择了大公司，三年之后，成长为一名高级工程师，不仅薪水逐年增长，而且积累了可观的技术财富。如果小 C 此时跳槽到中小公司，已经能做一名独当一面的技术组长了，很有可能拿到 60 万元甚至更高的年薪。这就是职场财富的"复利价值"。

而中小公司的经验就没有这么强的财富效应了。假设小 C 选择了初始年薪更高的小公司，三年之后同样成了高级工程师。这时，如果小 C 想换公司，要么继续横跳到其他中小公司，要么降级去大公司，可能年收入还不如在原来小公司的时候多。

当然，这是一个非常简单的例子，包含的变量很少，只是用来说明职场财富管理思路的。事实上，影响一个人职业发展的因素有很多，绝不仅仅是公司的大和小那么简单。下面就来讲一讲我最熟悉的 IT 领域，作为一名程序员，典型的职场发展路径是怎样的。

程序员典型的职场发展路径

图 2-2 描绘了程序员在大公司和中小公司的职业发展路径。总体来看，无论是在大公司还是中小公司，一名初级工程师都要经历长时间的"打怪升级"，才能到达较高的职位。坚持在技术线发展的程序员会成为架构师或者 Tech Lead，有管理能力的程序员会成为技术经理。

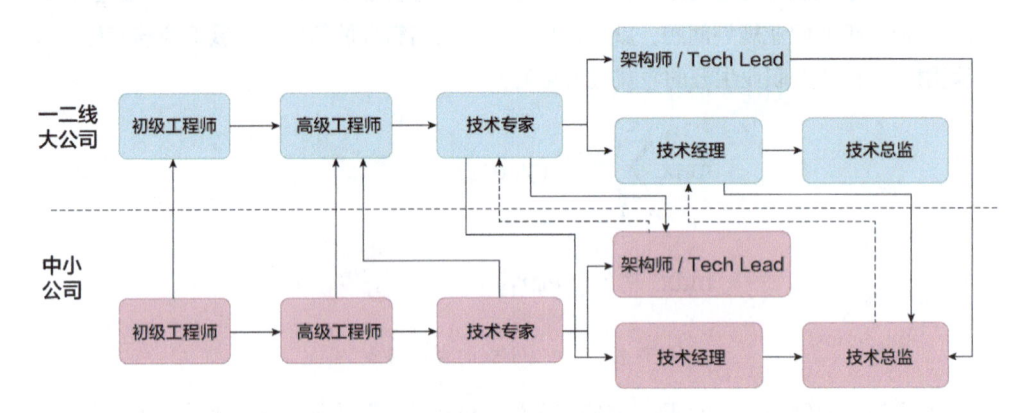

图 2-2　程序员在大公司和中小公司的职业发展路径

在这里，我们要重点关注的是**中小公司和大公司之间的职位对应关系**。

先看从中小公司跳槽到大公司的情况。在工作的初级阶段（三年以内），中小公司的工程师还是有可能平级跳槽到大公司的。但一旦到了比较高的技术职位，比如技术专家或者架构师，从小公司到大公司的平级跳槽就基本不可能了。

出现这种现象的原因有两个：一方面是存在人事管理方面的考虑。因为从中小公司空降到大公司的高级技术人员往往存在不能服众的问题。另一方面，中小公司技术栈的用户规模小，往往与大公司有巨大的技术鸿沟，因此中小公司的架构师几乎不可能指导大公司的工程师工作。

中小公司的**管理职位**面临着同样的问题。如果你处在中小公司的管理岗位，那么直接跳槽到大公司担任管理职位的可能性非常小。如果希望加入大公司，那么往往需要重新从技术职位做起。

所以，如果你目前在中小公司，一定要好好考虑下一步的发展问题：是尝试进入大公司，寻求进一步的发展，还是继续在这家公司坚持？

而从大公司跳槽到中小公司，可谓是"一马平川"。跳槽之后，不仅技术级别会上升，而且有可能直接从高级技术职位转型成经理职位。所以大公司程序员的选择面宽于中小公司。

更重要的是，互联网行业发展到现在，已经形成了一套约定俗成、非常严格的公司职级对应体系。在招聘时，各大公司也有一些不可明说的"target company"范围。图 2-3 和图 2-4 就分别列出了美国和中国几家互联网公司的职级对应体系。所以，如果你希望在互联网这个行业长期发展，最可行也最保险的发展路径是加入大公司或者明星公司，不断积攒你的技术财富。

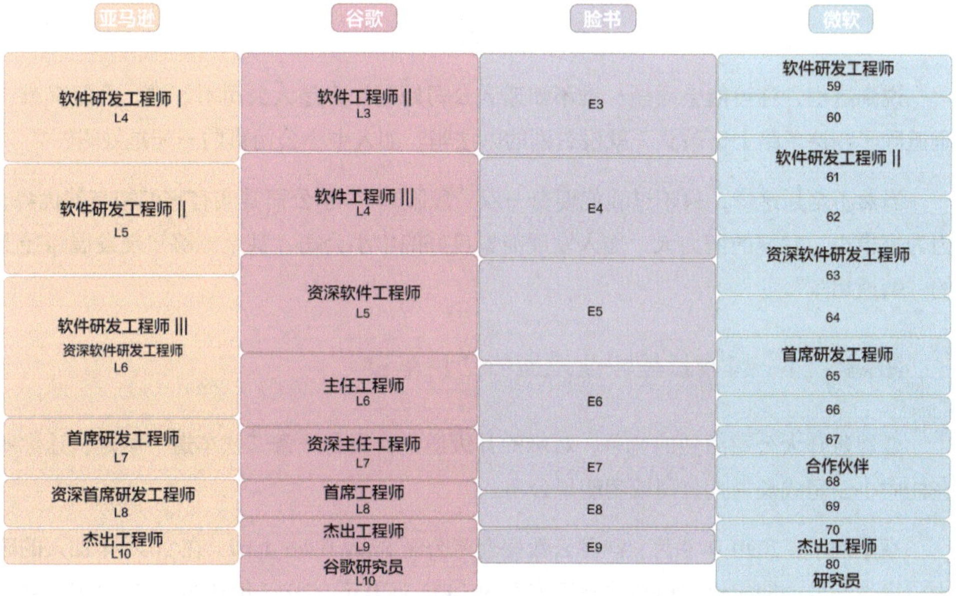

亚马逊	谷歌	脸书	微软
软件研发工程师 I L4	软件工程师 II L3	E3	软件研发工程师 59
			60
软件研发工程师 II L5	软件工程师 III L4	E4	软件研发工程师 II 61
			62
软件研发工程师 III 资深软件研发工程师 L6	资深软件工程师 L5	E5	资深软件研发工程师 63
			64
	主任工程师 L6	E6	首席研发工程师 65
首席研发工程师 L7	资深主任工程师 L7	E7	66
			67
资深首席研发工程师 L8	首席工程师 L8	E8	合作伙伴 68
杰出工程师 L10	杰出工程师 L9	E9	69
	谷歌研究员 L10		杰出工程师 70
			研究员 80

图 2-3　几家美国互联网公司的职级对应体系（2022 年的数据）

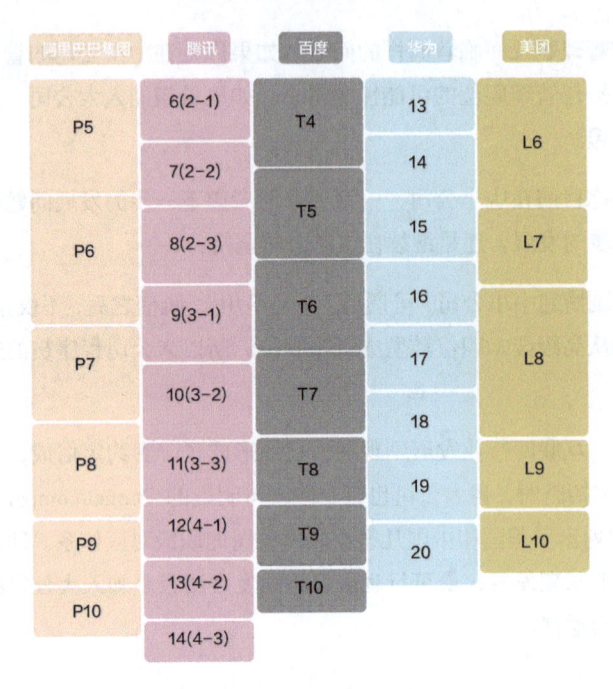

阿里巴巴集团	腾讯	百度	华为	美团
P5	6(2-1)	T4	13	L6
	7(2-2)		14	
P6	8(2-3)	T5	15	L7
P7	9(3-1)	T6	16	L8
	10(3-2)	T7	17	
P8	11(3-3)	T8	18	L9
P9	12(4-1)	T9	19	L10
	13(4-2)	T10	20	
P10	14(4-3)			

图 2-4　几家国内互联网公司的职级对应关系（2022 年的数据）

说到这里，你可能会质疑：谁不知道大公司好呢？可是大公司不好进，升级又难，难道除了在这条路上挤破头，就没有别的办法吗？加入中小公司真的一无是处吗？

当然不全是这样，只不过我们要有一双"慧眼"。中小公司其实有它们特有的优势，因为规模小，发展的潜力大，加入发展前景良好的中小公司，甚至能够实现发展路径上的"弯道超车"。

跟随公司一起成长是职业发展的"快车道"

要想避开大公司激烈的竞争、艰难的升级道路，只有一条"快车道"可走：让你所在的中小公司成长为大公司或者明星公司。

举个例子，2020 年 9 月，硅谷云数据仓库公司 Snowflake 上市，在 2018 年加入的硕士应届生获得的期权价值居然达到了惊人的 1400 万美元。2015 年到 2020 年是国内字节跳动、快手、美团等公司发展最快的几年，他们的员工也获得了巨大的成长机会。我在 Hulu 时的众多前同事加入这些公司之后，不管是股票收益还是带团队的能力，都有了质的飞跃。

我的选择也是类似的。2018 年，我在看到美国流媒体公司 Roku 的增长机会后，放弃了一些大公司的 Offer，加入了 Roku 的推荐团队。随着 Roku 的快速发展，我不仅在股票收益上获得了 10 倍的增长，而且所带团队的规模也翻了 3 倍，负责的业务范围更不是之前可以相比的。

当然，就像我们常说的那样，"富贵险中求"，加入中小公司就意味着较高的风险，但这些风险并不是难以避免的。如果你想尝试加入中小公司，我有三个建议帮你拥有一双"慧眼"，有效规避潜在的风险。

（1）**尽量去 B 轮之后，已经有稳定商业模式的中小公司**。如果不是核心创始人，最好不要加入初创公司，成功的概率过低。而且由于不在核心圈，无法参与很多核心决策，自己的利益容易受损。

（2）**即使去中小公司，也要寻求不低于业界平均水平的薪资**。你要清楚，一个靠谱的创业公司的融资额，一定可以支撑起团队较高的薪资水平。如今，砸锅卖铁搞创业的时代已经过去了，如果现在还有公司只卖情怀不给钱，那只能说明这个公司本身就有问题。

（3）**尽量去细分领域的头部中小公司，这样可以保持技术上的先进性**。有很多细分领域的"隐形独角兽"，其实有着比大公司还先进的技术栈。比如我之前所在的 Hulu 北京团队，在视频流媒体、推荐广告领域的技术积累非常深厚，人员的素质也远超大公司的平均水平。这样小而美的团队，毫无疑问是值得加入的。

缺啥补啥，"高端玩家"看重的是职场体验

读到这里，我想你已经对大公司和小公司的优势有了清晰的认识，对如何选择也有了自己的想法。结合前面讲的内容，如图 2-5 所示，描绘出了三条我推荐的程序员职业发展道路，希望能给你一些新的思路。

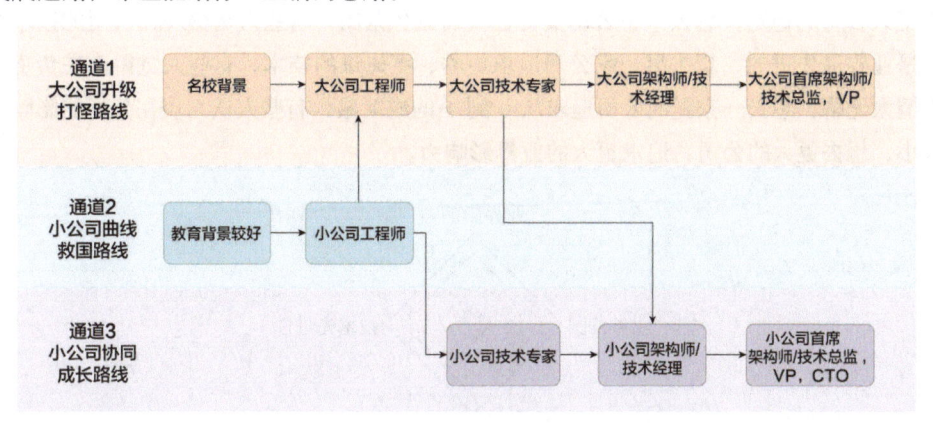

图 2-5　程序员的三条职业发展道路

通道 1，我称之为**"大公司升级打怪"**路线。适合名校背景、从小优秀到大的学霸们去尝试。在大公司积累一定的技术财富之后，无论是继续在大公司"升级打怪"，还是去小公司寻求更全面的发展，追求超额的公司发展收益，都是可行的。

通道 2，我称之为**"小公司曲线救国"**路线。这条路线适合刚开始由于教育背景等原因，没办法加入大公司的程序员。如果你有一个大公司梦，那么不妨先加入相关行业的小公司积攒经验，再寻求合适的时机跳槽到大公司。需要注意的是，如果你选择这条道路，就不要在小公司花费过多的时间去升职，因为小公司的职级一般不被大公司完全认可。你更应该做的，是提升自己的能力，把去小公司当作一个积攒领域经验的机会。

通道 3，我称之为**"小公司协同成长"**路线。这条路线适用于愿意与公司一同发展的程序员。如果你认定这家公司是有前景的，是值得你付出的，那么这条路线也许会产生超额的收益。需要注意的是，选择这条道路的程序员一定要时刻关注公司的发展状况，如果发现公司的发展赶不上你的预期，实现不了你当初的目标，那么可以随时切换到通道 2，及时止损。

其实，不管是大公司还是小公司，都有自己特有的优势。大公司成熟稳定，有名企光环；小公司发展变化快，有更多的可能性，可能会带来超额收益，还可能让你负责更大的业务。

在职场生涯的前五至十年完成技术积累，一个成熟的职场人应该把路越走越宽，能够比较自由地选择接下来的道路，补足曾经没有的职场体验。这才是职场"高端玩家"的理想状态。

这些"高端玩家"关注的要素不同，职场追求也不一样，如图 2-6 所示。有些人厌倦了大公司的稳定，想去中小公司负责更大的**业务范围**；有些人觉得现在公司的技术栈不是业界最先进的，想去另一家公司追求更酷、**更先进的技术**；有些人觉得现在负责的事情太无聊，想去一家新的公司追求从 0 到 1 的**成就感**；有些人认为现在公司的影响力太小，想去更大的公司，追求更大的**业界影响力**。

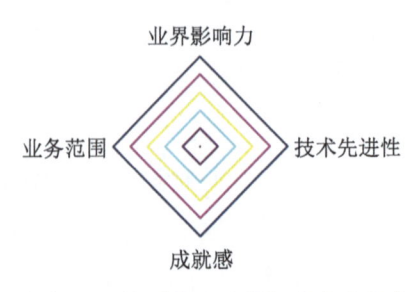

图 2-6　职场"高端玩家"关注的要素

对于这些追求，我全都非常赞成。我一直觉得，理想和追求的多样化，才是避免内卷的终极方法。对此，我只有一个提醒：在职业生涯的前五至十年，作为一个"初级玩家"，你需要做的是踏踏实实地积累自己的技术财富，之后才能在坚实的根基上有更高的、更理想化的追求。否则，就不是"高端玩家"丰富的职场体验，而是"初级玩家"的搏命之旅了。

小结

本节介绍了我们理工男，特别是程序员进行职业规划的基本思路，分析了大公司和小公司的不同优势，以及如何根据自身的客观情况，选择适合自己的职业发展路径。本节还有四个关键知识点，在这里再次强调：

- 要用财富管理的思路管理你的职业生涯，寻求整个职业生涯的利益最大化，而不是最近一份工作的利益最大化。
- 在大公司的技术积累和职场经历是可以产生复利的职场财富。
- 如果说程序员的发展有"捷径"，那么选择一家有前途的中小公司，并和公司一起成长，就是职业发展的"快车道"。
- 在完成职业生涯前五至十年的技术财富积累后，可以追求更高端的职场体验，把"业界影响力""业务范围""成就感""技术先进性"作为更高的职场追求。

思考题

本节的最后，我建议读者完成一个作业——好好思考当前所在公司的优点和缺点，再结合本节的知识，想一想自己下一步应该怎么规划自己的职业生涯，是继续随着公司发展，还是寻找更有利于自己长期利益的其他职业路线。

番外小知识　什么是梯度下降算法

梯度下降算法是机器学习和深度学习中常用的优化算法，在模型训练过程中通常使用梯度下降算法来优化损失函数，从而求得模型最优参数。

举例来说，我们想找一个 x 的值，让 x^2+x-1 这个函数的值最小，就可以用到梯度下降算法。梯度下降算法提供了一个快速、高效的参数搜索方法，能让我们在更短的时间内找到这个最优参数。

直观地说，梯度下降就像从山顶找一条最短的路走到山脚最低的地方（如图2-7所示）。从山顶到达山脚的路有无数条，因此在训练的每一步中，都会按照某个方向更新参数，以尽可能达到最低点，并且每一次循环都是对整个训练集进行学习。批梯度下降（batch gradient descent）每更新一个参数，都要用到所有的样本数，因此训练速度会随着样本数量的增加变得缓慢。

图 2-7 梯度下降示意图

由梯度下降算法演变来的还有随机梯度下降（stochastic gradient descent），与梯度下降不同的是，随机梯度下降每次只能在一个训练样本上计算梯度，而不是在整个训练集上计算梯度，这样一来随机梯度下降的计算速度便有了明显优势。但是同样也带来了问题——噪声较多，使得随机梯度下降并不是每次迭代都向着整体最优化方向，如图2-8所示。

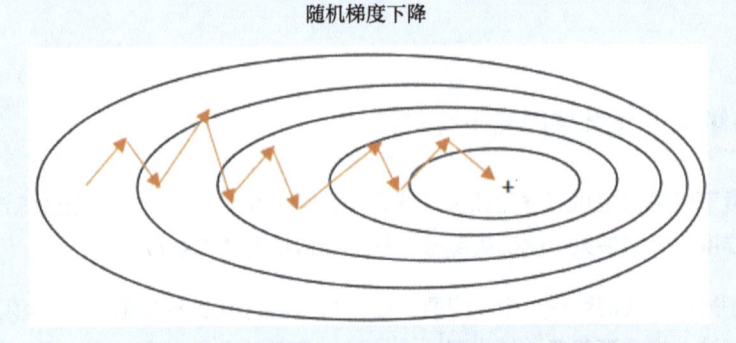

图 2-8 随机梯度下降和梯度下降的优化方向

图 2-8 随机梯度下降和梯度下降的优化方向（续）

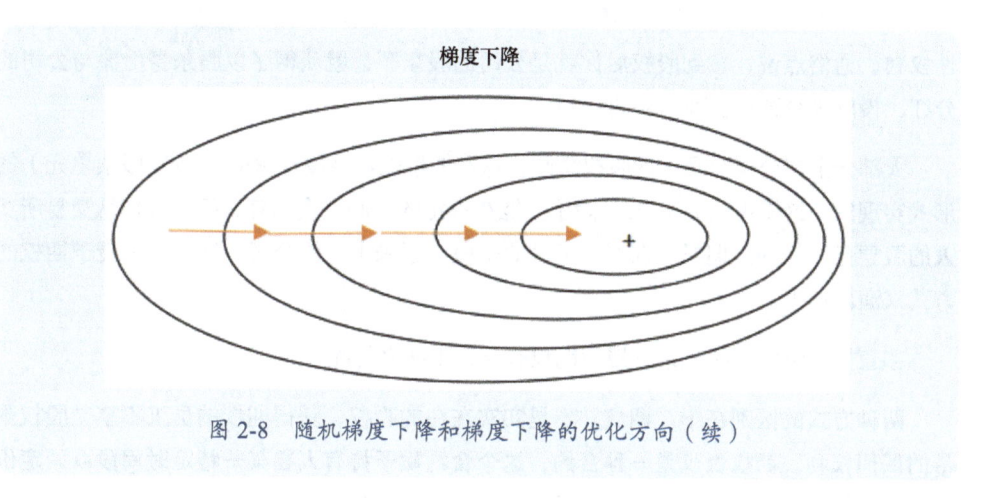

第 9 节　期权股权：如何正确处理公司给你的期权和股权

本节我们来聊一个对科技行业从业者特别重要的财富项：公司给你的期权和股权。

在传统行业，得到公司的股份是一件非常困难的事情，一般只有 VP 及以上级别的员工才有可能获得股权激励。但在科技行业，如互联网、生物制药、自动驾驶，以及逐渐兴起的私人航天领域，稍微资深一点的从业者都有可能获得公司的期权或股权。在创业环境最成熟的硅谷，股权激励甚至会覆盖所有的员工。所以作为一名"理工男"，我们一定要好好利用这个独有的行业优势，抓住让我们财富增值的机会。

那么，到底什么是股权激励？期权和股权有什么区别？我们应当如何处理好它们，实现财富的增值呢？看完本节，你就能得到答案。

到底什么是期权和股权？

首先，我们要搞清楚到底什么是"股权激励"。从目的上说，"股权激励"是公司的拥有者为了激励员工，让员工更有参与感和主人翁意识，把一部分公司股份授权给员工的奖励方式。从形式上来说，"股权激励"一般分两种，一种是直接授予"股权"，一种是授予"期权"。

股权的概念很好理解，它指的是股东对公司享有的包括人身和财产权益的一种综合性权利。通俗点说，拿到股权后你就是公司的股东了，就获得了以股东身份参与公司的分红、投票等经营和管理活动的权利。

大部分上市公司对员工的股权激励，基本都是以直接授予 RSU（受限股票单元）的形式实现的。这里提到的 RSU，除了只能在规定的时间点卖出外，跟股民们从交易所买入的股票是一样的。但是，那些处于创业阶段，还未上市的公司，往往会用授予期权的方式来激励员工。

和直接授予股权比起来，授予期权有什么不同之处呢？

两种方式的区别在于，期权并不是实实在在的股权，获得期权的员工不享受股权附带的任何权利。**期权仅仅是一种合约，这个合约赋予持有人在某一特定时间段以固定价格购进或售出一种资产的权利。**你行使这个权利的行为，叫作"行权"。

通俗点说，期权规定了一个购买股权的价格，你可以在某一时间段内用这个价格购买到股权。例如，公司授予你 1000 股期权，行权价格是每股 10 元，行权的时限是从授权日起的四年之内。那么，你就可以在未来四年内，花 1 万元（10×1000）把这些期权变成股权。所以，**期权操作的重点是，你需要花钱来行权。**

这意味着什么呢？一般来说，公司期权的价格与公司当前的估值挂钩。公司的估值不涨，你手里的期权有意义吗？没有。因为你花 1 万元买到的股权还是只值 1 万元，没有得到任何收益。

但是，假设你们团队士气高涨，商业模式对路，四年后公司的估值翻了 10 倍，成功在港股上市。这时你行不行权呢？当然要行权了。你花 1 万元兑现了 1000 股股权，这 1000 股股权值 10 万元（100×1000），你一下就赚了 9 万元。

这就是公司使用期权激励的意义：它给了你跟公司一起成长的动力。如果公司估值不涨，那么你手里的期权就没有意义；如果公司以远高于你行权价的股价上市，那么你的期权将收到丰厚的回报。

所以，在谈 Offer 时，如果你要入职的公司有股权激励，则一定要搞清楚公司授予你的是股权还是期权。如果是期权，则还要弄清楚行权价是多少。如果行权价过高，则一定要评估这样的期权还有没有意义。这是避免踩坑的最基本操作。

在职业规划中，如何更合理地追求股权收益？

清楚了期权和股权的区别，我们就来谈一谈，在我们的职业生涯中，如何更好地利用股权或期权来实现财富的增长。为了表述方便，我把期权和股权统称为股权。

具体来说，我有以下三个建议。

第一，一定要在具备了一定的技术财富后，再去追求股权的收益。

或者反过来说，我不建议你在职业生涯早期过多考虑股权，而忽视了你积累技术财富的机会。因为在职业生涯早期，你的职场价值是非常低的，既没有太多选择公司的资历，也没有跟公司讨价还价的资本。

一个具体的例子：五年前刚毕业的小A看到了加入某新兴一线公司的机会，以应届生的身份加入，但这时的小A根本拿不到什么股权。因为只有达到资深工程师以上的级别，才能拿到足够可观的股数。所以，刚毕业的小A最应该做的，是完成初期的技术财富积累，才能在五年后的今天把握住机会。

第二，如果你不是职场的高端玩家，尽量不要尝试加入初创公司。

你可能会说：小A还是没赶上合适的时机，如果他能更早加入这家公司，成为前100名员工之一，那不是早就实现财富自由了？

我想告诉你的是，这种做法的风险更大，不建议普通人尝试。我也参与了2009年到2013年的移动互联网创业大潮，因此清楚地知道，一家公司从创立到上市，会不止一次在死亡的边缘徘徊。任何一家上市公司能一直活到现在，还让你看到那么多员工实现了财富自由，幸存者偏差是一个非常重要的因素。

一定要清楚，加入初创企业是只适合"高端玩家"的"玩法"。如果你在行业内已经是个"老兵"，不仅基本解决了个人和家庭的生存问题，还有了足够的技术财富和人脉财富，这时就是你创业的好机会。反之，如果你现在只是个行业新人，除了精力旺盛什么都没有，就不应该用你积累技术和人脉财富的黄金时间去冒险。虽然总有1%的人会成为幸运儿，但我们更可能是那99%的普通人。

第三，不要忽视上市公司的股权升值机会。

很多读者都有这样的认知：想靠股权提升个人财富，只能去创业公司。其实这是一个非常大的误区。事实上，上市公司可能是风险更小、收益也不低的选择。腾讯、小米，甚至是苹果这样的"巨无霸"，都有过股价一年翻1倍，三年翻5倍的时段。特别是2018年至2021年，由于美股大盘强劲，股价翻10倍的上市公司也并不罕见。

所以，如果你对一个行业很熟悉，可以先充分利用自己的行业知识，做好业内上市公司的调研。然后，通过加入一家上市公司来"炒股"。这显然是一个既能积攒大公司技术财富，又能从公司股权中获得收益的好机会。

我们要规避哪些期权和股权上的陷阱？

在处理股权时，一方面我们应该慎重地选择公司，尽量让自己未来的收益最大化；另一方面，要牢记"防人之心不可无"，尽量规避股权协议上的陷阱。关于这一点，我会分小公司和大公司两种情况谈一谈。

对于小公司，我们首先要考虑的是股权协议的合法性问题。我身边的一些读者、同事，就遇到过不合规的股权协议带来的后续纠纷，甚至最后到了对簿公堂的地步。为了防止类似的情况发生在你身上，当你决定加入一家初创公司时，一定要避开这几个陷阱：

（1）仅以口头形式承诺期权，缺少书面的授权方案。

（2）在正式 Offer 中不写明期权数量和授权细节。

（3）在你加入公司后，以各种理由不签署或者推迟签署书面的期权授予协议，不执行当初约定的授权方案。

只要上面的事情发生任何一项，就证明这家初创公司是不诚信的。即使某一次你侥幸避开了"坑"，也一定还有更多劳神费心的问题等着你。对此，我唯一的建议就是尽早止损。你要做的是仔细辨别，加入一家能够让你积累财富的公司，而不是在这些毫无价值的事情上浪费精力。

事实上，即使有书面的期权协议，某些初创公司仍然可以用一些复杂的持股方式把你"绕晕"。这就是我建议你谨慎选择加入初创公司的原因。如果你是职场新人，除非遇到一家真心实意吸纳人才的初创公司，否则我不建议你选择创业这条路。这时，对你来说最重要的，是踏踏实实地积累技术财富。

如果你选择的是大公司，那么又是另一种情况了。一般来说，上市公司，或者融资到 C 轮之后的独角兽公司不存在诚信问题。那么，我们应该关注什么呢？在这种情况下，我们应该结合自身的规划，重点关注股权授予的细节。

举个例子，某一线互联网公司的授权计划是这样的：股票分四年授予，分别是第一年年底 0%，第二年年底 50%，第三年年底 25%，第四年年底 25%。但是，这家公司的工作压力非常大，两年内的离职率是 70%。这时，你就要做一个选择了：是加入并在之后的两年内全身心投入工作，还是干脆不加入？

如果下定决心加入，你就得铆足了劲，尽全力取得成功，不要在两年内出局。但是，如果你在接下来的两年内，有一些和全身心工作相冲突的人生规划，比如结婚生子、照顾老人，那么我建议你干脆不要加入。我们都知道鱼和熊掌不可兼得的道理，如果贸然加入，很可能会二者皆失。

再举一个例子：有些 C 轮之后的公司，期权价格已经非常高了，升值空间很小。比如某智能设备的厂商，2015 年的估值就高达 450 亿美元，但三年后它上市时并没有增值，那么它当初的期权价值就非常低。当然，很多公司上市前就会直接发放无买入成本的 RSU 来吸引人才，这样的公司当然是更值得加入的。

综合来说，加入一家大公司时，应该重点关注它的授权细节和这家公司的成长性，这样才能让自己的股权财富有更好的增值空间。

拿到股权后应该怎么处理？

如果你现在已经拿到了股权，也要注意对它的处理方式，如果处理不好，不仅无法让我们的财富增值，反而有造成巨大经济损失的风险。

对于股权的处理，我们应该考虑两个关键词："税"和"风险分散"。

第一个关键词"税"非常重要。如果你所在的公司是在美股上市的，我来算算你要交多少税。

假设公司直接授予了你 RSU，2019 年公司给了你 1000 股，这时公司的股价是 50 美元，总价值 5 万美元。在授予你股票的那一刻，公司就会为你预扣个人所得税，个税税率根据你的收入水平来确定，大概是 20%~40%。在这里，我们取 30%，也就是说你手上的股份价值 3.5 万美元。

经过两年的奋斗，2021 年，公司股价上涨了，从 50 美元一股涨到了 100 美元。这时，你想卖了股票去买房，按说股价翻倍，你的股票价值也应该从 3.5 万美元涨到了 7 万美元。但是，你在卖出的时候，还要为盈利部分交资本增值税（long-term capital gain tax）。税率一般为 15% 左右，所以要交 5250 美元（35000×15%），最终你能拿到手的钱大约是 6.5 万美元。

这还是长期持有的情况，如果你在拿到股票后的一年之内就卖出呢？对不起，你交的资本所得税属于短期资本增值税，高达 35%，所以盈利的 3.5 万美元中要交 1.225 万美元（35000×35%）的税，到手仅有 5.775 万美元。

可以看到，原本可以价值 10 万美元的 1000 股股票，扣完各种税后，到你手里要打折 35%~45%。由于阶梯形的征税方案，对于那些收入非常高的读者来说，这个上限最高可达 50% 以上。

所以，在拿到股票后，在两个时间点卖出是比较合适的。**一是刚授权时，你不用交**

资本增值税，可以把这些钱投资到其他地方或者用来消费；二是在授权一年后，短期资本增值税转换成了长期增值税，税率可以大幅降低。

第二个关键词是"风险分散"。要知道，你所在的公司一旦上市，你拥有的股票价值飞速上涨，往往会造成股票这一资产在你的总体资产中占比过大。认真读过第 3 节的读者一定记得，这就是一种典型的财富失衡状态，我们需要尽快进行财富的再平衡，防止单一资产的风险敞口过大。

以我为例，每次公司授权股票给我，我就会立刻卖出一半，并按照我的长期资产配置组合进行重新分配，分散单一资产价值下跌的风险。当然，这里也是应用"支点投资法"的好地方：到底卖出多少公司股票，应该基于你的主动判断。作为公司的员工，没人比你更清楚公司的发展潜力，所以你可以给自己树立一个投资支点。如果你觉得公司发展好，就少卖出或者不卖股票；如果前景不那么明朗，就多卖出股票。

而在你离职时，情况又变得不一样了。因为你不再拥有获得公司股权的机会，这时保留相当一部分原公司股票就是更明智的选择。这里，我们也可以用"风险分散"的思想来看这个问题：你离开了这个公司，就有丢失公司发展红利的风险，为了对冲这个风险，最好保留该公司的股票，让你的离职损失不那么高。

小结

本节我们聊了工程师群体特有的一项财富红利——期权和股权。可以说，股权处理得好，上可实现财富自由，下可实现丰衣足食。对于这个如此重要的财富项，我要再强调一下它的几个要点。

- 股权是股东对公司享有的包括人身和财产权益的一种综合性权利。
- 期权仅仅是一种合约，这个合约赋予持有人在某一特定时间段以固定价格购进或售出一种资产的权利。
- 关于追求股权收益，我有三个建议：第一，要在具备一定的技术财富后，再去追求股权的收益；第二，不是职场的"高端玩家"，尽量不要尝试初创公司；第三，不要忽视上市公司的股权升值机会。
- 要分两种情况规避股权陷阱：对于初创公司，一定要注意股权协议的合法性；对于上市公司，要注意股权协议的细节和公司的成长性。
- 拿到股权之后，在处理时要注意两点：第一，要注意税对最终收入的影响；第二，要用风险分散的思想处理到手的股权。

思考题

很多公司都有这样的政策：在你入职时，可以自主选择总收入中股权和现金的比例。假设你现在要加入的就是这样一家公司，你会用什么逻辑、什么标准来判断到底是股票配置比例高一些，还是现金配置比例高一些呢？

番外小知识 中国和美国对员工期权的征税方法有什么不同？

美国联邦税务法将股票期权分为两大类（如表 2-3 所示）：非激励型股票期权（NSO）和激励型股票期权（ISO）。

表 2-3 非激励型股票期权和激励型股票期权

重要时间节点	非激励型股票期权（NSO）	激励型股票期权（ISO）
赠予日	不纳税	不纳税
授权日	不纳税	不纳税
行权日	普通收入税=(行权日市价-行权价格)×税率	不纳税
出售日	资本利得税=(股票售价-行权日市价)×税率	资本利得税=售价与行权价差额×税率

NSO 的受益人在行权日，按标的股票市价高于行权价格的差额，缴纳个人普通收入税；出售日，按股票售价与行权价格的差额收取资本利得税。而 ISO 受益人只有在行权买入的股票出售时，才按出售价格与行权价格的差额计算缴纳资本利得税。

由于普通收入税率比资本利得税率高，ISO 受益人的应计算缴纳的税额比 NSO 受益人的少，所以 ISO 比 NSO 更受美国公司员工的欢迎。

与美国不同的是，我国现行税法并没有将员工期权进行分类，也没有因期权的激励作用而给予受益人相应的税收优惠，而是在行权时，统一按"工资、薪金所得"计缴个人所得税。

股票期权所得个税计算公式：

股票期权形式的工资薪金应纳税所得额=（行权股票的每股市场价—员工取得该股票期权支付的每股施权价）×股票数量

股票期权形式的工资薪金应纳个人所得税=应纳税所得额×税率—速算扣除数

第 10 节　跳槽涨薪：要把握职业发展的节奏

本节我们来聊聊职业发展中另一个重要的话题，跳槽和涨薪。

如果说我们自己是职业生涯早期潜在收益率最高的一只理财产品，那么跳槽就是影响这只理财产品收益率的最重要操作。对于发展迅速的科技行业而言，频繁的跳槽已经成了一个非常常见的现象。

那么，到底是多跳槽好，还是少跳槽好？到底如何跳槽，才能让自己积累起更丰富的职场财富？本节我们就深入地聊一聊跳槽与涨薪的技巧。

为什么跳槽涨薪总比内部涨薪快？

我想讲的第一个问题是，**在职业发展的道路上，一定要跳槽吗？**你可能会说：如果我就想两耳不闻窗外事，一门心思地在一家公司做下去，到底行不行？我的回答是当然可以。但同时你要清楚，做出这个选择也意味着你大概率要面临薪资倒挂的问题。你即使升职了，内部涨薪的速度往往也赶不上跳槽涨薪的速度。

我曾经面试过一位美国著名 IT 公司的高级经理，他在这家公司做了九年，从普通工程师升了四级，成为高级经理。但他自己爆料，当得知自己的薪资居然比不上外面公司的高级工程师时，内心是崩溃的，于是毅然决然地开始另找工作。

那么问题来了：为什么在科技、金融这些变化比较快的行业，内部涨薪的幅度总没有跳槽涨薪大呢？简要来讲，主要有以下三个原因。

第一，科技、金融这些行业的发展变化速度过快，行业的头部公司为了吸引人才，薪资水平逐年上涨，致使行业内其他公司招揽同样水平人才的成本也水涨船高，而大多数公司为了避免人力成本的快速上涨，内部涨薪的幅度往往跟不上行业的发展速度。

第二，公司内部涨薪受多种因素牵制。例如，如果单独为你涨薪，难免引起平级同事的不满，而集体涨薪又会导致薪资支出的大幅上涨，不现实。

第三，需要外部招聘的职位，本身就有稀缺性和紧迫性。能跳槽成功的从业者，对于新公司来说肯定是难得的人才，那么自然就容易拿到更高的薪水。

可以说，正是因为这三个原因，长期待在同一家公司，会导致薪资水平与市场脱节。所以，即使你没有明确的跳槽计划，我也建议你在恰当的时间点去尝试外部的机会，一是检查自己的技术栈有没有落伍，二是了解最近市场上的薪资水平，为自己的下一步决策收集一手信息。

什么时候离开这家公司？

那么问题来了，到底什么时候是恰当的跳槽时间点呢？或者说，在怎样的情况下，我们应该决定离开当前的公司呢？

如果不谈对公司的忠诚问题，只站在自己的角度考虑，我的答案非常简单明了：当**一家公司阻碍了你职场价值的提升和职场财富的积累，你就可以离开这家公司了**。

这么说还是太虚了，我就举三个例子，具体说明什么情况下你当前的公司会影响你职场财富的积累。

第一种情况：你加入这家公司的目的就是把它当作跳板。

第 8 节提到过，如果你的目标是一线大厂，但是因为教育背景或暂时的实力不足，没法直接进大公司，可以先加入中小公司来"曲线救国"。毫无疑问，在你攒够了经验值之后，当然可以选择离开，到更高的平台上去积累更优质的职场财富。

第二种情况：整个行业出现了不可逆转的问题。

有一些不可抗力因素，是我们个人无法逆转的，比如 2018 年共享单车行业集体出问题，2019 年 P2P 行业关停。遇到这样的行业问题，你应该毫不犹豫地选择离开。不仅要离开，还应该提前感知危机，及时止损。你早离开一步，就早一步避免了职场财富的贬值。

第三种情况：当前公司已经无法给你提供任何新的技术财富和人脉财富。

如果你在一家公司有超过一年的时间感觉没有任何收获，也应该考虑离开。这里说的"收获"涵盖的范围很广，包括新技术的使用，期权股权的升值，团队规模的扩大，业务范围的拓展，职级的提升，从技术人员到管理人员的转变，等等。

如果有超过一年的时间，你只是在不断做重复的事情，团队也没有新的发展，就应该停下来好好想想。在发展如此迅速的科技领域，你不进步就是退步，所以应该立刻开始寻找能让你继续积累职场财富的新东家。

某位行业领军人物曾经把员工离职的原因概括成两点："钱没给到位"和"心委屈了"。我觉得他说的虽然有道理，但是过于片面。就算一个岗位钱不是最多的，面临的挑战和委屈也不少，但只要在做的项目、要解决的问题有助于自己积累长期的技术优势，有利于自己未来的职业生涯发展，我仍然愿意做下去。

所以，我们还是应该把离职这件事放到整个职业生涯的发展中去考虑，才能做出更有利的决定。这里，再强调一遍我在第 8 节中说过的话：**我们要优化的个人发展塔的目标函数是 n 年职业生涯利益的总和，而不是最近一年的职场收益。**

跳槽不是为了逃避问题，而是为了解决问题

我分析了什么时候该离职，接下来说说什么情况下不该离职。我坚决反对因为"在这个公司待不下去了"而离职的做法，这句话本身就充满了逃避主义的味道。

在我们考虑跳槽的时候，一定要想清楚我们面临的问题到底是公司的问题，还是自己的问题。

我最近刚收到一个职场咨询，那位读者是这么说的：

"王老师，我在某一线大厂工作，我们领导最近让我解决推荐系统冷启动的问题，但我实在做不出来。我想赶紧跑路，免得项目失败之后影响不好。你觉得我是该坚持，还是该找新机会？"

对于这样的问题，我想说的是：因为工作难度大而离职，是最差的跳槽理由。

工作中的挑战，正是你"打怪升级"的好机会。只有做成一个又一个项目，你才能积累越来越多的技术财富和职场资历。何况，我认为对一个技术问题来说，只存在用多长时间做出来的问题，不存在永远做不出来的困境。我在工作的十年间，负责过的持续时间最长的项目是一年零三个月，其间克服的技术问题上百个，尝试过的整体技术方案不下五套，最终成功上线，为公司带来超过 10%的总体利润提升。

我的一些在航天领域工作的同学，他们的项目持续时间更长，有的甚至达到五到十年，如果遇到一点困难就放弃，那我们国家就不可能拥有神舟飞船、长征五号、天宫空间站这些举世瞩目的成果。

再回到跳槽这个话题上来，如果是为了逃避问题而跳槽，难道你到了新公司就不会面临挑战吗？要知道，新公司是因为缺人才招聘的，招你进来就是为了解决问题。如果你跳槽之后，还是一遇到问题就想跑路，那到什么时候才是个头呢？

类似的离职理由还有很多："我觉得团队里有几个人针对我，总是跟我对着干""我觉得我的技术方案很好，但领导不给我资源"……因为这些理由而离职的程序员，首先要做的是转变自己的心态。

要知道，职场永远是一个竞争环境，如果所有人都喜欢你、支持你，那只能说明你自己的价值很低，没有任何竞争的实力。面对问题的时候，抱怨是没用的，一定要思考

原因：为什么别人总针对我，不针对其他人？为什么领导给别人资源，不给我资源？

一味逃避对问题的思考，把所有问题都归结于外部环境，这种做法就是在自欺欺人。只有养成"向内思考"的习惯，找到问题的真正源头，才能找到职场成功的钥匙。

我把那些因为逃避问题而跳的槽称为"**无效跳槽**"。如果你多次无效跳槽，不仅没法积累职场财富，而且会让下一家公司的 HR 认为你是一个没有定力、无法克服困难的人。这就是简历上低于一年的职场经历会给你减分的原因。为了避免无效跳槽，你一定要树立这样的观念：**跳槽不是为了逃避问题，而是为了解决问题。**

要解决的问题，就是如何进行更快的财富积累。所以，我认为跳槽最好的时间点是刚胜利结束了一个大项目，或者刚实现了一个期待已久的职场目标的时候。以胜利者的姿态离开，会帮助你将职场上的"成功"延续下去。

应该怎么选择你的下一站？

说完什么时候要离开老公司，我们接着聊聊怎么选新公司。不管你是因为公司发展还是行业的大环境，又或是因为自己新的追求而跳槽，都面临着选择"下一站"的问题。

有句俗语说得好："人生如棋，走一步看一步是庸者，走一步算三步是常者，走一步定十步是智者。"其实，规划自己的职业生涯也是一样。对自己未来十年的总体目标，要有大致的方向；对五年的中期目标，要设计好实现的具体计划；对三年的小目标，要有切实的行动。

其实，你在加入一家公司时，就应该想清楚至少三个问题。

（1）我希望在这家公司实现怎样的目标？

（2）当我离开这家公司时，应该带着什么收获，或者说以什么样的状态离开？

（3）当我离开之后，我的下一站应该在哪里？

不同的人有不同的长期目标：有人想成为大公司的经理、总监；有人想走纯技术路线，成为架构师；还有一些人，不希望承受太大的压力，只想在一家小而美的公司做一名资深程序员，或者奋斗五年挣够钱之后就加入国企，享受稳定的职业生涯。

只要符合你的内心，又能实现养家糊口的底线需求，这些目标都是合理的长期目标。重要的是，一旦确定了你的长期目标，就不要轻易动摇。在瞬息万变的科技和金融行业，为了让自己的总体目标不发生太大偏移，你就一定要为这个目标规划路径，要让自己一步步地朝你的目标靠近。

对于大多数读者来说，我们在选择职业生涯下一站时，可以完全遵循财富积累的思路，也就是"缺什么财富，就补什么财富"。

举个例子：在硅谷，很多 Meta 公司和谷歌公司的 L5 级（大概工作五至十年）程序员都会选择跳槽，而且是跳到小公司。他们为什么要做出这样的选择呢？

因为 L5 升 L6 是一个很大的坎，类似于国内的 P7 升 P8，需要的不仅是技术实力，还要靠一些运气和业务发展的机遇。这时，这些资深程序员选择加入知名的创业公司，就是因为在大公司积累技术财富的收益已经没那么大了，不如去明星小公司带带人。

这样选择，不仅可以积累管理经验和人脉资源，还能拿到更多的股权，搏一把财富自由的机会。即使业务发展没赶上自己的预期，他们凭着多年积累的技术财富，再回到大公司也不是难事。所以，这是一笔"收益大，风险小"的投资。

再举一个"缺啥补啥"的例子：如果你不是一个事业心非常强的人，就是想在一线城市好好奋斗五年，攒够钱就去二三线城市找一份稳定还不太忙的工作。那么这五年里，哪家给的钱更多，你就应该去哪家，而不是纠结于技术级别高不高，工作忙不忙，公司大不大。

总之，在进行职业规划时，更多是要结合自己的需求，而不是试图寻找一个标准答案。正是因为有太多的人用这种"学生思维"来思考职业规划的问题，才会导致现在"干一行，卷一行"的情况发生。只有结合你自己的长期规划，以及自己的性格和理想来选择下一站，才会做出最适合你的决定。一线公司工程师的创业决策逻辑如图 2-9 所示。

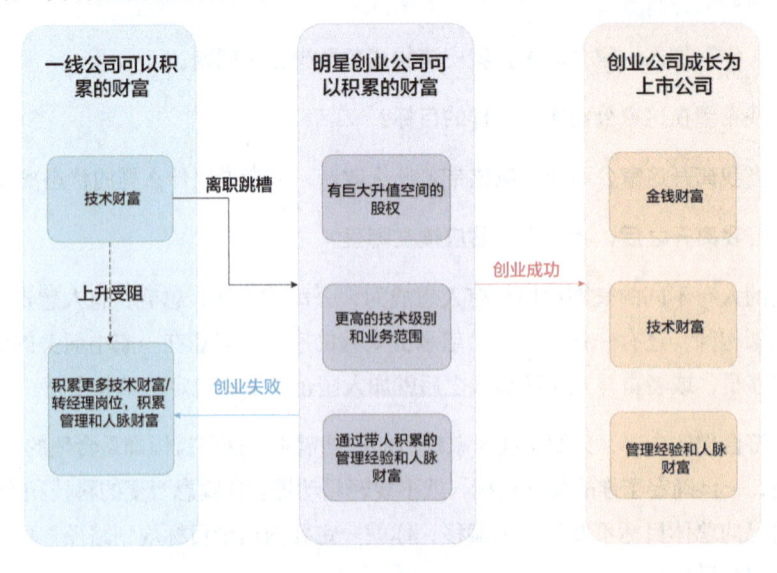

图 2-9 一线公司工程师的创业决策逻辑

要加入新公司了，如何谈 Offer？

本节结束前，我们再讲一个实用的话题，就是如何谈 Offer。对于这个问题，掌握如下三个关键点就可以了。

第一，**永远不要离职后再去找工作**。否则，在谈 Offer 时，很容易被新东家的 HR 压薪资和职级，在遇到挫折的时候，你的求职心态也更容易崩溃。

第二，如果你心目中有一家目标公司，那么最好先面试两到三家非首选的公司，**拿到保底 Offer 或竞争 Offer 之后，再去目标公司面试**。这样做，一是可以让你逐渐进入面试的最佳状态，二是可以防止被目标公司的 HR 压薪资和职级。

第三，**不要被 Offer 的总价迷惑**。你要好好捋一遍 Offer 薪酬相关的细节，搞清楚哪些是一定能拿到的基本薪酬，哪些是奖金甚至加班费。在总价一样的情况下，当然选基本薪酬给得多的公司，才能更好地保障你收入的稳定性。

做到上面三点之后，你大可与目标公司的 HR 坦诚相待，谈谈未来发展，谈谈你为什么想加入这家公司，让对方也感受到你的诚意。要相信，"情投意合"的关系才是稳定的。如果在谈 Offer 的过程中，你已经有了非常大的不适感，那么相信你的直觉，尽早拒绝这家公司就好。

小结

本节我们聊了职场人非常关心的话题：跳槽和涨薪。只有把支撑我们做出跳槽决定的底层逻辑想清楚，才能更快地提升人生价值，积累职场财富。接下来我就总结一下本节的重点。

- 跳槽涨薪比内部涨薪快的原因主要有三个：行业发展过快，内部涨薪受多种因素牵制，外部招聘的职位更有稀缺性。

- 当一家公司阻碍你积累职场财富时，就可以离开了。主要有三种情况：第一，这家公司本来就是你职业道路上的一个跳板；第二，公司所在的行业出现了不可逆转的问题；第三，当前的公司已经无法给你提供任何技术财富和人脉财富。

- 一定要牢记，跳槽不是为了逃避问题，而是为了解决问题，要避免"无效跳槽"。

- 在选择下一站时，一定要结合你的十年职业规划，做出适合你自己的决定。

- 三个谈 Offer 时的关键点：不要先离职再找工作，先拿竞争 Offer，关注 Offer 薪酬相关的细节。

思考题

盘点你之前的跳槽决定，分析哪些是无效的，哪些是有效的。如果可以再次做决定，那么你还会做出当时的决定吗？

第 11 节　财富拓展：35 岁失业？我们如何拓宽财富渠道

本节我们来聊一聊职场危机问题。2021 年，随着各大互联网公司陆续裁员，"35 岁危机"成了大家经常提起的话题。由于互联网公司的加班强度确实非常大，人近中年，因各种家庭原因无法承受高强度加班的现象非常普遍，中年危机的问题在这个行业中更加突出。

但其实各行业的中年从业者们，都背负着来自各方面的生活压力。金融圈的基金经理们由于不堪业绩下滑压力，崩溃自杀的案例时有发生。即使国企的从业者有时也面临着人员优化、竞争上岗的压力。那么作为一个普通人，面对行业变换的大潮，就真的只能随波逐流，毫无应对之法吗？

我的答案是否定的。在人生的 30 岁至 40 岁，我们所有人都面临着一次职业生涯甚至是整个人生的转型，那就是实现从"个人能力"到"个人财富"的转型。转型成功，我们会迈向人生新的高度；转型失败，就有可能一直从事低价值的重复性劳动。

那么，作为一名"理工男"，我们应该如何成功完成这次转型呢？在"人到中年"这个十字路口，怎样才能让自己的个人价值不降低，个人财富不缩水呢？希望本节能对你有所帮助。

实现从"能力"到"财富"的转换

坦率地讲，如果我们在 35 岁时由于失业而出现了财富危机，那么这个危机的种子肯定早在 25 岁时就种下了。因为 25 岁到 35 岁这段时间，大部分人不会思考一个关键性的问题：如何实现从"能力"到"财富"的转换？而我希望你读完本节，能成为那"一小部分人"。

具体来讲，这里的"财富"指什么，又包括哪些方面呢？其实本书的第 1 节已经介绍了我们最相关的财富项。这里我用一张典型的技术人员的发展路径图（如图 2-10 所示），帮助你更深入地理解这个概念。

靠能力赚钱	靠财富赚钱

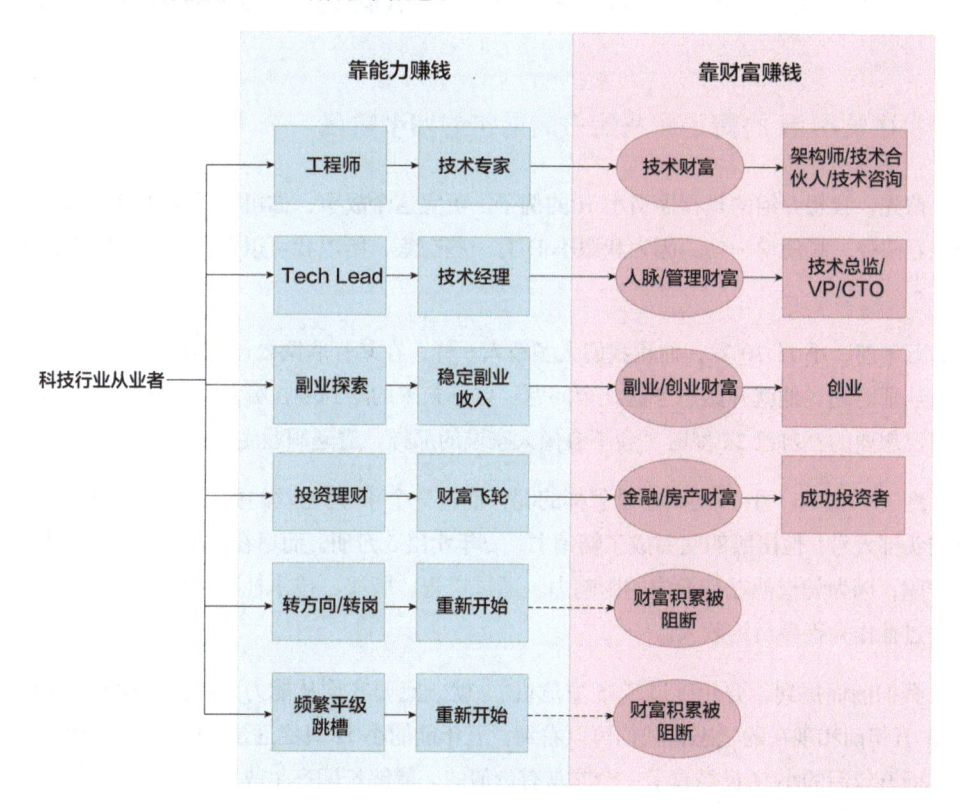

科技行业从业者
- 工程师 → 技术专家 → 技术财富 → 架构师/技术合伙人/技术咨询
- Tech Lead → 技术经理 → 人脉/管理财富 → 技术总监/VP/CTO
- 副业探索 → 稳定副业收入 → 副业/创业财富 → 创业
- 投资理财 → 财富飞轮 → 金融/房产财富 → 成功投资者
- 转方向/转岗 → 重新开始 ⇢ 财富积累被阻断
- 频繁平级跳槽 → 重新开始 ⇢ 财富积累被阻断

图 2-10　科技行业从业者的不同发展路径

从图 2-10 中的左半部分可以看到，只要你不是富二代，靠能力完成自己的原始财富积累就是一个必须经历的过程。在财富积累的过程中，可能会出现这种情况：有些人因为频繁平级跳槽，甚至频繁更换职业方向，始终冲不破"用能力赚钱"这一圈层，因此终其一生，都只能在财富的初级赛道上打转。

但是我们看到，完成财富积累的人，从四个方向突破到了"靠财富赚钱"的圈层。他们或是凭**技术财富**，或是依靠人脉、**管理财富**，或是拥有创业财富，或是依赖**金融房产财富**，完成了从"打工人"到"财富管理者"的转变。

当然，让自己从多个方向突破到"靠财富赚钱"的圈层是更健康的方式。我想这样的从业者，无论如何都不会遭遇"35 岁危机"。

这时你可能会说：从这四个方向突破都好难，感觉能做到的都是大咖，我们普通人真的能做到吗？

接下来，我先举两个例子，看看和我们一样的普通人是怎么在"35 岁危机"前"突围"的。

程序员小 H 的例子：从能力到财富的四个阶段

首先，我想介绍的是程序员小 H 的例子。听完这个故事，你可以了解从能力到财富的积累路径。顺便说一句，因为我跟小 H 有一些交集，所以我可以保证这个故事的真实性。

五年前，小 H 30 岁，他和我们大多数人一样，在某互联网公司重复着"996"的生活。从那时起，他就开始思考这几个问题：自己未来的路到底在哪儿？目前的生活是不是自己想要的？自己 35 岁时，会不会像大家说的那样，遭遇职业生涯的危机？

到了 2022 年，小 H 的状态是怎样的呢？他有一个 40 万粉丝的微信公众号，是 IT 领域的头部大号；他出版的图书成了畅销书，一年卖出 5 万册。而早在 2019 年，小 H 就已经辞职，因为凭借他在行业内的影响力，通过广告、版权、技术社区带来的收入已经远远超过他作为程序员的收入。

我们前面提到，要想度过"35 岁危机"，就一定要实现从能力到财富的积累。对比小 H 五年前和现在的状态，我们可以看到，五年前的小 H 只能通过"996"的付出来谋生，而五年后的小 H 已经有了三个非常有价值的、能够长期产生收益的财富项。

这三大财富项分别是：

- 媒体财富：IT 类头部公众号。
- 版权财富：畅销书。
- 人脉财富：技术社区。

那么这五年间，小 H 是如何实现从能力到财富的积累的呢？我想大致分为如图 2-11 所示的几个阶段：探索阶段、积累阶段、收益阶段和正反馈阶段。

搜索阶段 → 积累阶段 → 收益阶段 → 正反馈阶段 ↻

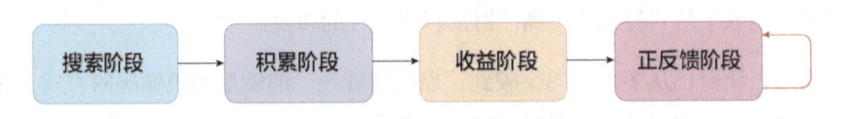

图 2-11　从能力到财富的积累路径

最初的**探索阶段**，小 H 在工作之余，尝试了多种可能产生收入的方向，比如利用自己的主业技能开发独立小游戏，利用自己的业余爱好投稿网文等，但都没有收到很好的效果。从 2016 年开始，小 H 想到了一种写公众号的特别方式：利用自己的专业优势为程序员讲解算法，并且采用新颖易懂的漫画形式。小 H 非常辛苦地坚持了一年，粉丝缓慢增长到 1 万人。

第一个阶段往往是最艰难的，之后希望就来了，小 H 进入了**积累阶段**。先是开始有收入了：公众号文章的阅读量与广告费成正比，一个 1 万粉丝的垂直领域公众号，大概会有 1000~3000 的阅读量，于是小 H 第一次获得了 600 元的广告收入。这之后，由于看到了成功的可能，小 H 投入了更多的精力，积累了更多公众号的写作和运营技巧，结识了更多圈内的人脉资源，一年之内让粉丝从 1 万迅速增长到 10 万。

可以说，到这里，小 H 已经成功完成了媒体财富的积累，后面的路就越走越顺了。凭借每个月稳定的广告收入，小 H 正式进入了依靠财富创收的**收益阶段**。这时，小 H 面临着一个选择：他可以用副业时间维持这个公众号，把它当作自己的一个收入来源；也可以进一步加大投入，基于这个公众号的资源"开枝散叶"，创造更多财富。

最终，小 H 选择了全职投入内容创作的事业中，正式进入了**正反馈阶段**。在这个阶段，成功与否的关键点就在于能不能建立起"由财富产生现金流，再通过现金流积攒更多财富"的正反馈（如图 2-12 所示）。

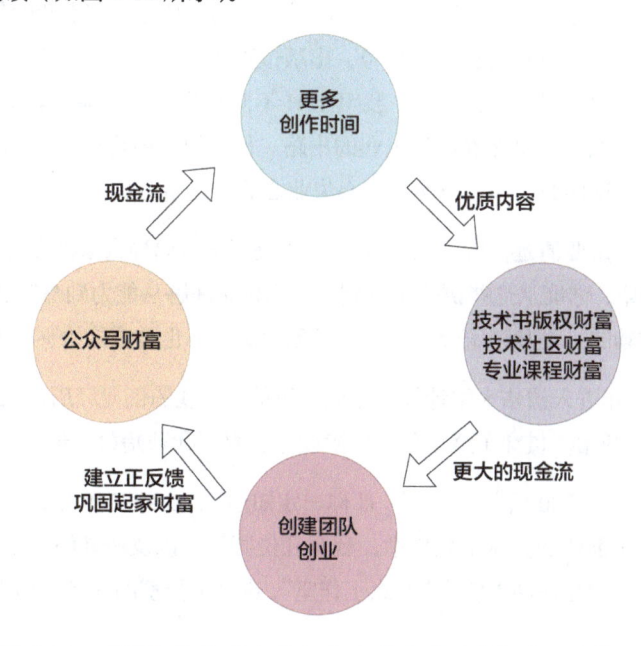

图 2-12 "创造财富-产生现金流-积累更多财富"的正反馈

让我们看看，小 H 是怎么建立起这个正反馈的。

因为小 H 在公众号上持续进行高质量的内容输出，所以出版社的编辑主动联系他出书。因为已经有了公众号提供的稳定现金流，所以小 H 可以全职投入内容创作。这样，他就有更多的时间把优质内容编写成书，并经过进一步的拔高提炼，形成深入浅出的高质量算法书。

然后，由于小 H 在之前的几个阶段已经积累了大量粉丝，这本书一上市就自带热度，迅速畅销。这也进一步扩大了小 H 的影响力，扩充了他的收入来源。再之后，建立相应的知识社区、付费社群，产生了更大的现金流，技术社区中的讨论也丰富了小 H 的创作素材，便于进行更多的内容输出。这些都使小 H 在技术圈的影响力不断扩大，又反过来推动了公众号的扩张。

你可以看到，这一切终于形成了一个正反馈系统，小 H 的公众号、技术书、知识社区都是这个系统上能够互相助推的节点。如果你构建的体系发展到这一步，事情已经不用你来推动了，它会自己转起来。那么毫无疑问，这时你已经拥有了一座"金矿"，还用担心 35 岁时的事业危机吗？

我的创业故事：创业资源向财富资源的转换

第二个例子，是我的创业故事。很多熟悉我的读者知道，其实我的经历跟小 H 的有很多相似的地方：我也有自己的公众号，出版过不止一本技术畅销书，还在某线上教育平台有口碑不错的课程。但有一点，我跟小 H 不同：我的所有副业都是为巩固主业服务的，并不是为了找寻一个能够替代主业的出路。但如果我愿意的话，也完全可以走上小 H 的道路。有了这样的选择，当然不担心失业之后一无所有。

不过，你一定要清楚，讲小 H 的故事也不是想落入倡导大家都去写公众号文章的俗套。我只是希望，你能从这些例子中得到一些启发，理解从能力到财富转换的种种方式。下面我想跟你聊的，是我读研究生时的一段创业历程，也希望能给你一些启发。

我是 2006 年进入清华大学计算机系读本科的，而我的创业经历从大学三年级，也就是 2009 年年初开始，贯穿了整个研究生阶段，一直到我开始第一份工作。

如果你是一名"80 后""95 前"，那你一定知道 2008 到 2010 年，移动互联网的概念有多火。那几年创业的团队不胜枚举，我跟几位同学，以及校外的一些创业朋友，合伙创办了我们的移动互联网工作室"五点工作室"。这个工作室的业务方向主要有以下三个。

（1）承接一些外包项目，产生切实的收益。

（2）探索能够产生现金流的网赚项目。

（3）业余时间孵化我们的创业项目。

最终，这三条业务线都为我的人生积累了宝贵的财富。具体来讲，主要有以下几个非常切实的收益。

在研究生毕业前，我通过接外包项目积累了 40 万元的存款，后来我用这些存款作为一部分首付款买了人生中的第一套商品房，帮助我及时赶上了房地产这趟车。

我们利用机器学习和网络爬虫技术，搭建了一些垂直行业内容站，通过广告收入获得了稳定的现金流。

我们的创业项目被并购，让我持有了少量某上市公司的股票。

除此之外，这段经历不仅为我增加了很多技术实践的经验，还让我积累了大量产品、运营方面的知识，这些至今都对我的职业生涯有积极的影响。

从我的故事中，你可以分析出哪些从能力到财富的转换呢？我觉得至少有以下三点。

（1）把通过技术产生收入的能力转换成房地产这个优质财富项。

（2）把机器学习的专业能力转换成优质的能产生现金流的网站或 App 财富。

（3）把创业的综合能力转换成已上市公司的股权财富。

主动思考才能把握住财富机会

我已经讲完了小 H 和我的故事，这时你可能想说：小 H 和你的成功都不具备代表性，因为这都是"时势造英雄"。一旦过了那个时间点，红利就消失了，不管创业还是公众号，都不容易成功了。

事实果真如此吗？当然不是。机会每时每刻都在出现，只要主动思考自身的优势，每个普通人都能找到适合自己的成功机会。把"锅"甩给"时代"，每天抱怨"内卷"和"生不逢时"，那是庸人才会做的事情，不是一个追求更好生活的普通人应该做的事情。当然，这个时代肯定存在着它的问题，但相比于改造这个时代，进行主动思考，改变自己，抓住身边的机会更务实一些。

回到正题，下面我再举几个用能力换财富的例子，希望给你一些行动方向上的启发。前面提到的小 H，和我一样是一名理工男，是做算法题类的公众号成功的。其实只要结合自己的专业优势，懂得静下心来总结经验，在任何一个方向上都可以复制小 H 的成功。比如我的一位从事财务工作的朋友，一直在会计师事务所工作，他靠着熟练的 Excel 技巧出书、开课，照样获得了不菲的副业收入。

上面说的都是利用专业能力积累财富，下面再举个不一样的例子：我一位前同事，他利用的不是专业技能，而是自己的**兴趣爱好**。这位同事喜欢摄影，他一开始通过摄影作品赚了些小钱，后来就在节假日接一些婚庆摄影的单子，逐渐转型成了职业的婚庆摄影。现在，他不仅脱离了之前不喜欢的程序员行业，而且做婚庆摄影的收入居然超过了工程师的工资收入。这是一个典型的兴趣导向创业成功的例子。因为热爱这个行业，就有源源不断的动力支持他在这个领域做精、做深。

聚焦某个方向的小众市场进行投入，真的需要时运吗？我认为并不需要，需要的仅仅是你在一个方向上持续、深入钻研的能力。

"榕树关系"：主业的健壮是一切副业的基础

讲了这么多发展副业的例子，你可能想说："我们平常上班已经够累了，还会有精力培养副业吗？"这其实是个非常实际的问题。要回答这个问题，我们要先厘清主业和副业的关系。

对我来说，主业和副业最好的关系模式是"主业滋养副业，副业反馈主业"的"榕树关系"。

在这个关系模式里，我们把主业比作榕树的主干，把副业比作由主干生发出的气根。在开始的阶段，副业最好能够依附于你强壮的主业，从主业那里吸收营养，茁壮成长，成为你的"**专业延伸财富**"；而当副业长大后，它就能落地生根，反馈主业，让主业更健壮；再进一步，副业发展得好，还能像图 2-13 中的榕树一样，发展成一片榕树林，成为你新的财富增长点。

图 2-13 独木成林的榕树

接下来，我们再具体讲讲这里说的"榕树关系"。

首先，如果你的主业不够健壮，在一开始的探索阶段，副业就不可能有一个较高的起点，你就很难在众多竞争者中脱颖而出。举个例子，如果小 H 没有把几百道算法题吃透，他怎么可能由此构建自己的知识体系，继而输出高质量的内容呢？我也是一样，如果上大学时，没有积累扎实的机器学习和编程功底，怎么能够靠它来创业和盈利呢？

反过来讲，在探索阶段，副业其实也会支持、促进主业的发展。比如，算法题的精进肯定有助于小 H 的面试、跳槽，帮他拿到更好的 Offer。而我对副业的投入，更是增加了我算法模型落地的能力，让我在研究生阶段就具备了大量的实践经验，这一点让我受益至今。

总的来说，由于小 H 和我的副业选择都和主业强相关，所以我们在副业上的时间投入，起到了类似于游戏中"双倍经验卡"的作用。一方面，探索了副业的可能性；另一方面，进一步帮助了主业的发展，这就让我们可以在财富积累的道路上快速"升级"。对时间的高效利用，是你在没有实际收益的探索阶段把副业坚持下来的基础。所以，我强烈建议你在开始一份副业之前，问自己下面这三个问题。

（1）这个副业是不是建立在我已有的技术或知识，或者坚持多年的兴趣爱好高点上的？

（2）这个副业能不能让我的主业也获益？

（3）我有没有可能坚持这个副业十年以上？

如果你都回答"是"，那就毫不犹豫地开启你的副业探索之旅吧。

小结

本节我们讨论了如何拓展财富渠道的问题。关于这个问题，我们可以用"五个要点，一片榕树林"来总结。

首先来看五个要点。

（1）要想 35 岁时没有失业危机，就要在 25 岁时开始思考从"能力"到"财富"转换的问题。

（2）创立成功的副业要经历"探索-积累-收益-正反馈"四个典型阶段。

（3）自己的副业一定要建立在主业的知识或技能高点，或者积累多年的爱好或特长上，否则没有竞争力。

（4）探索阶段是最难的，在这个阶段寻找能够让主业也受益的副业方向，是平衡时间投入最有效的手段。

（5）坚持，坚持，坚持。最重要的事情说三遍，否则前面所有的分析都毫无意义。

最后是"主业-副业的这片榕树林"。主业和副业最好的关系模式是"主业滋养副业，副业反馈主业"的"榕树关系"，如图 2-14 所示。

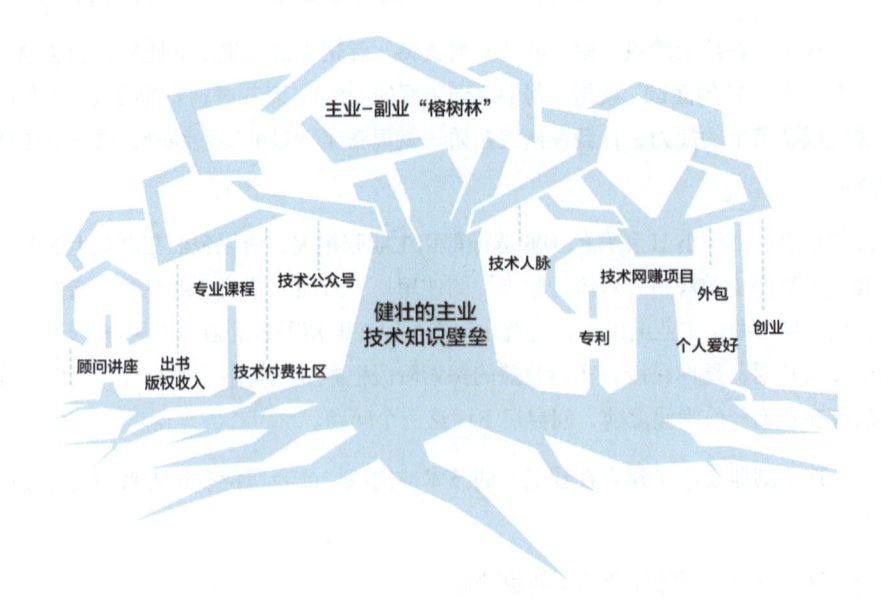

图 2-14　主业-副业和投资理财两片"榕树林"

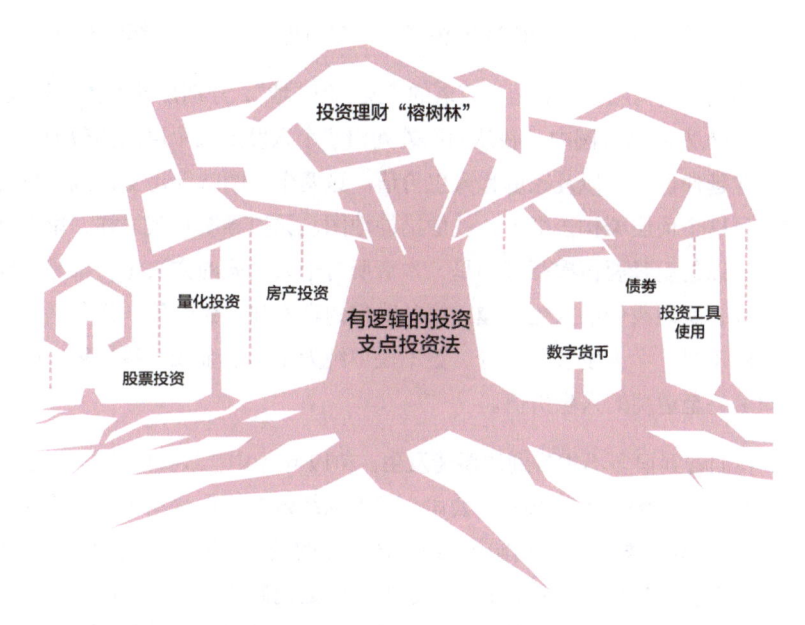

图 2-14　主业-副业和投资理财两片"榕树林"（续）

其实，财富的"榕树林"又何止一片？在我们的财富双塔中，本章内容帮助你把个人发展的"榕树林"发展得枝繁叶茂，教给你的关于投资理财的各种技能也能组成另一片"榕树林"。关于如何发展投资理财这片"榕树林"，就让我们在第三章为大家讲解吧。

思考题

我想和你讨论两个比较有意思的现象。

第一个现象：在娱乐圈，明星"火"了之后，相比于只是接戏、拍戏，他们更热衷于开自己的工作室、影视公司，为什么？

第二个现象：很多真正有实力的互联网高管，即使年入千万，也还是要找机会离职创业，开办自己的公司，这又是为什么？

你能用本节能力换财富的思路，分析这两个现象背后的原因吗？

第 12 节　压力管理：家庭和人生价值远高于职场价值

在本章的最后一节，我想暂时停一下脚步，先放下职业发展、升职加薪、副业拓展这些个人发展的具体手段，让我们回过头来，一起再思考一下这一切的意义。

第 1 节的双塔结构图里，明确了双塔的"天"和"地"，分别是基本生存和人生兴趣。在第 2 节的个人发展同心圆中，我从内而外列出了个人发展三个层次的价值，分别是职场价值、专业延伸价值，以及家庭和人生价值。这两个框图就像是支撑我们理论的顶层架构，脱离了这个顶层架构谈细节，就像扔掉地图、关掉导航开车一样，早晚会偏离正确的方向。所以这里我要再次强调的是，**本章所有个人发展的方法论，都是为支撑起我们的基本生存，实现我们的人生兴趣，提升我们的家庭和人生价值。**换句话说，寻求个人发展的目的不是"个人发展"本身，更不是单纯为了追求金钱，我们努力的目的是追求个人、家庭甚至更高的人生价值。

近年，我们看到很多不想看到的事情发生。2019 年年中，跟我住在一个社区的邻居，本来工作在令人羡慕的一家互联网大公司，却因为绩效、工作变动等种种原因，在公司跳楼自杀。2021 年年底，一位在国内一线公司工作的技术大咖也因为项目变动的原因终结了自己的生命。"过劳死""加班猝死"这些感觉之前距离我们很远的词，频繁地出现在我们的视野中。这些发生悲剧的同行们，都非常努力地工作，收入在行业内也超越了大多数人，可为什么悲剧还是频频发生？本节，我想尝试着跟你讨论一下人生，回顾我们普通人寻求个人发展的根本目的，希望能给你带来一些启发。

我们到底在追求什么？

正在读本书的你，在心情比较低落时，是否有过类似的想法："这次升职又没成功，跟我同一届的同学都快比我高两级了，我实在太没用了""高中同学跟我七八年没见，这次见面居然混得比我好那么多，上学的时候学习比我差远了，这个世界太不公平了""北上广的房价现在都快 10 万一平方米了，我五年前本来想买没买，现在后悔想死的心都有了"。

如果你曾经有过这些想法，不用感到意外，你是我们所有普通人中的一员。我也是一样的。刚工作的时候，想快点升技术级，觉得技术大咖挣得多，又有影响力，肯定生活无忧，事业无愁；当我有了相对比较高的技术级后，我才明白为团队找新的技术方向，争取技术资源的过程不确定性更高，焦虑感更强。这时我就想，如果我做到管理职位，掌握更多资源，这些问题肯定就迎刃而解了。但当我成为技术经理之后，我发现来自上级和下级双方向的压力比之前高出数倍。比我职位更高的总监、VP 们的日子就更好过吗？我看也不见得，他们承担的业绩压力更大，项目复杂度更高，他们的焦虑感一定更强。

我们似乎在期待通过获得"成功"或别人的认可来消除自己内心的焦虑，追求个人的幸福，却很可能发现，所有通过"比他人强"而得来的满足感最终只会让我们陷入更大的焦虑之中。我希望本章的内容能帮助你用个人发展塔支撑起个人和家庭的幸福感，而不是把你推入个人焦虑感的深渊。

因此当我们回过头来，讨论自己努力追求的幸福到底是什么时，会惊讶地发现，我们对幸福的感知甚至和外界的环境没有必然的联系，它是一个非常自我的、非常内向的过程。我特别喜欢哲学家尼采的一句话"只有真正地在内心控制你的生活行为，你才能感觉到幸福"。当我们明白追求个人、家庭的幸福远远比升职加薪来得重要，升职加薪仅仅是一种保障幸福感底线的手段，而非目的时，面对升学、升职路上的一些挫折，肯定就不会采取极端的手段应对了。

我们能做些什么来提升自己的幸福感

有的读者可能会说，追求幸福说得容易，还不是需要金钱的支撑，只要需要金钱支撑，我们就要追求升职加薪，就要拼命加班。

我当然能体会"打工人"们的无奈，因为我也是其中一员。但我还是要再次强调，幸福感的来源是自己的内心，是自己的内心欲望得到满足时的一种快感，而当你的欲望永远得不到满足时，很有可能由于长期的压抑酿成悲剧。

这里说到的"欲望"是一个非常中性的词。我们对美食的渴求是欲望，我们对金钱的追求是欲望，我们对高学历、高职称的追求同样是欲望。而"欲望和能力的不匹配"往往是痛苦最大的来源。2021年，我去拜访我的大学导师，听到这么一个故事：一位同学在四年本科期间都是年级第一，她本以为保送研究生十拿九稳，研究方向和导师随便选，但我的导师却因为科研经历不匹配拒绝了她。这让她崩溃了，差点自寻短见。

在旁人看来，这个女孩几乎是个天才，从小到大都是成功者，她的能力毋庸置疑，但此时此刻，她的欲望超过了她的能力。因为她认为凭借自己的出色履历，可以随便选择导师，但科研之路上，考试成绩的好坏并不是单一的衡量标准，你的研究经历、思维方式、写作能力同样重要。这一刻她没有正确地控制自己的欲望，从而充满了欲望没有得到满足的挫败感。

我相信这位同学一定非常努力，天赋也很高，但幸福感和你能力的绝对值没有关系，它只和你内心的欲望与这个现实世界的反馈有关系，它只与能力和欲望的相对位置有关系。明白了这一点，我们就能得出提升幸福感的两个结论。

（1）**我们要学会正视自己的能力，管理好自己的欲望。**

（2）我们不能总是压抑自己的欲望，要学会善待自己，满足自己的欲望。

这两点也是我关于提升幸福感的建议。为了让这两点更有操作性，下面我再提两条实用的建议，看看能不能帮你立刻提升幸福感。

如果你有一件东西特别想买，但总觉得不实用，想省钱一直没买，那么别犹豫，今天就下单！作为一个理工男，我曾经有几样东西特别想要，一个是某品牌的无线机械键盘，大概 1000 元；一个是某品牌的无人机，大概 3000 元；一个是一套星战的乐高玩具，大概 4000 元。这些"大男孩"的玩具着实不便宜，而且确实没什么用，所以好多年过去了我都一直没买。但你要知道成年人的快乐是多么宝贵呀，我感觉我已经很长时间没有任性过了，总是在不停地说，这个不该做，那个不实用。可如果一直这样下去，你工作、努力的意义到底在哪里呢？想通了这一点，我就每隔两个月买一件，最后把上面那些东西全买回来了。当我看着它们的时候，我知道，它们带给我的价值远远超过那几千元钱。所以在你的花销不影响大局的情况下，一定要善待自己，不要让你的幸福感逝去，喜欢什么，去实现它吧。如果你的爱人、孩子也有喜欢的东西，只要不是无理的要求，也请满足他们的愿望，在生活中，我们都是有血有肉的人，不是一台纯理性的机器。

老子在《道德经》中说"至刚易折，上善若水"，当你的能力暂时匹配不了欲望的时候，要学会妥协，不要硬刚。其实现在很多年轻人都对自己挺"狠"的，一定要在一线城市留下来，一定要买个大房子，一定要遇到自己最满意的人。其实大可不必这么"刚"，柔一点，来一个降级的选择，也许在未来遇到危机时才有更多转圜的余地，才能够为之后的跳跃留足空间。

"多样性"是最美好的东西

在本节的最后，我想谈一谈"多样性"的问题。我们从出生，到上学，到上班，肯定都对一件事情深有体会，那就是"比较"。上学时比成绩，上班了比收入，成家了还要比孩子。"比较"往往也是我们大部分痛苦的来源。只要你的自信和幸福感来自"比较"，那这背后就不可避免地埋藏着失败的种子。因为，你总能找到比你更强的人。

就拿高考来说，我是 2006 年参加的河南省高考，全省一共有考生 78 万人，能考上本科的有 42 万人，能上一本的有 3 万人，能上清北的有 150 人。我很幸运是这 150 人中的一员，按理说，我在学习这方面肯定很有自信，很能得到幸福感。但其实我在进入大学之后，感受到了人生中最大的挫败感，在那些天赋异禀的"学神"面前，我感受到了那种不可能超越的、深深的无力感。但这些"学神"们就一定幸福吗？当然不是，他们同样有自己想要对比的目标，也会有自己的无力感。

那么隐藏在"比较"背后的魔鬼到底是什么呢？其实是"多样性"的匮乏。我们对"成功"的定义过于单一，缺乏多样性，导致所有人都觉得自己是失败者。在我们的眼中，似乎一定要从小到大学习好，找个稳定的工作，一步步升职加薪，成家立业，儿女双全，这样才是成功，缺一点都会被别人比下去。我们应该扪心自问，为什么要有这样所谓的成功标准？

2022 年 1 月，我和家人去加州的太浩湖滑雪。我和孩子的滑雪教练聊了一会，她说她从大学毕业就在这里当滑雪教练，教孩子滑雪已经十三年了。我问她这么多年了，有没有想过换个工作？她说为什么要换工作呢，她喜欢孩子，也喜欢滑雪，每天都很开心。那时我一下子就明白了什么是幸福，原来幸福不是来自什么经理、总监的头衔，不是来自你挣了多少钱，**而是来自你干了一件你喜欢的事**。在那一刻，我感觉到曾经用来比较的东西在真正内心强大的人面前是多么的幼稚。

所以如果有一天，你真的感觉生活给了你无尽的压抑，某个无法实现的执念总让你心生挫败，可以停下来，想想自己真的需要什么，那时你可能会发现，曾经的"我执"似乎也不算什么了。

小结

这是本章的最后一节。本章，我们从职业发展的规划讲起，以对家庭和人生价值的思考结束，几乎涵盖了个人发展中遇到的所有关键问题。我们要在二十年的维度之上审视我们的个人发展，也要站在整体行业之上去俯瞰那些兼具"高度"和"广度"的职业方向，还要多想一想如何站在自己优势技能的高地上拓展自己的副业，让我们的个人发展"榕树林"枝繁叶茂。搭建好自己的个人发展塔并不容易，但只有这样，才能让自己在面对未来可能发生的职场危机，甚至社会层面的金融危机时，拥有应对危机的本钱。

最后，我们还是应该回到原点，清楚自己努力的最终目标是实现自己的人生和家庭价值。当你真的累了，受挫折了，不妨停下来，暂时逃离"比较"这个魔鬼，忘记那些世俗的"成功"标准，想想自己内心想要的到底是什么，也许你会找到更好的答案。

思考题

合上书，现在就打开你的电商 App，拿下那个你总是想买，但一直没下单的小礼物。对自己好一点，因为我们每个人都值得。

番外小知识　佛教里的"我执"是什么？

我执，在佛教中指对一切有形和无形事物的执着，小乘佛法认为这是痛苦的根源。

我，就是我们的自我意识。我们的名字、经历、职业、财富、长相以及行为方式等，这些构成了我们对自我形象的认识。

执，就是执着。无论我们执着什么，就是在把它当成自我的一部分，把自我感建立在外在事物上。也正是因为我们把自我感建立在这些外在的事物上，所以当它们变化时，我们的情绪也会变化。

举个例子，当我们还小的时候，我们可能十分在意别人对我们的评价，喜欢成为长辈口中的"好孩子"；当我们长大以后，那些夸赞似乎有了更高级的形式，比如别人对我们的长相、学历、职业、财富和地位的认可。我们会在这之上建立对自我的认识，比如我是个有钱人、我是知识分子、我很漂亮等。当有一天，有钱人失去了财富、知识分子不再稀缺、漂亮的人年老色衰，这时痛苦便产生了。

事物的变化是不可避免的，正所谓"人有悲欢离合"，我们会因为身边的人逝去而感到悲伤，但是面对一个陌生人的死亡却很平静，难道人和人的生死有多大的差异吗？不，只是我们执着于自己，这便是我执，人生的一切烦恼皆缘于此。

第三章
理财实战

结束了第二章个人发展的讨论，终于要进入真正的谈"理财"部分了。在我们个人财富之路的起始阶段，好好经营个人发展塔的收益远大于投资理财，但随着你掌握的资金量逐步扩大，投资理财水平的高低将渐渐成为影响你个人和家庭财富的主要因素。

本节的财富飞轮理论也告诉我们，一定要让个人发展和投资理财这两片飞轮一起转起来，它们相辅相成，缺一不可。而且投资理财的能力是需要通过长期投资实战提高的，越早让你的财富飞轮转起来越好，要趁资金量比较小时，在实战中打磨自己的心态、积累投资经验，始终让你的投资能力和所控制的资金量相匹配。

我们理工男最大的特点就是不喜欢空泛的理论，喜欢结合实战的"干货"。本章，我就结合自己投资基金、房产、股市的经历，讲一讲普通人怎么打造自己的投资理财塔，让它成为支撑起个人和家庭财富的另一个支柱。

第 13 节　基金投资：构建投资理财塔的极佳工具

第 3 节中我们强调过，普通人想让自己的投资理财塔更稳固，就一定要尽量熟悉大部分的投资标的，把资金分散到不同的大类资产上去，这样才能让自己的理财结构更稳定，增长更持久。

另外，很多投资标的的进入门槛非常高。比如房地产，如果看好房地产市场，就要花上百万的资金购买一套实物房产，这样的投资门槛显然不是普通人能接受的。再比如，投资黄金、石油等大宗商品，直接去开期货交易的账户也有不小的成本。

难道普通人就没有一个合适的、能够把资金分散到不同大类资产的投资手段了吗？其实，基金就是一种非常适合普通人的投资工具，能帮你高效地搭建起自己的投资理财塔。本节我们就聊一聊基金，看一看基金的本质到底是什么，"基金投资"的正确打开方式到底是什么。

基金到底是什么？

很多读者看到"基金到底是什么"这个标题，会说："基金"这种最普通的投资概念，就算再小白，也不至于不知道吧。基金跟股票、债券、黄金一样，都是投资标的，有一个净值，通过投资后净值上涨赚钱。

严格地说，这样的理解还真不算准确。基金跟股票、债券这些投资标的比，是有本质区别的，它不能归入第 3 节介绍的四大投资标的中的任何一个。因为本质上，**基金并不是一种具体的投资标的，而是一种投资工具**。

这种独特的属性是由基金的运作方式决定的。具体来讲，**基金是由基金公司建立，由指定的基金经理管理，可以投资于股票、债券、黄金、石油、房地产等几乎所有投资标的的一个投资组合**。

举例来说，图 3-1 是易方达蓝筹精选混合基金的投资组合。可以看到，这只基金不仅投资了 A 股的贵州茅台，还投资了港股的腾讯控股，即不仅投资了传统的白酒行业，还投资了新兴的互联网行业。所以简单来说，基金就是基金经理根据自己的投资理念管理的一个投资组合。

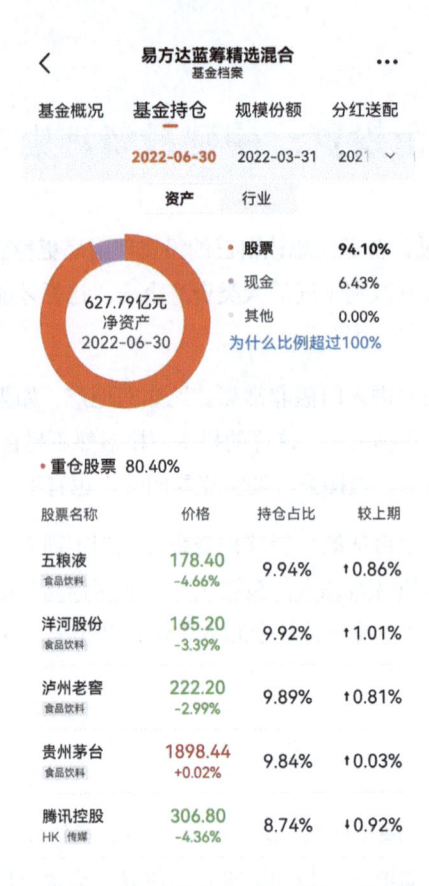

图 3-1　易方达蓝筹精选混合基金的投资组合

上面是我们从总体上对基金的定义，其实还可以从不同维度对基金进行分类细化。

例如，根据投资标的的不同，基金主要分为以下四种。

（1）投资于股市的**股票型基金**。

（2）投资于债市的**债券型基金**。

（3）股市、债市都投的**混合型基金**。

（4）投资于短期货币市场的**货币基金**。

基金还可以按照投资地点分类，比如分别投资于美国、欧洲、日本的不同 QDII（Qualified Domestic Institutional Investor，合格的境内机构投资者）基金。

我们还可以按照投资的特点，对基金进行分类，比如完全按照指数比例被动配置的**指数型基金**，根据基金经理的理念主动配置的**主动型基金**，等等。

总之，如果你不想花太多精力去维护不同投资标的的投资账户，又希望进行更大范围的分散投资，基金就是最好的投资工具。因为你只需要开一个基金账户，就可以实现全品类、全世界、全策略的投资。反过来想想：如果没有基金，要想投资美股还得专门把钱转成美元，在美国开证券账户，这么高的门槛就能"劝退"不少人。而通过基金投资，只需要找投资美股的 QDII 基金就可以。这是多么强大且方便的投资工具。

有得必有失，基金投资是不允许你进行"微操"的。如果你想对一个具体的投资标的进行精确的控制，比如就想重仓"茅台"这只股票，还想每天都调整仓位，基金投资就不适合你。但对于普通人来说，频繁的"微操"往往是亏损的主要原因。基金通过被动的手段禁止了你的"微操"，其实也是对新手的一种保护机制。

选基金，就是选基金经理为你打工

既然我们已经清楚了，基金是一种投资工具，那下一步就要研究清楚怎么用好这个投资工具。在投资股票的时候，我们看好一只股票，直接买入就可以了。但在买入基金的时候，由于基金和股票有着本质上的不同，选基和选股的逻辑是完全不一样的。

那选择基金的逻辑是什么呢？这里我先打个比方，帮助你理解：选择一只基金，更接近于选择一位基金经理为你打工，帮你管钱。你和基金经理的关系，类似于老板和职业经理人的关系。

我们想雇佣一位基金经理，主要原因是我们没有太多精力去研究一个特定的投资领域。所以，我们要把专业的事情交给专业的人去做，把做调研、做管理的事情外包给基金经理，让他帮我们管理一部分财富。

因此，选基金的过程，像极了董事长或投资人创建公司和选择 CEO 的过程。你想想，一位投资人想创建一个公司，会有哪些步骤呢？我想典型的步骤就两步。

（1）选择行业和方向。

（2）选择合适的 CEO 管理公司。

这和选择基金的步骤本质上是一致的。选择基金，要先选择你想投资的赛道，再选择一位优秀的基金经理帮你管钱。下面，我们就来详细聊聊这两个步骤。

第一步，基于资产配置组合或支点投资法，选择一个你认可的投资赛道。

首先，我们要做的就是选赛道。选择的依据主要有两个，一是被动的资产配置组合，二是主动的投资支点。

如果你的依据是被动的资产配置组合，基金就是实现资产配置的工具。

以第 3 节介绍过的永久组合为例。永久组合这个配置是由股票、债券、黄金和货币基金组成的，在实现永久组合的时候，我们就会面临一个问题：股票是一个资产大类，我们的时间和水平都有限，哪有能力管理一个复杂的股票组合呢？这时，基金就派上用场了。你只要雇佣一位基金经理，帮你管股票这部分钱就好了。

在这个场景下，沪深 300 指数基金就非常合适。因为它是由三百只流动性好、体量较大，最能代表中国沪市和深市的三百只成分股组成的。可以说，它就是中国股市的晴雨表，而且由于它的成分股是由沪深交易所精选的，往往表现好于大盘（如图 3-2 所示）。试想，如果没有基金这个方便的工具，你需要自己管理三百只股票，那估计平时也不用做其他事儿了。

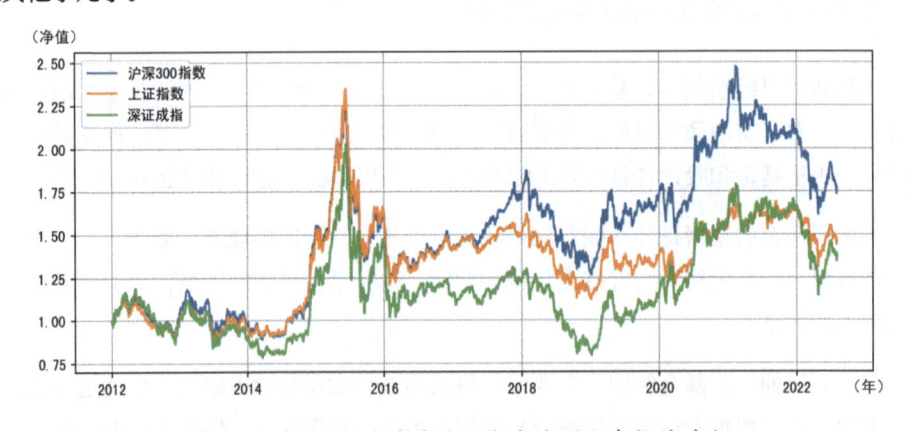

图 3-2　沪深 300 指数与上证指数和深证成指的对比

同理，不管是投资黄金、债券，还是货币，你都可以找到对应的基金。这样，你只需要当好"董事长"就可以，冲锋陷阵的事情就交给你挑选的基金经理吧。

另一个依据是支点投资法，也就是基于投资支点进行主动投资。和被动的资产配置组合相比，读者可以基于自己的分析，利用自己的优势确定想投资的赛道。

例如，读者小 C 工作的领域是新能源行业，他利用自己的专业信息优势，分析了新能源行业的发展潜力，断定最近五年内，新能源车取代传统汽车的趋势会加速。于是，小 C 给自己设立了一个投资支点，准备投资新能源这个赛道。

但这时问题又来了：小 C 只能通过这个投资支点，判断出新能源这个行业是有长期发展前景的，也就是确定投资的大方向。但是，具体到买哪只股票，小 C 没有精力做更深入的研究。例如，谈到新能源电池，小 C 就纠结了，到底是宁德时代强，还是比亚迪发展好？谈到新能源汽车的电子元件，小 C 也搞不清楚振华科技和德赛西威都在干什么。

这些疑惑都说明，小 C 的投资支点就只能支撑到他对行业的判断。在这种情况下，购买一只新能源的行业基金，远比购买一只新能源相关的个股要合适得多。

所以，在进行基金投资时，要先明确你的投资判断位于投资理财金字塔的哪个层级，是投资标的大类级别？还是行业级别？还是更细分的赛道级别？然后，选择对应层级上的基金，这样才能精确地对应你的投资逻辑。

那么到现在，作为"董事长"的你已经选好赛道，下一步就是挑选一个合适的"CEO"。

第二步，选择一名优秀的基金经理。

要选择一名好的"CEO"，先要关注的当然是他的历史业绩。这跟我们自己去应聘是一样的，只有拥有一个好的履历，做过很多成功的项目，才能证明你是一位优秀的候选人。这时，你可能会有疑问：在选择基金时，到底是基金的历史表现重要，还是管理这只基金的基金经理的历史业绩重要？

这是个好问题，也是一个至关重要的问题，我可以给出明确的答案：对于任何主动型基金，**基金经理的历史业绩远远比基金本身的历史表现重要**。为什么会这样呢？

这主要还是由基金公司的运作模式决定的。对所管理的基金，基金经理几乎拥有绝对掌控权，而其他支持性的团队（比如投研团队）只起到辅助作用。基金的盈利与亏损，责任几乎完全由基金经理承担。所以，如果一只基金更换了基金经理，就意味着这只基金的灵魂被更换了，就算它的历史业绩再光鲜，都不具备很强的参考价值。

在"基金经理是一只基金的灵魂"这个前提下，我们可以得到两条非常有价值的推论。

（1）**新的基金尽量不要购买**。如果一定要购买，必须先调研清楚这只新基金的基金经理的历史业绩，并且重点查看这位基金经理是不是操盘过同类的基金。

（2）**更换了基金经理的基金等同于一只新基金**。如果一只基金更换了基金经理，那么它所有的历史评级、历史业绩都不具备很强的参考价值，几乎可以被看成一只新基金。

在明确了基金经理的重要性之后，问题的关键就在于如何判断不同基金经理表现的优劣。这是一件非常专业的事情，一些资产管理公司的投研团队会花大量时间研究不同公募、私募团队的业绩表现，涉及的指标包括但远远不限于 Alpha、Beta、夏普率、业绩归因、风格分析等。

这些专业的指标可能对初学者不太友好，这里我们先不去深究。第 14 节会由管理了十几年基金的李腾主笔，详细介绍如何考虑各类因素，快速挑选出一只优质的基金。

基金经理是为你服务的，不是为你背锅的

我们介绍了基金的本质和选基金的要点。接下来，我要纠正一个普通投资者常常陷入的投资误区：在自己购买的基金表现不好时，不思考自己的问题，而是甩锅给基金经理，说他们水平低，表现差。我在某基金 App 上随便找了一只基金，读者可以看一看，购买这只基金的投资者都说了什么，如图 3-3 所示。

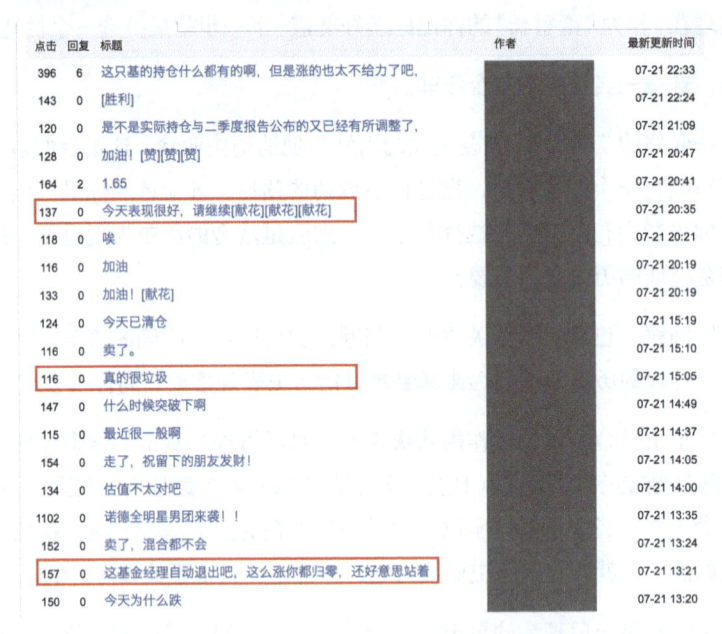

点击	回复	标题	作者	最新更新时间
396	6	这只基的持仓什么都有的啊，但是涨的也太不给力了吧。		07-21 22:33
143	0	[胜利]		07-21 22:24
120	0	是不是实际持仓与二季度报告公布的又已经有所调整了。		07-21 21:09
128	0	加油![赞][赞][赞]		07-21 20:47
164	2	1.65		07-21 20:41
137	0	今天表现很好，请继续[献花][献花][献花]		07-21 20:35
118	0	唉		07-21 20:21
116	0	加油		07-21 20:19
133	0	加油![献花]		07-21 20:19
124	0	今天已清仓		07-21 15:19
116	0	卖了。		07-21 15:10
116	0	真的很垃圾		07-21 15:05
147	0	什么时候突破下啊		07-21 14:49
115	0	最近很一般啊		07-21 14:37
154	0	走了，祝留下的朋友发财！		07-21 14:05
134	0	估值不太对吧		07-21 14:00
1102	0	诺德全明星男团来袭！！		07-21 13:35
152	0	卖了，混合都不会		07-21 13:24
157	0	这基金经理自动退出吧，这么涨你都归零，还好意思站着		07-21 13:21
150	0	今天为什么跌		07-21 13:20

图 3-3　某基金 App 上的留言

在一天之内，有夸的，有骂的，几乎没有任何理性的分析，都是纯情绪宣泄。我把这些宣泄情绪的投资者，全部归为"情绪错乱"投资者那一类。那么，他们"错乱"在哪呢？

我们前面已经讲得非常清楚了：选基金，其实就是由你这个"董事长"确定投资赛道，并选定负责具体操作的基金经理。

一只你选定的基金亏钱了，有 80% 的可能，应该归罪于你的投资验证失败，你选的赛道有问题，只有 20% 可能是这个基金经理造成了一些超额亏损。而且，这个基金经理是你选的，他的历史业绩全部都是透明的，你难道不应该事先判断出他的能力好坏吗？遇到亏损就骂，遇到盈利就夸，这样被情绪控制的"董事长"很难成功。

说白了，基金经理只是为你打工的，你这个"董事长"把大方向选错了，却把锅甩给基金经理这个"职业经理人"，我都要替他们说一句"这锅我不背"。

所以，最后我想再次强调支点投资法的关键点，那就是**精确匹配投资支点与投资行为**。投资支点崩塌了，我们就干净利索地退出，汲取经验教训，开启下一轮投资验证过程，甩锅行为是懦夫和"逻辑错乱"的表现。

小结

本节我们详细讨论了基金这个重要的投资手段。我把本节的重点总结在了下面，供读者回顾。

- 基金并不是一种具体的投资标的，而是一种投资工具。
- 选基金的第一步，是基于资产配置组合或支点投资法，选择一个你认可的投资赛道。
- 选基金的第二步，是在你选定的投资赛道上，选择一名优秀的基金经理。
- 你投资的基金表现不好，要先验证自己的投资支点是不是崩塌了，而不是甩锅给基金经理。

本节更多是从基金的本质和方法论上讨论基金投资，并没有涉及具体的选基金操作。第 14 节，李腾会详细介绍如何用科学的方法选出一只优质的基金。

最后补充一句，本节涉及的基金仅用于举例说明，不构成任何购买建议。

思考题

买基金最忌讳的就是频繁交易，你觉得是为什么？你可以从基金的特点和基金的交易费率两个角度来回答这个问题吗？

第 14 节　实战知识：如何选出一只优质的基金

第 13 节点出了基金投资的两个要点，一是基金的本质，二是选择基金的逻辑。选择基金，分为选择投资赛道和选择基金经理两个步骤。其中，选择投资赛道有两个依据，一是你的资产配置组合，二是基于支点投资法的主动投资。本节，我们就利用基金来实现一个可落地的资产配置组合。

第 4 节介绍过一个著名的资产配置组合——耶鲁组合，它有着非常优秀的长期年化收益率。一些朋友在线上交流时时常问道，有没有现成的耶鲁组合可以购买？因为耶鲁组合是耶鲁大学的私有基金，所以并不是一个公开可购买的组合，但不要着急，本节我们就通过选择基金来实现自己的耶鲁组合。

基于耶鲁组合的投资框架

无论是机构还是个人，在管理自己的资产时，首先要考虑的都是顶层的投资框架，然后自上而下地进行投资决策。这就是我们在第 3 节总结的"层级迭代式投资法"。

基金投资当然也要符合我们的投资框架，进行基金投资时，要**先选配置方案，再选具体基金**。我们之前介绍的耶鲁组合就回答了顶层配置的问题，而选基金则是为了雇佣更专业的基金经理，帮你管理具体的配置项。

这里我们再来回顾耶鲁组合的配置方案。耶鲁组合的基本构建思路是：尽量多地引入有坚实盈利逻辑的资产类别。根据这一基本原则，我挑选了兼顾收益率和最大回撤指标的三个资产项，组成了自己的耶鲁组合。具体配置方案是 30% 中国主动股基、10% 美国股票资产和 60% 的中国债券资产。它的整体收益率如表 3-1 和图 3-4 所示。这一组合能够达到 8.0% 的年化收益率及 22.6% 的最大回撤，综合表现相当优秀。

表 3-1　类"耶鲁组合"2005 年至 2022 年 8 月的业绩指标

资产名	年化收益	年化波动	最大回撤	夏普率	收益/回撤比	权重
国债指数	4.2%	1.0%	2.4%	1.59	1.73	60%
标普 500 指数	7.2%	19.5%	56.8%	0.24	0.13	10%
股票基金	12.8%	23.2%	59.3%	0.44	0.22	30%
类"耶鲁组合"	8.0%	7.4%	22.6%	0.73	0.35	100%

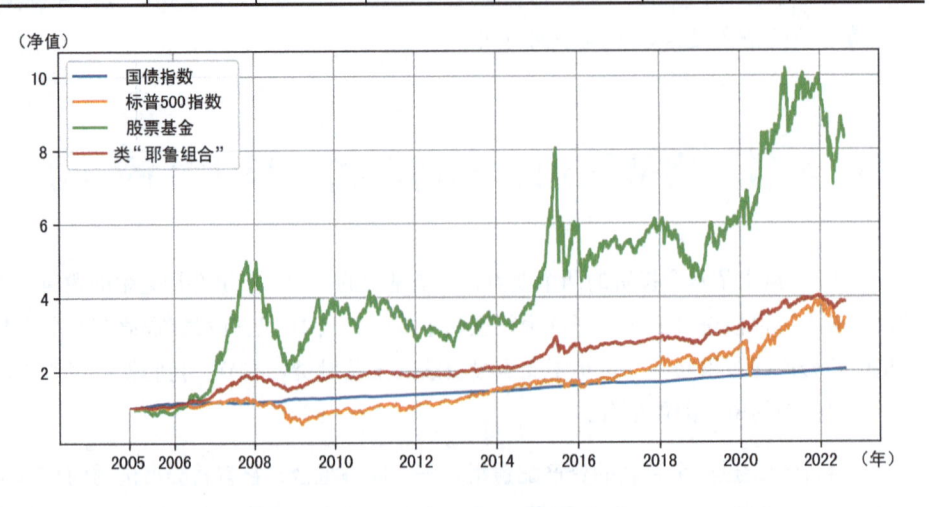

图 3-4　类"耶鲁组合"的组合收益

有了大类资产项的配置比例，到了具体的执行阶段，问题就来了：无论是中美的股票型基金，还是债券型基金，都有大量的同类基金可供选择。那么，到底如何选出一只优质的基金呢？下面介绍如何选择耶鲁组合中的三个资产项。

如何选择"股票型基金"？

首先，我们来看耶鲁组合中"中国主动股基"的部分，也就是我们经常说的主动型股票基金。

主动型股票基金的基金经理的主要工作是什么呢？他们通过深入研究股票基本面和估值水平，预判未来的价格走势，进而超配看涨的股票，低配看跌的股票，希望通过这样的主动配置跑赢股票大盘指数。我在咱们的类"耶鲁组合"中配置这部分资产，其中一个考虑就是：让投资者享受到中国股市的大盘上涨以及基金经理的专业能力带来的双重收益。

也许你之前对主动型股票基金没有太多了解，没关系，下面我提供了一套简单的选基流程，包括基金筛选和个基评估两大步骤。如果你心中已经有了一些具体的基金选项，那你可以直接跳到个基评估的步骤。

我们先来看第一步，基金筛选。 我们要做的事情是帮你从市面上几百只主动型股票基金中，快速筛选出几只可能比较不错的基金，迅速缩小研究范围。

很多人在做海选的时候，主要是看基金的收益排名，尤其是短期（一年以内的）收益排名。这是我非常不推荐的做法，因为股票型基金的短期收益几乎没有持续性。我曾经做过统计，上一年的收益冠军，在下一年的收益排名是完全随机的。

基金筛选其实有很多专业的评估指标，包括夏普率、Alpha、波动率等。使用这些专业指标的确有更好的前瞻性效果，但它们计算复杂，使用上又很讲究方法，个人投资者不容易上手。所以，**我建议你直接参考一些基金评级机构的评级结果。这些评级一般都考虑了我们前面提到的复杂指标，并且重点关注过去三年或五年的长期表现，是非常客观且权威的参考。**

因此，一个简单又较为可靠的基金筛选方法就是看基金评级。你可以先过滤出五星的基金产品，如果数量太少，再去选四星的基金产品。基金业协会发布的基金评级有一个列表，你可以直接去他们的官网搜基金评级的结果，也可以在天天基金网之类的第三方销售平台上，查找、汇总多家评级结果（如图3-5所示）。然后，你就会得到一份初步的高评级基金列表。

图 3-5 天天基金网上的基金评级汇总

在这个列表中，我一般会先剔除成立未满五年，或者现任基金经理任职不满三年的基金。这样处理的原因第 13 节说明过，那就是选基金的本质是在选择基金经理，有基金经理长期稳定任职的基金，业绩才是可持续的。

然后，我们应该跳过行业或主题型的基金。因为我们要委托专业的主动型股票基金的基金经理替我们选赛道，而不是自己判断哪个行业或主题未来会有行情。是否要剔除它们，我们通过名字判断就可以了，例如，图 3-5 中的"农银医疗保健股票"显然是一只投资医疗行业的基金；"工银物流产业股票"显然是一只投资物流行业的基金，这些都可以跳过。

经过层层筛选，我最终选出"招商行业精选""中银中证 100 指数增强""诺安研究精选""工银研究精选"和"景顺长城沪港深精选"这五只基金，放入备选池。那我们到底应该选哪一只呢？下面，我们就通过个基评估挑选出一只。

第二步，个基评估。这一步就是通过评估筛选后的少数几只基金，来判断哪一只是你配置主动型股票基金资产的合适工具。

在这个过程中，我经常用一种简单高效的工具来完成个基的比较，它叫作"**价格比工具**"。你只要输入一只基金的名称，再输入一个基准指数的名称，它就会画出基金每日价格（也就是基金净值）与基准指数每日价格的比值走势图，这个比值就叫价格比。

怎么看这个比值呢？如果价格比曲线的任何一段向上走，就代表同期的基金跑赢了基准指数，向上走的幅度就代表了超额收益的多少；如果价格比曲线的任何一段向下走，就代表同期的基金跑输了基准指数，向下走的幅度就代表了跑输的幅度。

下面，我们就把前面筛选出来的五只备选基金放入价格比工具，并且选择沪深 300 指数作为基准指数，读者可以看一看图 3-6 中的结果。

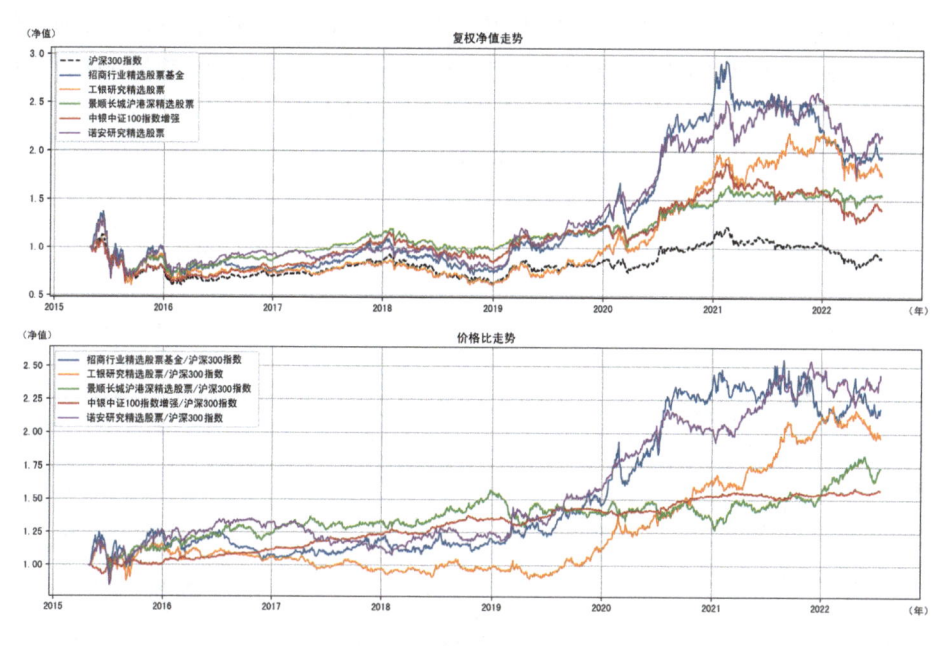

图 3-6 价格比工具示意图

我们看到，价格比工具返回了两张子图：第一张是五只基金和基准指数的价格走势，第二张是这五只基金分别对基准指数的价格比走势。可以看出，五只基金的价格比走势整体不错，长期来看都在向上走，这证明基金评级机构的评级是非常靠谱的。

从价格比曲线可以看出，"景顺长城沪港深精选"的价格波动较大，长期向上的趋势也弱于其他几只，说明它不是我们要找的合适工具，可以先被剔除。剩下的几只基金中，具体挑哪一只基金，还要根据你的风险偏好来决定。举个例子，如果你的风险偏好非常保守，那当然应该选择价格比走势最平稳的"中银中证 100 增强"；如果你追求高收益，可以忍受比较大的中途回撤，那么走势最好、但波动较大的"招商行业精选"或"诺安研究精选"就更适合你。如果最终选出多只满足你需求的基金，那你应该将资金分散投资到其中 2~3 只上，以避免个基风险。

你看，有了价格比工具，我们甚至可以通过肉眼观察，进行相当专业的分析，而且得出的结果不比专业的投资人士差。

如果你心中已经有了一些个基的备选，就可以跳过基金筛选的部分，直接进行个基比较。举个例子，基金行业内有几位非常知名的基金经理，我们可以看一看他们管理的基金的表现。

这些基金分别是张坤的"易方达优质精选混合"、李晓星的"银华中小盘混合"、谢治宇的"兴全合润混合"。从图 3-7 中可以看出价格比走势，市场认可这些基金经理是有道理的，因为他们管理的基金，价格比走势（累积超额收益）都是相对稳健地向右上方延伸的。当然，中途也会有起伏和回撤，但整体走势非常稳定。

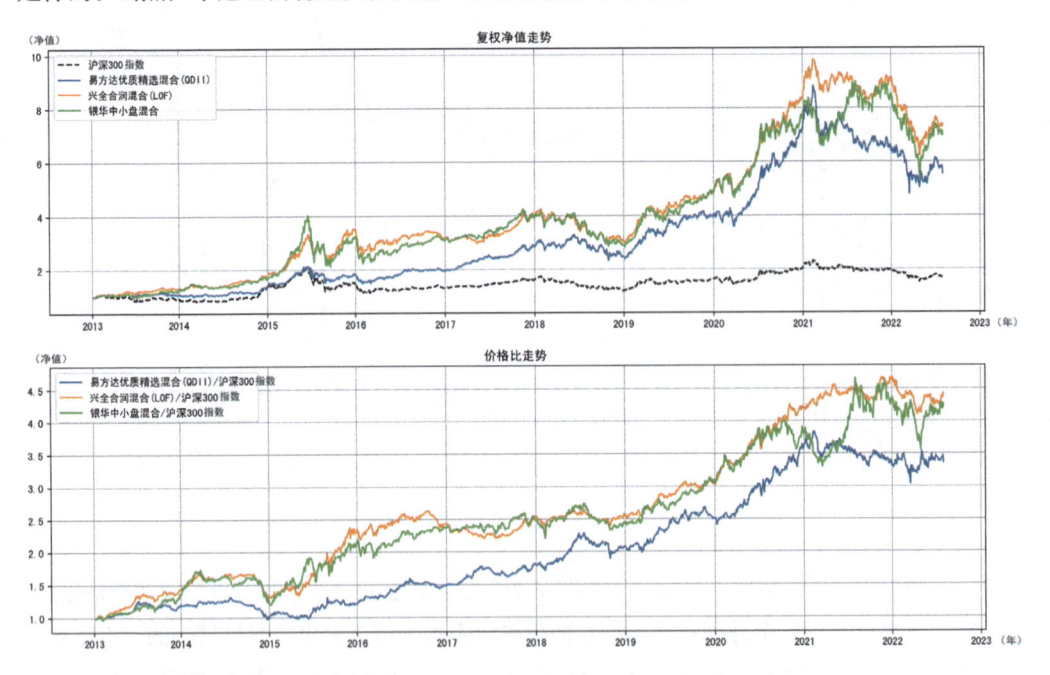

图 3-7 知名基金经理管理的三只旗舰产品的价格比分析结果

虽然还有很多专业的指标来衡量基金的好坏，但对于普通投资者而言，熟练使用价格比工具就可以很好地解决基金比较的问题。在比较不同基金时，价格比曲线向右上方延伸的坡度越陡峭，意味着超额收益率越高；价格比曲线越平滑，上面的"毛刺"越少，它的最大回撤就越低，意味着超额收益的稳定性越高。

这里，我们再回顾整个筛选的流程。

（1）用基金评级结果进行初步筛选，剔除成立时间太短、基金经理近期换过、偏行业或主题型的主动型股票基金和被动指数型基金，得到三到五只符合条件的备选基金。

（2）把这三到五只基金放入价格比工具，和沪深 300 指数比较，看哪只基金的价格比的曲线斜率更高，走势更平稳。

（3）根据你的风险偏好，选出最适合你的那只基金。

当然，这三个步骤也适用于选择其他任何类别的基金。

如何选择"美股基金"？

选完了国内的普通股票型基金，就轮到选择下一个财富项——美国股票资产。很多读者会问：那我是不是需要去换美元，开美股账户呢？这当然是可行的，但由于国内换汇、跨国汇款等诸多限制，这种操作对于很多新手来说并不友好。因此，下面我会基于国内的 QDII 基金（在国内募集，投资于海外标的的基金）来实现我们的美股资产配置。

在实战之前，我们先补充一个知识：国内的股票市场和国外的股票市场所处的发展阶段是不一样的。相比国内股票市场，海外成熟市场已经发展了上百年，竞争比较充分，定价也比较有效，所以主动股基很难做出超额收益。

因此，在配置美股资产时，我建议直接选被动指数基金，既省心，效果又不错。事实上，很多学术研究表明，在美国市场上，主动股基的平均水平是跑输指数的。例如，诺贝尔奖获得者夏普，也就是夏普比率指标的发明者，他就在一篇文章里论证了所有主动投资者的整体收益率一定等于指数收益率，费后甚至会略低于指数收益率。

选择被动指数基金的思路很简单，就是看基金能不能紧密地追踪目标指数。我们把基金的净值和它的标的指数的净值起点拉到一起，画出两条走势曲线，看这两条线是不是一直贴得很近，就可以了。

这个思路也可以用价格比工具来实现。我们过滤出国内跟踪标普 500 指数的 QDII 基金，画出它们对美国大盘指数标普 500 指数的价格比走势。如图 3-8 所示，你应该可以很快地判断出哪只基金是更合适的选择：哪只最稳定地接近 1，哪只就是跟踪指数最好的指数基金。

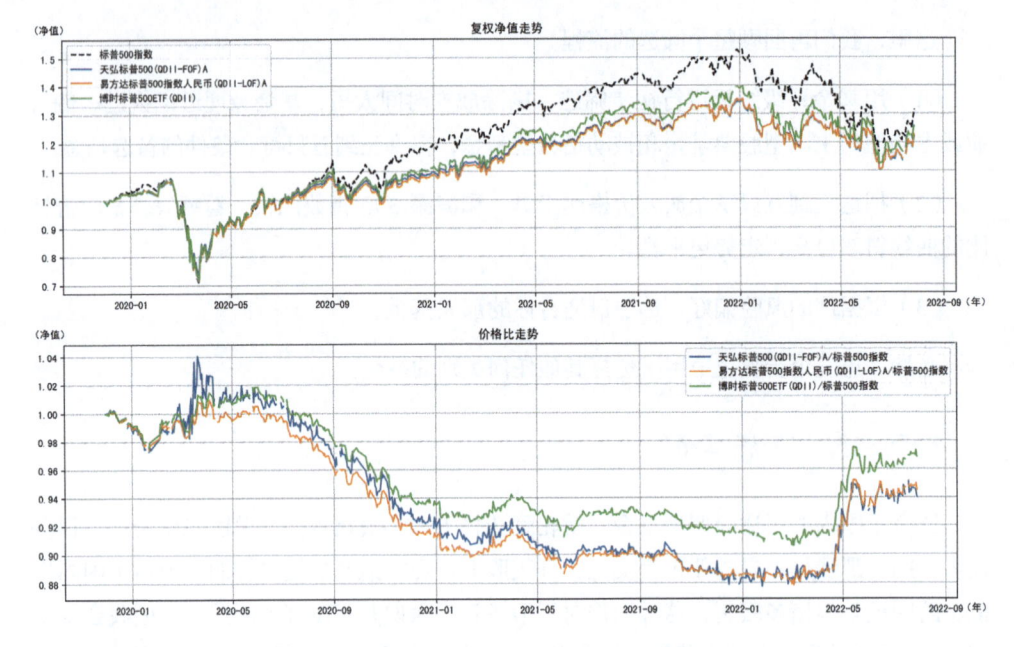

图 3-8 三只 QDII 基金对标普 500 指数的价格比

如何选择"债券型基金"？

最后，还剩下债券型基金这个财富项。债券型基金是为耶鲁组合提供稳定收益、降低风险的"压舱石"。因此，我推荐读者使用长期收益稳定的国债基金作为具体的投资项。

国债基金之间的分化很小，并且收益的波动远远小于股票型基金，所以相对而言，我们并不用在选债基上花费太大的精力。我的建议是，选择一家大型基金公司中规模较大的国债基金就可以了。

当然，谨慎起见，我们可以用价格比工具进行债基的验证。我在第三方基金销售平台上搜索了一些名称带"国债"的基金，并输入价格比工具，结果如图 3-9 所示。

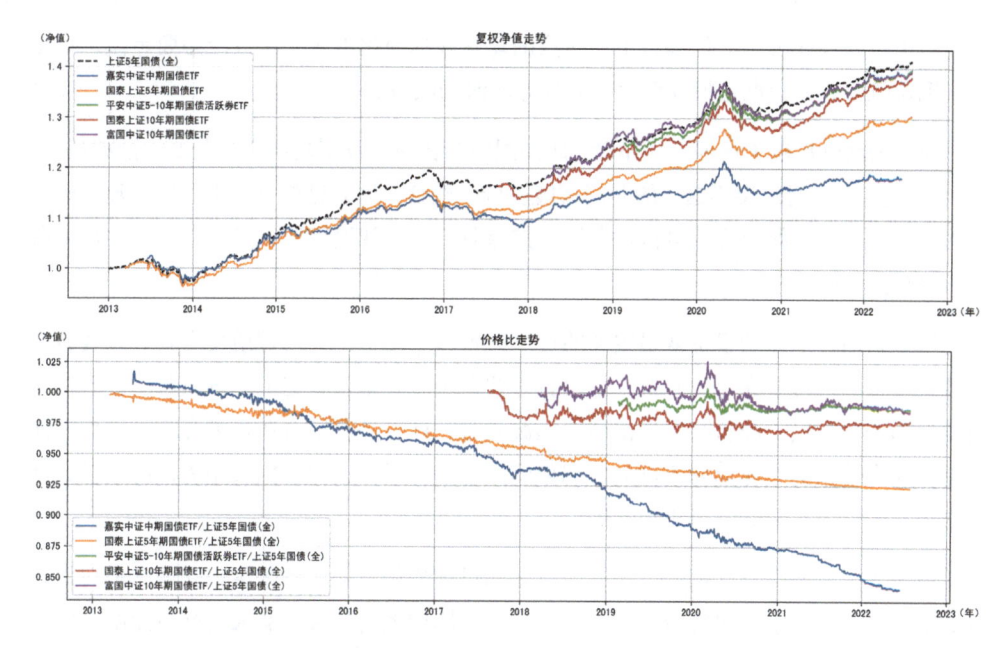

图 3-9　部分国债基金对五年期国债指数的价格比

可以看出，作为跟踪上证五年期国债（全价）指数的工具，那些价格比在 1 附近小幅震荡的基金，明显比其他基金更合适。而有些基金的价格比偏离很大，可能是因为管理不善，也可能是因为它们是以其他指数为投资基准的，并不适合作为耶鲁组合的债券财富项。

除了国债基金，债券型基金还包括"信用债基金"。这里的信用债基金会投资于企业债、政府城投债等标的，额外增加了信用违约风险。如果你不打算承担信用风险，那么在选基时要注意区分纯国债的基金和包含信用债的基金，并选择只投国债的基金。

一般来说，我们可以通过基金名称、业绩基准和投资范围三个要素，筛选出包含信用债的基金。

基金名称：名称里含有信用、公司债、企业债、双利之类的关键字。

业绩基准：业绩基准里包含信用债、企业债或公司债指数。

投资范围：投资范围包含信用债、企业债、公司债。

基金的建仓与再平衡

到这里，我们已经选好了实现耶鲁组合的基金，下面就介绍具体的交易操作。这里，我有一些关于建仓的小知识分享给你。

对于波动性比较小的债基，不同时点的建仓成本变化不大，所以没必要定投，直接一步到位就可以，分批定投反而会错失债券的时间收益。

对于波动性比较大的股票型基金，比如国内的普通股票型基金和标普 500 指数基金，可以考虑在 3 个月到半年这样的时间尺度上分批建仓，因为这样可以平滑掉你建仓时间点的风险。另外，如果你的可投现金流是按月收到的，就没得选，只能是定投，每月收到一笔钱投一笔。

建好仓后，下面的事情就是定期的资产配置再平衡了。作为普通投资者，只要我们在购买基金时进行了充足的分析，是没有必要在平时频繁查看这个配置组合的。我们只需要每隔一个季度，或者在市场出现大幅波动时，计算基金组合在几类资产上的配置比例是否因为价格的变化而偏离过大。如果偏离不多，就不用管；如果偏离得比较多，就对它进行再平衡，重新调回初始比例。

调整大类资产配置比例的过程，当然要通过申购和赎回具体基金来完成。你可以按照之前选定的基金组合执行再平衡，卖掉资产占比增大的基金，买入资产占比减小的基金；也可以借着调整顶层配置比例的机会，卖掉一些你不太看好的基金，换成一些你比较看好的基金。

小结

对个人投资者来说，能做到熟练地按本节介绍的方式来选基就足够了。本节涉及的投资思路并不复杂，但只要严格执行，肯定能让你避开绝大多数选基时的"坑"。

下面，我们再来总结本节的重要知识。

（1）在选择主动型股票基金时，要过滤新成立的基金和刚更换过基金经理的基金。

（2）价格比指的是基金每日价格（也就是基金净值）与基准指数每日价格的比值。

（3）价格比曲线向右上方延伸的坡度越陡峭，意味着超额收益率越高；曲线上的"毛刺"越少，曲线越平滑，最大回撤就越低，意味着超额收益的稳定性越高。

（4）投资美股时，投资 QDII 被动型指数基金是一个兼顾收益率和便捷性的选择。

（5）投资债券型基金时，要注意区分国债基金和信用债基金。

（6）在管理投资组合时，每个季度（或者市场出现大幅波动时）进行一次资产的再平衡。

最后补充一句，本节涉及的基金仅用于举例说明，不构成任何购买建议。

思考题

投资圈往往喜欢"造神",例如2021年年初,基金经理张坤因为重仓白酒股获得巨大收益,被人称为"基金一哥",但2021年年底,他又因为所管理的基金出现较大回撤,被人说是"跌下神坛"。

你能凭本节介绍的方法科学地验证张坤的业绩到底如何吗?作为普通投资者,我们应该追随这些"热点"和"名人"进行基金投资吗?

番外小知识　什么是夏普率?

夏普(比)率是投资基金时经常接触到的一个概念。简单来说,夏普率是衡量某类资产在承担1单位风险时,可以获得的超额回报的能力。夏普率的计算公式为:(年化收益率−无风险利率)/年化波动率。其中,无风险利率是指将钱存进银行后每年获得的回报或者货币基金的年化回报,无风险利率一般在2.5%左右。

夏普率是评价某类资产表现的重要指标,其在考虑收益的同时,还将风险(波动率)纳入了衡量范围。那么,为什么要衡量风险项呢?举个例子,有两类资产,分别为A和B(收益曲线如图3-10所示),它们的收益都为10%,而从图中可以看出,B类资产的波动明显大于A类,也就是说,在期望收益相等的情况下,投资A类资产要优于投资B类资产。因为持有A类资产时,波动非常小,几乎每天都会有收益,持有体验很好,而持有B类资产时,收益的大幅波动可能会破坏持有体验,你的心情可能会如同坐过山车。因此,在期望收益相等的条件下,风险越低,夏普率就越高,投资体验就越好。

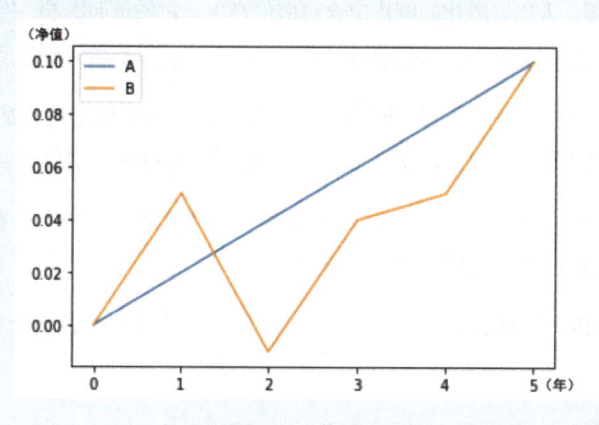

图3-10　收益率相同但风险不同的两类资产

第 15 节　房产投资：如何做出理性的买房决策

本节，我们来聊一个中国人非常关心的投资问题——买房。

提到买房，我想很多读者会唏嘘不已，如今中国的高房价确实是一个无法回避的问题。我身边的很多人，对于是否要买房这件事始终摇摆不定，有的一拖再拖，有的声称"三十年内不考虑买房"。对此我想说的是，不管你要不要实施买房这个行为，对房地产市场的观察和调研越早越好，因为越早考虑买房的问题，我们离健康的家庭财富状态就越近。

对于大多数中国家庭来说，房产几乎是家庭财富的最重要组成部分。如果你逃避现实压力，始终拒绝理性地思考这个问题，不仅会错过房产这个重要的财富项，而且可能会影响未来的生活质量和财富健康程度。

本节，我就用本书一直坚持的"有逻辑"的财富管理理念，帮你解决以下两个问题。

1．如何把握买房的时间节点，判断自己当下是不是应该买房？

2．买房的时候，要注意哪些重要的问题？

首套房要择时"上车"

面对当前的房地产现状，我非常理解当代年轻人面对买房问题时略显绝望的心态。一方面，当今一线城市的房价已经高到了普通人根本负担不起的地步；另一方面，未来中国的人口增速减缓，人口老龄化问题肯定会对房价产生一定的负面影响。现在买不起，买了之后还可能贬值，在这种情况下，我们真的还要买房吗？我们等房价跌到谷底再买可以吗？

要回答这两个问题，我们需要先明确一个前提：购买的到底是首套房，还是投资房。它们的投资逻辑是完全不同的。这里，我们先说要不要买首套房的问题。

我的答案很明确：对于首套房，你要尽量在一个"合适的时间点"搭上房地产这辆"车"，而且可以在自己能力范围内尽量早一点。

这里我先讲一讲，为什么要尽早"上车"。之后讲投资房时，我再分析什么是合适的购房时间。

第一套房能早买就早买，首要原因就是中国房产的附加属性问题，这已经是老生常谈了。自有住房附带的落户、入学、住户法律保障等属性，都是买房相较租房的优势。这些要素相信大家都非常清楚了，本节从财富风险管理的角度来分析买房是不是必要的。

也许你会有这样的危机意识：中国的房地产市场很有可能像曾经的日本一样彻底崩溃，现在买房将来肯定血亏，等房价跌到谷底再买房不就赚到了？这种想法是非常典型的"做空思维"。但是，"做空思维"对普通投资者来说是非常不好掌握的。如果你自认只是个普通人，没有超出常人的技巧、自信和定力，就不要尝试做空。

具体一点，为什么不建议你做空呢？我们先来看下世界历史上房地产泡沫破裂的两个经典案例，分别是 1991 年日本房地产泡沫和 2008 年美国次贷危机。

观察图 3-11 和图 3-12 后你会发现，它们有着共同的特征：**在泡沫破裂前房价会暴涨，涨幅远超其他年份**。致命的问题是，当你身处这个房价疯狂上涨的阶段时，根本不知道真正的泡沫破裂会在什么时候发生。在这种充满不确定的环境中，如果你的房产是自住房，那么你几乎不可能选择卖出；如果你没有房产，那么你的心态有可能彻底失衡。

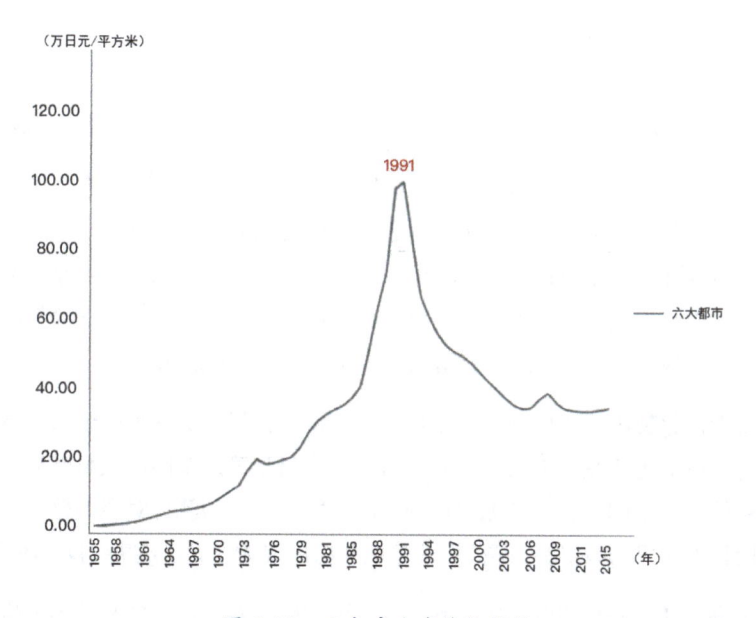

图 3-11　日本房地产价格指数

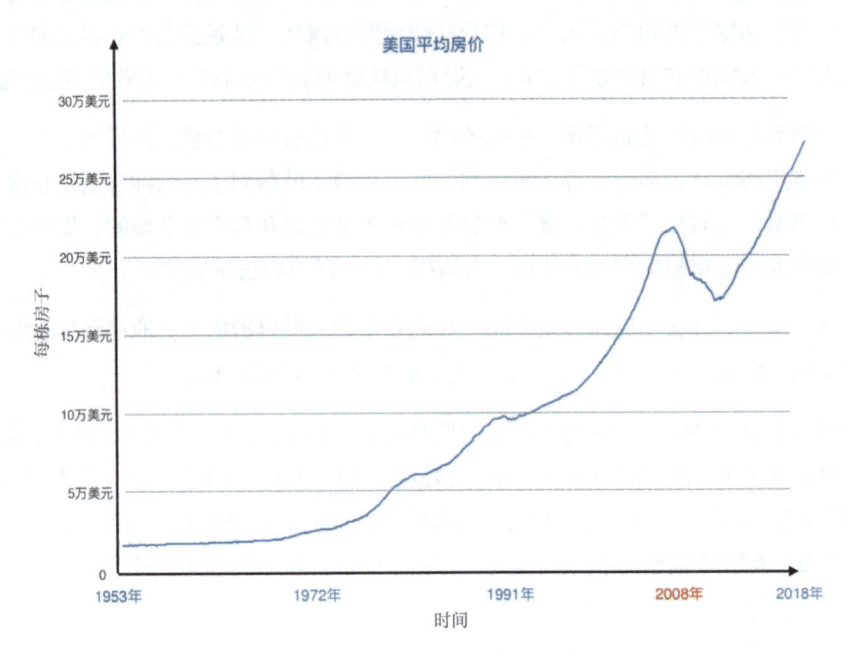

图 3-12 美国平均房价走势

再来看中国的房地产市场：现在有很多人相信，中国的少子化问题、老龄化问题会引起人口的持续下降，从而让中国房价陷入长期下跌。怎么看待这种说法呢？

我认为这个判断并不正确。你可以想想，如果将来有一天，一线城市放松限购（比如，仅仅把购房资格从缴纳满五年社保减少到两年），北京、上海的房产走势会怎么样？是短期政策的影响大还是长期人口问题对房价的影响大？如果没有一套自住房来抵御短期政策风险，那我们在房地产这个财富项上的风险敞口显然过大。

很多读者都希望听到对中国房价走势的明确预测，但其实这是一个几乎不可预测的问题。因为房价的走势受经济发展、政府财政、人口政策乃至国际关系变化等多种因素影响，其中的每一个因素我们都无法精确预测。既然无法预测，对我们普通人来说，就应该用风险管理的思路来解决问题——尽量避免房价持续上涨或暴跌给我们造成的损失。

具体来讲，在首套房的购买中，我们一定要明确：买这套房的目的不是赚大钱，而是对冲未来可能出现的风险。这里的风险主要有以下三个。

（1）确定性风险：通货膨胀带来的房价稳步上涨。

（2）不确定性风险：限购政策、利率政策、国际环境变化等因素带来的房价暴涨。

（3）"黑天鹅"风险：战争、金融危机等事件带来的房价暴跌。

我们要清楚，如果在买房时无法对冲上述三项风险，则带来的后果对个人来说是致命的。轻则让我们白白奋斗四五年，重则让我们永久性地降低生活质量。

对于风险（1）和风险（2），可以通过尽早"上车"对冲。与此同时，导致房价暴跌的"黑天鹅"事件也不是没有可能发生，为了尽量降低它对我们生活的影响，我们应该采取严格的预算控制手段。接下来，我们就来分析，在购买首套房的过程中应该注意的最关键问题：预算。

如何购买一套适合自己财务状况的房子？

关于预算，我有两个建议。首先，一定要严格在自己的预算范围内选房，预算一旦确定，就不应该在购房过程中有任何的妥协。这是规避"黑天鹅"风险的重要措施。

2011年，我在购买人生第一套房产时，资金情况是这样的：第一年工资结余10万元，研究生阶段的兼职和工作室收入40万元，父母支援50万元，所以我的启动资金是100万元。在这样的前提下，我有两个选项，一是选择一套180万元的北京市昌平区的100平方米两居室，二是选择一套海淀区的240万元80平方米两居室。我当时毅然决然地选择了第一个选项，而且把首付控制在80万元，留了20万元流动资金。

放在现在，读者会认为，从收益率的角度我做出了一个错误的选择。事实也的确如此，昌平区的房子在2017年卖出时是360万元，翻了1倍，而海淀区的这套两居室已经涨到700万元。但我要说的是，即使这样，我仍然坚持这个原则："普通人的重大投资决策都要以规避风险为第一要务，要严格控制'黑天鹅'事件可能带来的不能承受的后果"。

为什么这么说呢？如果我当年购买了海淀区的两居室，万一购房后的几年赶上入学政策变更，或者房地产泡沫导致的房价下跌，而且下跌的幅度超过首付，这套房子就相当于血本无归。由于海淀区两居室的还款压力比昌平区的房子高出将近60%，一旦遭遇经济危机带来的大规模失业，我丧失收入来源的话，是有断供可能的。基于这样的逻辑，即使我知道第二套房子的潜力的确大于第一套，还是做出了风险更小的选择。

在第12节压力管理中我也提到，要正视自己的能力，管理好自己的欲望。在买房的过程中更是如此。一些比我年长的美国同事，他们完整地经历了2001年美国互联网泡沫危机和2008年次贷危机。其中，不止一人在2001年的互联网浪潮之中过于乐观，贷了巨额贷款购房，却在次贷危机中失业，无力偿还房贷，进而被迫卖出自住房。有人只得从加州搬去那时房价较低的德州，相当于从零开始。

我相信"太阳底下没有新鲜事",无论在哪里购置房产,都要尽力规避这样的风险。也许你想说,这种风险发生的概率太小了,可能只有1%,值得我们这么谨小慎微吗?我要说的是,即使它发生的概率只有1%,对于遭受它的家庭来说也是100%的不幸。所以,面对人生的重大投资决策,规避风险永远是底层逻辑。

接下来,我们要面对另一个非常棘手的问题:购房预算不够怎么办?

今年是2022年,有的读者可能会说:王喆,时代变了,现在100万元的首付,还想在一线城市买两居室?估计连套一居室都买不了。事实确实如此,但也从没有人规定作为一个自由人的我们一定要在一线城市买最好的两居室,我们应该买的,是一套跟自己的家庭财富状况相匹配的房子,是一套能对冲房价上涨的风险,也能在房价下跌时不影响自己基本生活水平的房子。

举个例子,我有一位同事,在北京工作但是没有北京户口。2016年他落户杭州,并在杭州买房,2016到2020年间杭州房价的涨幅也很大,2020年他通过置换,非常轻松地在北京购买了面积基本一样的自住房。这样的选择要比很多人攒五年钱,一次到位购买房产的想法现实多了。

毫无疑问,像杭州、成都、武汉、南京、长沙这些新一线城市都有很大的发展潜力。即使你不打算未来去那里工作和生活,也可以选择以退为进,先在这些城市买房来抵御通胀。这不仅能解决你的预算不足问题,而且各大城市都完全放开了落户政策,选择这些城市更容易拿到购房资格。

如果你有100万元首付,就考虑一线城市非核心地段的小户型;如果你有50万元首付,就考虑二线城市核心地区的商品房;如果你有10万元首付,就暂时把钱存到房地产产业基金里,也能在一定程度上对冲房价上涨的风险。

我们之前提到"多样性是最美好的东西",希望读者不要特意给自己设限套框,让自己掉入世俗的成功标准的陷阱,跳出这个世俗的框,去寻找那个全局最优解吧。

讲完购买首套房的问题,读者应该已经清楚:**首套房的购买逻辑一定是规避风险,而不是投资收益**。为什么第一套房很有必要买,而且要趁早"上车"?因为通过投资你的第一套房产,你可以对冲掉房价上涨带来的个人财富缩水的风险。为什么买第一套房时要控制预算?因为这可以帮助你规避房价泡沫破裂的"黑天鹅"风险。

接下来,我们来看投资房,在购买逻辑上,它和首套房有很大不同。

购买投资性房产的逻辑应该是怎样的？

很多家庭条件比较好的读者，会考虑买第二套房的问题。同样是买房，购买投资房和购买首套房有着完全不一样的底层逻辑。如果说，购买首套房是为了解决自住、对冲通胀、规避"黑天鹅"风险这三个问题，那购买投资房就变成了一个彻彻底底的**投资**问题。从本质上说，购买一套投资性房产和购买一只股票、一只基金的逻辑是一样的。既然这样，事情就变得简单了：我们应该像评估一只股票那样，去对比投资性房产的预期收益率、最大回撤等技术指标。

那么站在 2021 年 8 月这个时间点，房产还是一个优质的投资标的吗？我的答案是：对于普通人来说，房产仍然是一个不算差的标的；但对于真正成熟的投资者来说，能够找到其他更好的选择。

为什么这么说呢？因为房产这个投资标的，可以说是"成也萧何，败也萧何"。它最大的优点和最大的缺点都是**流动性差**。

一个流动性差的资产，对于大多数喜欢"瞎操作"的普通投资者来说，简直是完美的限制，这让我们"不得不"进行长期的价值投资。认真读过第 6 节的读者一定知道，"长钱优势"在个人财富管理中是多么重要。

但是，我们也要清楚，当今中国的房产价格已经处于高位，它的真实收益率已经下降到一个非常一般的水平。如图 3-13 和图 3-14 所示，我们以一套位于北京市海淀区知春路附近的一居室房产为例，来算一算，以一套典型的北京房产作为一个投资标的的收益率是多少。

总价（元）	450万
租金年收入（元）	0.65万×12 = 7.8万
其他开销	供暖费、物业费等维护开销，每年1万元
年化租金收益率	(7.8 −1) / 450 = 1.5%
近五年房价波动	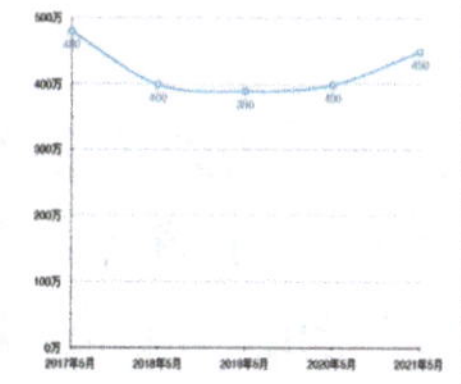
五年房价总收益率	−6.25%
年化收益率	−1.3%
最大回撤	18.75%

图 3-13　北京房产收益率计算示例

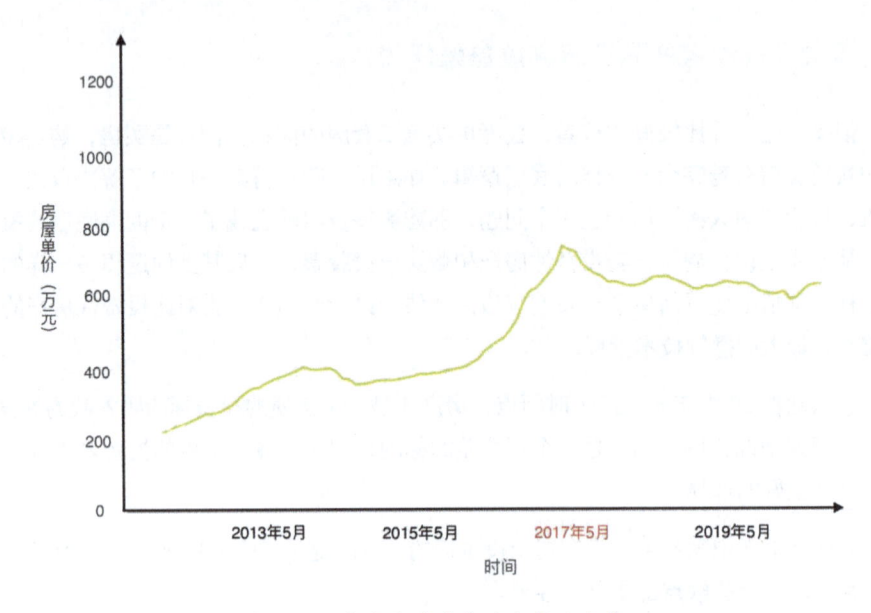

图 3-14　北京平均房价近十年的走势

2017 年 5 月，正好是北京房地产市场的一个高点，一直到 2021 年 5 月，房价都没有恢复到当时的高点，累计表现出 -1.3% 的负收益率。而北京的租金收益率在这五年基本稳定在 1.5% 左右。事实上，这五年，北京的房产作为一个投资标的来说表现平平，几乎是 0 收益。

这是过去几年的现实情况，我们再考虑下国家政策方针对未来的影响：结合近年国家颁布的"房住不炒""振兴实体经济"等政策，房地产不可能复现过去二十年的暴涨行情，除非有"黑天鹅"事件或重大政策变化发生，否则房地产市场会长期处于一个稳定的水平。

但是，2017 年到 2021 年同期的其他典型资产标的，比如沪深 300、美股等，都产生了累计 100% 左右的涨幅。综合来看，**如果你有投资其他资产的能力，房地产并不是一个非常好的资产标的。**

遗憾的是，大部分普通投资者没有过强的投资能力。有个经典的炒股警句："您今年的股票收益是 0%，已经超过了 90% 的投资者。"和 90% 因为频繁操作把钱亏到股市里的"韭菜"们相比，把钱"困"到房产里，让它稳定地产生租金和长期上涨的收益倒是靠谱很多。所以，房地产投资仍然是可考虑的长期投资选项。

如果你准备购买投资房，那么我有两个建议。这些建议的依据是房地产的长期行业规律，而且我结合数据和自己的投资经验进行过充分的验证。

第一，尽可能不要在房价暴涨的时候投资。

典型的时间段是 2016 年全年、2017 年初，以及 2021 年初至 2021 年 7 月。由于房地产的跳涨特点，房价一旦开始上涨，就一定是大幅上涨，这就意味着你错过了交易的最佳窗口。

第二，尽可能在房价进入稳定期后两到三年买房、换房。

中国的房地产价格周期一般是四至五年，比如北京最近的一个房地产周期是 2017 年到 2021 年，如果你在周期内的第三年购房，极有可能在未来一到两年遇到一轮上涨行情。不同国家房地产的价格周期不相同，比如美国的房地产价格周期是七年左右，同样要把握好购房的节奏。

上面两条建议，也回答了本节开头提出的"什么是合适的购房时间节点"的问题。虽然我们讲的是购买投资房，但其实在购买首套房时也要考虑房价周期的影响，**避免在当前周期的高点买入。**

到这里，我们讨论清楚了买房决策中最重要的几个问题。

（1）要不要考虑买房这个问题？答：要。

（2）首套房该不该买？什么时候买？答：该买，但要考虑房价周期的影响。

（3）购买首套房时，应该注意的最关键问题是什么？答：预算控制。

（4）该不该购买投资性房产？答：现阶段，房产只能算一个不太差的投资标的，如果你的其他标的的投资能力强，不要再考虑房产投资。

（5）如何把握买房的时间节点，买到价格相对便宜的房子？答：考虑房地产的跳涨特征和价格周期的影响，建议在房价进入稳定期后两到三年购房。

总结

本节从整体逻辑上厘清了买房的决策链条。下面，我用对理工男友好的流程图的方式（如图 3-15 所示），梳理本节提到的买房逻辑，供读者参考。

```
                                            ┌─────────────────────────┐
                                            │ 投资房的优缺点二位一体， │
                       ┌──────┐    否       │ 低流动性适合贯彻长期主义，│
                       │首套房│────────────▶│ 但房地产已经告别了高速   │
                       └──┬───┘             │ 发展的时代，在投资属性上 │
                          │是               │ 并不是一个很好的投资标的 │
                          ▼                 └─────────────────────────┘
   ┌────────────────┐  ┌────────────────┐         ▲
   │(1)房子附加属性 │  │优质地段的小户型│   否   ┌─┴──────────┐
   │(2)抵御通胀     │  │仍然是稀缺资源，│◀──────│是否有其他  │
   │(3)对冲暴涨"黑天鹅"│ │是不错的投资标的│       │投资渠道    │
   └────────────────┘  └────────────────┘       └─┬──────────┘
                                                   │是
                                                   ▼
                                            ┌─────────────────────────┐
                                            │ 不再继续投资房地产，而选择│
                                            │ 流动性好、预估收益率更高的│
                                            │ 投资标的                 │
                                            └─────────────────────────┘
```

120 | 理工男谈理财：构建受益一生的财富体系

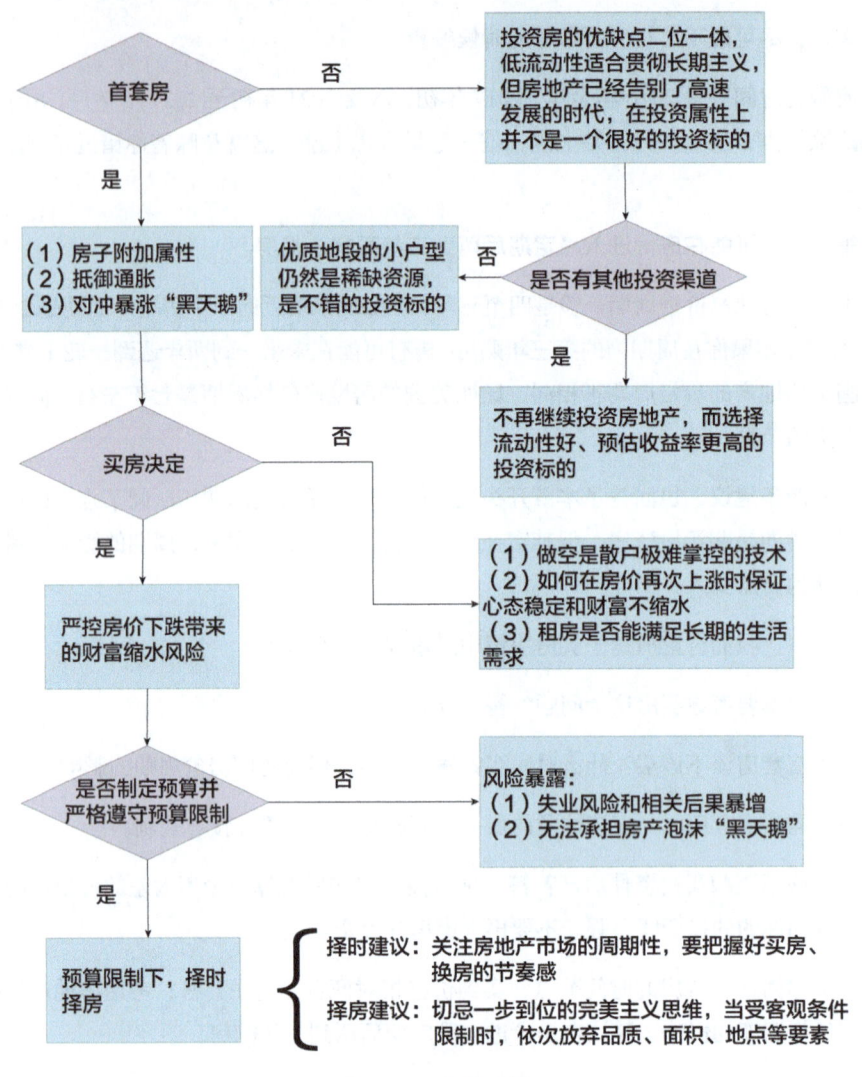

图 3-15　买房逻辑

此时，细心的读者可能会问：为什么我们不讲讲购房时应该注意的事项，比如户型、地段、面积？

不讲的主要原因有两个：一是我认为跟本节讲的决策过程相比，这些问题是次要的，在进行重大决策后，我们应该先确定购房预算，再考虑这些细节问题。二是因为这些细节问题偏个性化，没有一个非常标准的答案。相关的经验性知识在网上很容易查到，这里就不再深入讲解了。

但还有一个关键问题本节没有涉及，那就是对房贷的处理。我们会在第 16 节详细分析房贷的处理方法，包括用编程计算怎么还贷最合适。期待和你一起发挥理工男的优势，做出正确的贷款决策。

> **思考题**
>
> 五到十年前，借钱买房的现象非常普遍，那时买房的人也取得了巨大的收益。如今，在购买首套房时，很多读者会掏空家里的"六个钱包"，甚至会向亲戚朋友借钱补充首付。但也有一些读者，严格控制预算，购买了面积小，地点稍远，但品质还不错的商品房。
>
> 结合本节的内容，你觉得哪种做法更适合当下？如果现在买房，那么你会怎么做？

> **番外小知识　什么是风险敞口？**
>
> 敞口是指金融活动中存在金融风险暴露的地方和受金融风险影响的程度，风险敞口就是未加保护的风险，在债务信贷问题中是指因债务人的违约行为导致的可能承受风险的信贷余额。如果一家公司融资了 5 个亿，用价值 4 个亿的抵押物进行抵押，那么我们可以说风险敞口就是 1 个亿。
>
> 风险敞口在基金中的意义与在债务问题中的有所区别。基金中的敞口可以分为多头敞口和空头敞口，多头敞口是指做多的部分，空头敞口是指做空的部分。以指数基金和量化对冲基金为例，其中指数基金又分为被动型指数基金和指数增强型基金。被动型指数基金完全拟合指数的走势，即拥有完全的指数多头敞口；指数增强型基金则是在多头敞口的基础上，通过多因子策略挖掘超额收益。而量化对冲基金则与之相反，其目标是挖掘纯粹的超额收益，而不想受指数波动的影响，因此会通过做空指数相关的金融衍生品的方式，对冲掉指数多头的部分，使其敞口为 0。

第 16 节　实战知识：编个程序来计算怎么还房贷最合适

第 15 节讲解了买房的决策链条。在购房过程中，关于房贷的决策肯定困扰着很多想买房的读者，比如下面这些非常细节的问题。

- 首付多点好，还是少点好？
- 贷款 30 年好，还是 15 年好？
- 是提前还款合适，还是按计划还完合适？

确实，一套商品房的贷款动不动就一两百万，如果处理不好，会直接影响我们未来的现金流和生活质量。但你可别忘了，我们理工男在财富管理上有三大优势。本节，我就利用我们独有的"工具优势"，编程验证各种房贷方案的优缺点，彻底解决你对还房贷方式的疑问。

影响房贷的因素有哪些？

作为一名"理工男"，当我们着手解决问题时，要做的第一件事情是什么？就是清晰地定义问题。

"怎么还房贷比较好"，这个问题的表述显然是非常模糊的。那我就来帮你"翻译翻译"，看看怎么更清晰地定义它。

这个问题其实应该是：如何确定房贷的首付金额和还款年限，让我们的**家庭财富在一个目标期限上最大化**？

因此，我们其实是在解决一个最优化问题。要确定的变量很简单，只有两个，即首付金额和还款年限；优化的目标也很简单，就是指定一个目标期限，比如 30 年，让我们的家庭财富在这个期限内积累得最多。

说实话，这个问题要是放到工程师的算法面试中，都显得太简单了。但就是这样，仍然有大量的读者想不清楚这个问题，还需要求助别人。可见，学习知识固然重要，知道怎么运用知识更重要。

言归正传，定义清楚了问题，我们还得弄明白影响**家庭财富的主要变量**有哪些，这样才能用编程的方式去优化它。从我的经验出发，我认为影响家庭财富的主要变量有下面六项。

1. 房产总价
2. 房产升值速度
3. 房贷利率

4. 工资收入

5. 理财收入

6. 家庭生活支出

这六个变量，再加上问题中的两个关键变量——首付金额和还款年限，共同组成了影响家庭财富的所有要素。那剩下的事情就简单了，我们就通过编程来确定，到底如何贷款才能让我们积累的家庭总财富达到最多。

首付到底是付得多好，还是付得少好？

先来解决第一个最关键的，也是读者最关心的问题：买房时，我应该多交一点首付，还是应该以最低的首付比例贷款，把余钱留起来呢？我们举例来说。

假设小 Y 是一名在北京工作了 5 年的程序员，他看上了一套位于郊区的小两居，价值 350 万元。小 Y 工作这 5 年，攒了 100 万元，父母可以支援他 100 万元，也就是说，他有 200 万元可以用的购房款。这时问题就来了：他是把 200 万元全部用作首付，还是只交 35% 的首付款（122.5 万元）？

我们已经知道了房产总价这个关键变量，假设还款年限为 30 年，为了解决首付金额的问题，我们还要考虑上面列出的五个其他要素。这里，我们根据（2021 年 8 月的）客观情况，给出这些变量。

房产的升值速度：假设每年 3%。

房贷利率：目前是 4.65%。

工资收入：小 Y 的工资税后收入是每月 3 万元。

理财收入：我们按永久组合的收益率来算，是 6.8%。

家庭生活支出：每月 5000 元。

明确了这些要素，我们就来算一算，在这两种首付方案的前提下，30 年后小 Y 家庭的财富总额分别是多少。

通过程序进行模拟后，我把得到的结果展示在了图 3-16 中。

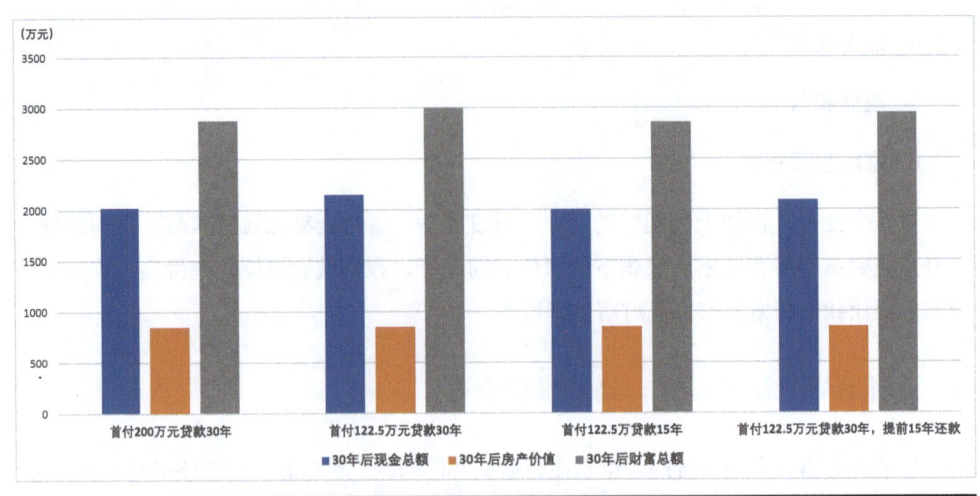

贷款方案	首付 200 万元贷款 30 年	首付 122.5 万元贷款 30 年	首付 122.5 万元贷款 15 年	首付 122.5 万元贷款 30 年,提前 15 年还款
30 年后现金总额（万元）	2025.07	2148.96	2005.82	2093.69
30 年后房产价值（万元）	849.54	849.54	849.54	849.54
30 年后财富总额（万元）	2874.61	2998.5	2855.36	2943.23

图 3-16　不同贷款计划下的 30 年财富积累对比

从图 3-16 中可以看出，同样是贷款 30 年，如果小 Y 只交 122.5 万元的首付，留下剩余的 77.5 万元作为理财款，那么在还完贷款的 30 年后，他的财富总额会是 2998.5 万元；而如果把 200 万元全部作为首付，他的财富总额是 2874.1 万元。低首付方案在 30 年后的财富总额多出了 100 多万元。

通过对比，我们似乎可以得出结论，应该是首付交得越少越好。至少在小 Y 这个案例的场景下，这个结论肯定是正确的。那么是不是说，在所有场景下，都是首付交得越少越好呢？你可以先思考一下，本节还会详细讲这个问题。接下来，我们看第二个关键问题，贷款期限。

到底是贷款 30 年好，还是贷款 15 年好？

除了首付的金额，你可能还纠结贷款期限的问题：到底是贷款 30 年好，还是贷款 15 年好呢？除此之外，对于那些已经有了房贷的读者，在有余钱的情况下，要不要提前还贷呢？

要回答这两个问题，我们还是要用程序"说话"。我们继续用小 Y 的例子：在首付款固定为 122.5 万元的情况下，我们把贷款期限分别调成 30 年和 15 年，看看 30 年后，两种情况下的最终结果。

再回到图 3-16，观察第二个柱状图和第三个柱状图后会发现：采用这两种贷款方案，最后得到的结果差异很大，贷款 15 年的财富总额足足少了 140 多万元。

这个结论确实有点反直觉，按理说，贷款 15 年，我们还的房贷利息应该比贷款 30 年低很多，为什么反而少积累了这么多财富呢？原因先不展开说，后面一起详细分析。

可能还有读者会说：我已经贷款七八年了，也攒了一些闲钱，我在纠结是否应该早点还房贷。那我们就再验证一下"贷款 30 年，在第 15 年时一次性还清剩余贷款"这个方案怎么样。

从图 3-16 中我们看到，这个方案的财富总额是 2943.23 万元，比最优方案少了 55.27 万元。所以和按时还款比起来，提前还款的方案其实没什么优势。

经过这几次验证，似乎说明首付越低，还款时间越长，越有利于我们财富的积累和增长。事实到底是不是这样呢？在这个结论的背后，还隐藏着什么别的关键因素吗？下面，我们就来讨论一下。

影响房贷的终极要素是什么？

不知道你有没有注意到，我们在做上面的计算时，默认了小 Y 的理财能力是比较强的：能够坚持用永久组合配置自己的所有理财资金，能够产生稳定的 6.8% 的年化收益。其实，这个要求对普通人来说是非常高的。

如果我们假设小 Y 是一个极端保守的人，只存货币基金或银行定期，他的理财收益率只有 3%，那么结论会不同吗？沿用上面的几个贷款方案，只把理财收益率从 6.8% 修改为 3%，看看结果如何。

如图 3-17 所示，可以惊奇地发现我们的结论逆转了，首付高、还款时间短成了更合适的选项。其实，如果理财收益率降低到 3%，上面关于贷款期限和是否提前还贷的结果也会逆转。

有心的读者可能会问：那其他变量呢？比如个人收入、生活支出的改变，会导致结论反转吗？这里就直接说结论了：不会。只有**理财收益率和房贷利率的关系，是影响房贷方式的终极要素**。

用一句话总结就是，如果你的稳定理财利率高于房贷贷款利率，那么首付少付、还款年限长合适；反之，如果你的稳定理财利率低于房贷贷款利率，那么首付多付、还款年限短合适。

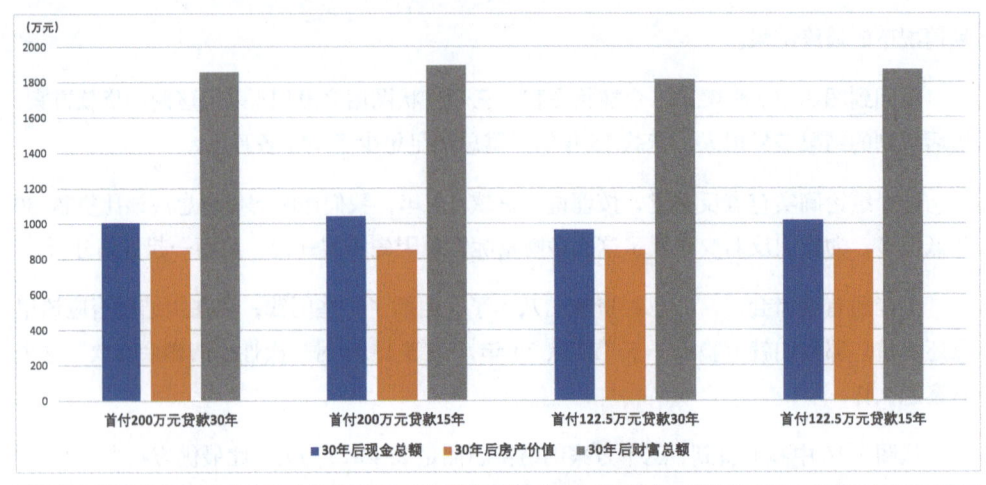

贷款方案	首付 200 万元贷款 30 年	首付 200 万元贷款 15 年	首付 122.5 万元贷款 30 年	首付 122.5 万元贷款 15 年
30 年后现金总额（万元）	1006.12	1042.69	963.65	1019.12
30 年后房产价值（万元）	849.54	849.54	849.54	849.54
30 年后财富总额（万元）	1855.66	1892.23	1813.19	1868.66

图 3-17　理财能力较差情况下的 30 年财富积累结果对比

为什么会这样呢？除了程序演算的结果告诉了我们这个事实，从逻辑上其实也不难理解。举个例子：如果你少交了 50 万元首付款，把这些钱拿去理财，是否能够赚到钱？赚到的钱能否抵消那多出的 50 万元贷款产生的房贷利息？如果能抵消，甚至超出，那你还能获得多余的理财收益；如果不能，那不如趁早还贷，因为你的理财能力不够强。

结合实际情况选择合适的贷款方案

当然，首付付得少还有一些其他的好处。例如，流动性资金会多一些，能够抓住未来更多的投资机会，能够有现金应对更多不可知的应急事件，等等。但是，我们并不能简单地说是首付多更好还是少更好，关键是要根据实际情况制定最适合自己的方案。

拿我的例子来说，我在做买房决策时会做以下两件事。

第一件，根据自己的资金情况，严格地控制购房预算。

假设我现在有 200 万元购房款，我要把房价和购房款的比例控制在 2 倍以内，那我的购房预算就是 400 万元。

第二件，是尽量少付首付，留一些流动资金。例如，我在真正贷款时，即使可以付

50%的首付，也会按照35%的比例付首付。

一方面，我对自己的理财能力有足够的信心，相信自己有能力实现超过4.65%的理财收益；另一方面，我目前在美国工作，这里的房贷利率比国内低得多，只有2.65%（截至2022年1月）。在这种利率情况下，如果理财能力强的话，就应该寻求高贷款加理财的组合方案。反之，如果美国房贷利率不断升高（现在已有升高趋势），当利率高过理财收益率时，这里的结论就要反转。

这里再强调一下，要结合自己的实际情况选择合适的贷款方案。如果房贷利率进一步上涨，或者当前其他投资标的的收益都不稳定，再或者你对自己的理财能力没有信心，那么多付首付、还款年限短、提前还贷当然是更划算的选择。

小结

本节介绍的内容，充分发挥了我们理工男的优势，解决了还房贷这个过程中的很多细节问题。最后，再重复一遍我们的结论：

如果你的稳定理财利率高于房贷贷款利率，那么首付少、还款年限长合适；如果你的稳定理财利率低于房贷贷款利率，那么首付多、还款年限短合适。

思考题

我知道很多人面临着这样的问题：手头的钱只够付最低的首付，还款压力还特别大，每个月还了贷款，就没有多余的钱理财了。结合这两节的内容，你觉得有没有什么好的方法，能改变这样的处境？例如，通过改变房贷计划来解决或有什么其他的解决方法？

第17节　股票投资：适合普通投资者的股票投资方法是什么

本节介绍普通投资者非常感兴趣的一个理财话题：炒股！

第6节介绍过，和拥有强大投研团队、能够全职投入的专业投资者相比，普通投资者也有自己的固有优势，那就是"长钱优势""专业信息优势"和"理工男优势"。在股票市场的博弈中，我们只有"以己之长，击敌之短"，才能赢取收益。

本节研究如何利用普通投资者的三个固有优势，在股票投资领域找到合适自己的投资方法。

如何利用"长钱优势"投资？

首先，我要谈的是最重要的一项优势——长钱优势。长钱的概念第 6 节提过，指的是可以长期不被挪动，只用于投资的资金。资金之所以能成为长钱，是因为投资者相信投资标的的长期发展，为此能够在价格短期波动中坚守信念，长期不动用资金。和有短期业绩压力的机构投资者相比，普通投资者的资金如果使用恰当，则更有希望成为长钱。

与拥有长钱优势的普通投资者相比，其实大量资金的持有者由于畏惧短期波动，不敢持有一些长期看好的股票，所以市场上总是会存在这种现象：一些标的很有发展前景，但它们的股价却显著低于合理水平。在面对这样的机会时，你就可以利用普通投资者的长钱优势，以低估的价格买入，等待赚取上市公司长期发展和估值修复的两份收益。

这时你可能想问：怎么分辨哪些是可以利用长钱优势的股票投资机会呢？好问题，这些机会往往具有下面两个特点。

第一，一些直接或间接的重大负面因素，严重打压了你熟悉的股票的价格。

这时，由于市场还在恐慌之中，短期内股票的下跌幅度会比较大。机构投资者为了避免基金产品的净值波动，不论这只股票的长期远景是否发生了根本性的恶化，他们都得卖出这只股票。作为个人投资者，如果你熟悉这只股票的基本面，知道短期的负面因素只是暂时的，它的长期发展并没有受到太大的影响，那你就发现了一次可以利用长钱优势的机会。

第二，某些股票或者指数的波动规律是受中长期经济规律影响的，如果某只股票或者指数处于一个经济周期的低谷位置，那这就是一个利用长钱做长线投资的绝佳机会。

只说概念还是太抽象，接下来，举两个利用这些特点进行投资的真实案例。

利用短期负面消息投资茅台股票的例子

第一个例子来自一位全职进行股票投资的普通投资者。他只研究自己熟悉的十几只股票，从 2012 年开始，通过重仓茅台获取了几乎能实现财富自由的超额收益。他的投资支点，来自茅台的长期业绩支撑。

2012 年—2013 年，因为国家禁止三公消费，茅台的股价曾处于长期的跌势。这期间，几乎没有什么股票型的基金经理敢冒这么大的风险建仓茅台。因为基金公司和大部分基民，都没有足够的耐心等待一个三年的机会，短期内的超额亏损就有可能导致大量的赎回行为。

我们知道，"禁止三公消费"是一个来自外部的政策，跟茅台本身的竞争力没有本质的联系，但是市场对于这个政策的反应非常大。大到什么程度呢？茅台的股价从 140 元每股跌到了 34 元每股，在 2013 年末茅台股价最低时，它的市盈率仅有 7.43。要知道，当时 A 股的平均市盈率是 22.07。这是什么概念？中国白酒市场的龙头，在上市公司盈利能力未受明显影响的情况下，市盈率跌到只有 A 股平均市盈率的 1/3。

其实在当时，一些专业的机构投资者，还有一些对茅台有深入研究的普通投资者都注意到了这个机会，但前者只能忍痛放弃，而后者则可以充分利用个人资金的长钱优势，重仓抄底。前面提到的那位普通投资者就是其中一个。

在利用"长钱优势"投资时，我们普通投资者一定要注意两个成功的关键点。

第一，普通投资者更要保持稳定的心态。和专业的机构投资者相比，普通投资者没有来自外部"金主"的压力就是我们的最大优势。我们只有"耐得住寂寞"，稳定投资心态，才能吃到长钱的盈利。

第二，注意支点投资法中支点的出现与崩塌。第 5 节详细介绍过支点投资法，在长钱优势的运用中，我们同样要时刻注意支点的出现与崩塌。

举例来说，如果将"三公消费政策"带来的超额下跌作为支点来投资茅台，那么看看 2021 年 8 月的情况：茅台的股价已经非常高了，市盈率也涨了 40 多倍。很明显，这个政策的影响已经可以忽略不计，我们原来的投资支点消失了。那么，我们还要继续持有茅台吗？我们要不要利用原来投资到茅台上的资金，去寻找下一个支点呢？每个人都可以根据自己的判断得出答案。

另外，我还要提醒读者，举茅台的例子主要是想说明如何利用短期负面消息进行长钱投资，读者不要误认为资产配置和风险管理不重要。这位普通投资者之所以敢重仓茅台，是因为他已经全职研究茅台超过三年，拥有足够强的技术优势和信息优势。如果不是在某一领域内具备突出的优势，普通投资者还是应该在自己能力范围之内操作股票。

利用周期规律投资大盘的例子

第二个例子，是我利用长钱优势进行股票投资的经历。

从 2018 年 4 月开始，我逐渐建仓 A 股，作为普通投资者，当时我的投资支点是：从最近二十年的周期来看，3000 点左右一定是 A 股的一个价值低点，而且已经处于底部超过两年，底部足够坚实。我认为，不管是等待一年、两年还是三年，A 股一定会有一轮上涨行情。

经过一些不算特别复杂的技术分析，比如调查 A 股过去二十年的市盈率、市净率波动，当前的估值分位数等，我设定了一个投资支点，就是 A 股的大周期价值修复。这个修复的周期，我大致设定为一至三年。至于具体的退出投资时间，则通过不断验证支点、分析验证结果来确定。

通过购买几只 A 股大盘股票型基金，我实现了投资想法，图 3-18 是其中一只基金这三年来的表现。我持有这只大盘股基金三年、盈利 73.02% 之后，在 2021 年 3 月卖出了一半。这一切都完美遵循了我当初的投资逻辑。

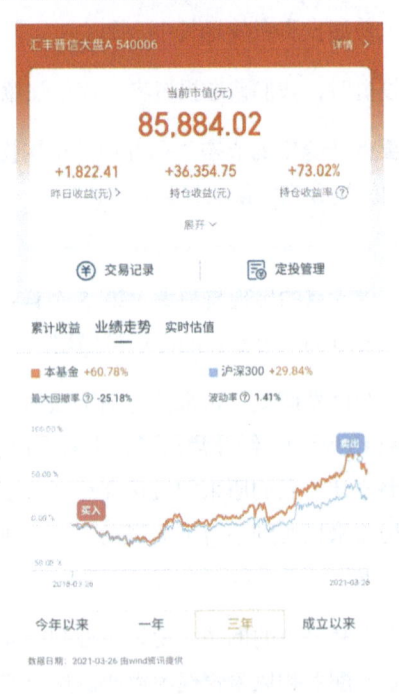

图 3-18 我的基金操作记录

通过这个例子可以看出，在掌握了支点投资法，懂得利用自己的长钱优势之后，普通投资者赚钱并不困难。你只需要用心观察，总结各种投资标的的周期规律，并花不多的时间验证自己的投资想法，就足够提出靠谱的投资支点了。

如何利用自己的"专业信息优势"投资？

除了长钱优势，普通投资者拥有的第二个优势是"专业信息优势"，也就是利用其他投资者不具备的专业信息来指导投资行为。

举例来说，我一直在视频流媒体这个行业工作，对这个行业的认识肯定比其他行业的人深刻，对这个行业投资标的的了解甚至超过大多数专业投资者。而我的一个邻居在著名医药企业"强生"工作，他对医药行业的认知也肯定比绝大多数人强。这种专业人士和业余人士之间的"信息差"，是投资股票时十分可靠的优势。

不过，也没必要把普通投资者的"专业信息优势"想得过于"高大上"，任何一个普通人都有他的信息优势。比如一个大超市的收银员，肯定比一般人更清楚零售百货行业近期是否景气；一位公司前台，肯定清楚这个公司的业务是否繁忙，公司是不是在招人扩张；甚至一个碰巧住在某车企制造厂附近的退休老人，都能从每天运货卡车的车次，推断出这个车企产品的真实销量。

这里我要提醒读者，我们在利用自己的专业信息优势时，是绝不能越过法律红线的。例如，绝对不能在规定的交易窗口外，交易自己公司的股票，这是违法的。

举一个我利用专业信息优势投资的例子，让你对这种方式有一个更直接的认识。

读过我的几本技术书的读者知道，我一直从事广告系统和推荐系统的算法开发工作。更具体地说，我一直从事视频领域的广告和推荐系统研发工作。2018 年年中，我对这个行业做了一个全面的分析，便于我确定下一步投资策略，甚至是职业发展规划。下面是我当时分析结果的一小部分。

- Netflix 作为行业内当之无愧的老大，虽然增长仍然强劲，但是在几乎覆盖了全部可覆盖人群的情况下，不会再有爆发式的增长。
- Disney 作为影视行业的巨无霸，已经有了进军线上视频流媒体行业的行动，这是一个非常好的信号。但是，Disney 存在大量线下业务，因此增长同样不会非常强劲。
- Roku 当时是美国视频流媒体平台的老大，刚开始发力内容市场。一旦发力，由于有平台的加成，将会有一个非常强劲的增长期。

从增长的角度来说，Roku 的潜力显然是最大的。那么，基于我对行业的分析，我应该购买 Roku 的股票。而我的做法更极端一点：我直接加入了 Roku，通过获得公司授予的股票来享受我专业信息优势带来的收益。观察图 3-19 中这三家公司 2018 年至 2021 年的股票走势可以看到，Roku 的股票增长了 899.89%，而 Netflix 和 Disney 的股票分别增长了 53.11%和 93.67%。从收益结果看，我当时的决策是正确的。当然，随着客观环境的变化，这几家公司的发展前景也会发生变化，这时你应该做的就是根据自己的判断来决定是否抛售已得到的股票，或者把自己的职业方向切换到更有前景的赛道上。

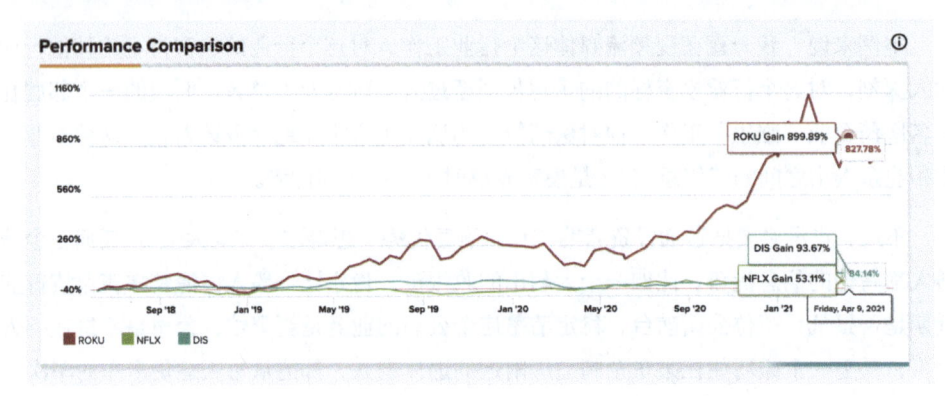

图 3-19　Netflix、Disney 和 Roku2018 年至 2021 年的股票走势（数据来自 TipRanks）

类似的故事还有很多。假设你是一名自动驾驶公司的程序员，负责视觉算法的研发，那你肯定清楚在这个行业，到底哪家公司生产的视觉传感器和测距雷达质量更好，哪种设备才是未来的主流。基于这个判断，我们就可以找出最有前途的生产视觉传感器或测距雷达的公司进行投资。

由于其他行业的投资者根本不具备这样的技术调研能力，所以这类公司对于他们是"隐形"的。这类只有相关领域的从业者才会发现的有价值的公司又被称为"隐形冠军"。

再举个更生活化的例子：假设你平时比较爱玩游戏，而且在游戏圈里是高级玩家，一款新游戏出品后，你只要玩上三四个小时就能判断它会不会流行。那么，毫无疑问，你又发现了一座金矿：对于游戏公司的业绩，你会比别人，甚至机构投资者预判得更准，利用这项信息优势变现就是再直接不过的事情。

总之，作为"术业有专攻"的普通投资者，你可以利用自己的行业信息优势，进行一些精细化的投资。

如何利用我们的"理工男优势"？

我们要讲的最后一项优势，其实是利用工具进行投资分析的优势，我们理工男擅长做的事情就是通过各类专业工具进行理性分析，因此我更愿意把它叫作"理工男优势"。和非理工科的投资者相比，这个优势是非常突出的，运用得好，在一些特定问题上甚至不输专业投资者。

举个例子，假设你希望深耕汽车制造领域的股票投资，你可以构建哪些高于其他投资者的壁垒呢？我想到的第一个行动就是写一个自动化机器人，定期把各大车企的公开销售数据、相关的国家进出口数据、PMI（采购经理人指数）以及原材料相关的数据全部"抓取"回来，集中在一起。然后，加入一些报警机制发出交易信号，甚至可以通过一些分析工具发掘这些数据和股票之间的相关性，找到一些投资规律。

这套系统发展下去就是一个成熟的量化投资系统，即使你只是建立起了最简单的信息收集程序，然后根据可靠的数据进行投资，你也已经超过了市场上 90% 以上的投资者。

其实除了股票投资领域，我们也可以在其他领域充分利用程序员优势。例如，我在美国购买投资房的过程中，就用程序处理过美国线上房地产信息网站 Redfin 的公开数据集（如图 3-20 所示），这些操作让我做出了事后看来非常理性的决策，至少让我的房地产资产增加了几十万美元的超额收益。

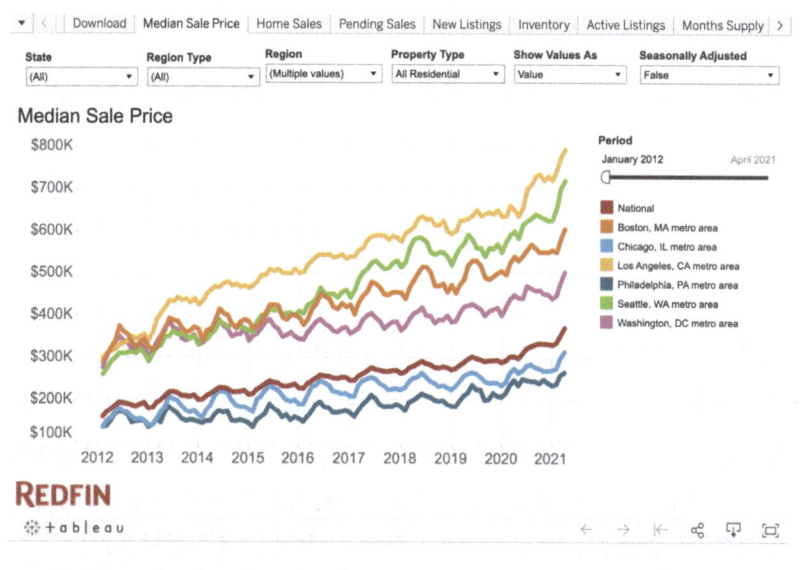

图 3-20　美国线上房地产信息网站 Redfin 上的美国各大城市房价走势

你看，花两三天时间写几个小程序，就能帮我在做重大投资时增加几十万美元的收益，这种低投入、高回报的事情，我们这些最擅长使用技术工具的理工男为什么不做呢？

总结

本节主要讲了对普通投资者来说最合适的股票投资方法。其实，最适合我们的"炒股"方法，并不是一个具体的策略，而是充分利用我们的固有优势。具体来说，就是用好我们的"长钱优势""专业信息优势"和"理工男优势"。下面，我再总结一下，如何利用这三大优势进行股票投资。

- **长钱优势**：要稳定投资心态，基于你的长线投资支点进行投资。做到这一点，你就比那些由于业绩压力，很难沉得住气的专业投资者强很多。

- **专业信息优势**：要懂得分析自己掌握了哪些别人很难获取的信息，以此构建自己的信息壁垒，指导自己的投资行为。

- **理工男优势**：要懂得在自己的投资过程中多用程序整合、处理、分析信息，甚至构建一个简单的量化系统，基于数据进行投资，这是我们程序员独有的优势。

总之，我们在投资股票的时候，就是要"以己之长，击敌之短"。我不敢说你能够次次获胜，但累积下来，你一定能获得最应该属于你的那份财富收益。

最后补充一句，本节涉及的股票仅用于举例说明，不构成任何购买建议。

思考题

结合你现在所处的行业，或者你掌握的不同于他人的信息源，思考你有什么专业信息优势。

番外小知识　市盈率、市净率是什么？

在阅读上市公司财报时，经常可以看到市盈率（PE）和市净率（PB），它们分别代表什么意思呢？

市盈率和市净率都是用来衡量股价水平是否合理的指标。其中，市盈率是每股股价和每股收益的比值，计算公式为：**市盈率=股票价格/每股收益**。市净率是每股股价和每股净资产的比值，计算公式为：**市净率=股票价格/每股净资产**。

通常，市盈率和市净率都是越低越好，这代表股票价格相对公司盈利能力或公司净资产被低估。但值得注意的是，对于不同类型的公司，市盈率和市净率存在不一样的适用性。

例如，在公司收益是负数的情况下，市盈率便失去了研究意义，这种情况多发生在周期性行业，如农业、能源化工等行业。而公司的净资产极少出现负数的情况，所以市净率更适用于周期性行业公司的股价分析。对于一些净资产很少的科技创新型企业，则不适合用市净率去评估，而是应该衡量公司的股价和盈利增长能力，此时市盈率更适用。

第 18 节　投资闭环：如何成为越来越专业的投资者

本节我们要聊一聊投资理财过程中的一个重要问题：如何面对失败，并在失败中学习、成长。

在之前的内容里，我给出的都是成功的案例。可能你一直想问：王喆，难道你的投资全都是成功的吗？你是不是选择性地只给我们讲成功案例啊？

这是非常好的疑问，能提出这样的问题，就证明你不是一个迷信权威、盲目跟随的人。所有成功的投资者都不是天生的，都需要经历一次又一次的失败，才能逐渐成长，我当然也不例外。我的投资经验，包括本书的所有知识，都是在大量的失败之后总结出来的。但只经历失败是没有价值的，**成功与否的关键在于，你能不能把失败的经验融入你的投资体系中**。

本节我就来讲一讲，如何建立一个投资闭环，让你能够吸收失败的经验，成为越来越专业的投资者。

如何建立投资闭环？

谈到建立投资闭环，第一步就是搭建一个投资体系，否则知识根本就无从沉淀。好在我们的投资体系早在第 5 节就搭建好了，那就是"支点投资法"。

不过，之前介绍的支点投资法是开放式的，针对的是独立的一次投资。为了建立投资闭环，我们需要对它进行一个小小的改造，**就是在退出阶段之后加上"投资复盘"的环节**（如图 3-21 所示）。在投资的整个生命周期中，我们不仅要复盘这次投资中成功的经验，还要复盘失败的经验，让它们都沉淀到你的投资体系里。

第 5 节最后留过一道思考题："一个掌握支点投资法的新手，和一个成熟运用支点投资法的'大神'，他们的主要差距是什么呢？"现在我可以给出这个问题的答案了：他们的差距就在于会不会进行有效复盘。

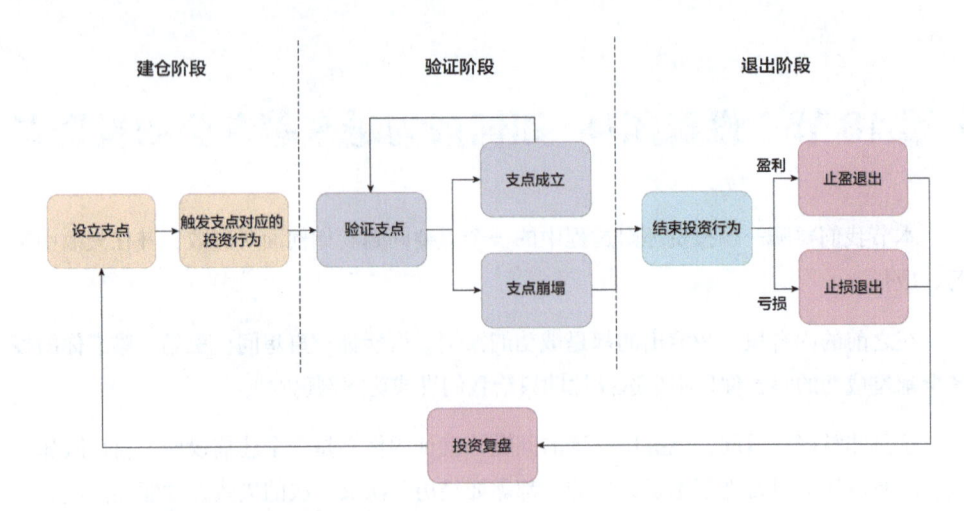

图 3-21 基于支点投资法的投资闭环

要知道，大家一开始都是普通人，没有人天生是"大神"。但是，后者通过有效复盘，无论是在经验、知识上，还是在心态、认知上，都会每日精进，而前者往往只能原地踏步。长此以往，差距越拉越大。这些差距会对支点投资法的具体应用产生决定性的影响，包括所选择支点的质量、验证支点时的准确度和退出投资时的果断程度等。

好，大道理就不多说了，接下来让我们聚焦在"投资复盘"这个最有价值的环节上，看两个典型的复盘案例。

失败案例："美股做空失败"的投资复盘

我首先要分享的是 2017 年至 2018 年的一个失败案例。简单描述这个投资过程：我从 2017 年 10 月到 2018 年 2 月，分两次购买了 3 倍杠杆做空纳斯达克指数的 ETF，SQQQ。截至 2018 年 8 月，累计亏损超过 40%，最终止损退出。

接下来，我会详细描述从设立支点，到触发投资行为，最后止损退出的全过程，然后进行投资复盘。

设立支点

首先是投资支点的设立。我们让时间回到 2017 年，当时的投资大环境是这样的：2008 年的金融危机之后，美股从 2009 年起逐渐走牛，已经经历了长达八年的长牛无明显回撤的走势。2017 年，美股涨幅更是屡创新高，特别是代表科技股的纳斯达克指数，2017 年的涨幅更加惊人。

但是，根据超过五十年的历史统计数据，美股的牛市周期一般在六到十年，典型的例子就是 1991 年到 2000 年的牛市周期，以及 2002 年到 2008 年的牛市周期（可参考图 3-22）。超过十年的牛市周期几乎没有出现过。那么，从 2009 年到 2017 年，牛市已经走过八个年头，而且屡创新高，这是不是一个长期投资做空的合适支点呢？于是，把这个非常宏观的经济周期作为投资支点，我选择了做空纳斯达克指数。

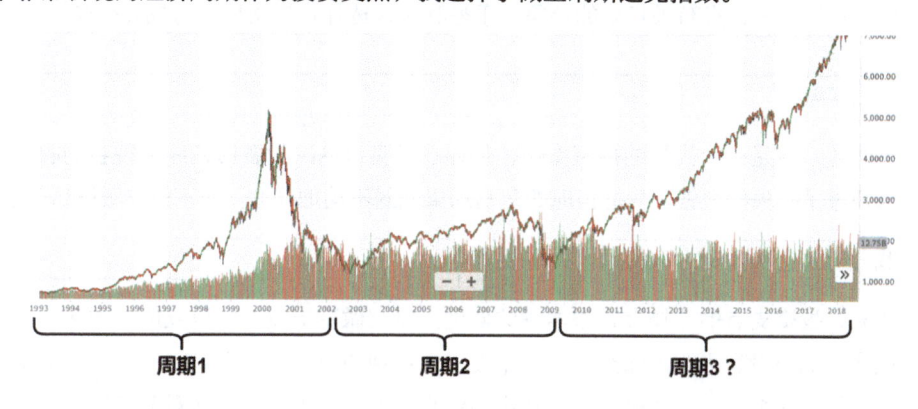

图 3-22　纳斯达克指数从 1993 年到 2018 年的走势

投资行为

在这个投资支点的支撑下，2017 年 10 月，也就是图 3-23 中的时间点 1，我买入了 3 倍杠杆，做空纳斯达克指数的 ETF，SQQQ。并且，我在美股持续走高的时间点 2，也就是 2018 年 2 月，持续买入了 SQQQ。

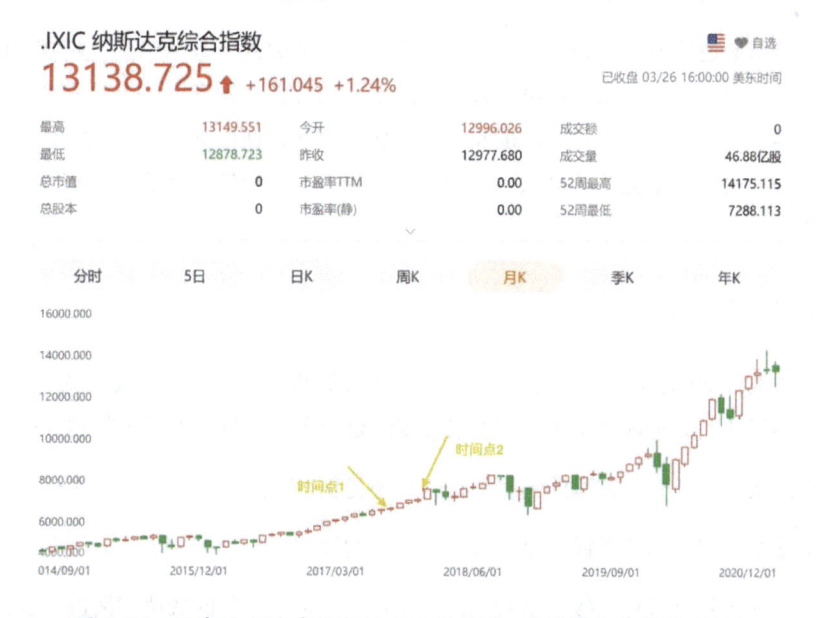

图 3-23　做空纳斯达克指数的两个时间点（原图来自新浪财经）

退出行为

2018 年 8 月，纳斯达克指数在短暂下跌后再破新高，我的 SQQQ 投资已经累计亏损 40%以上，严重超出了我的心理止损线和风险承受能力。而且，从中长期趋势看，美股的上涨趋势线完好，没有被打破的迹象，于是我最终选择止损卖出，亏损 42.7%。

投资复盘

很明显，这是一个失败的投资案例，但是在复盘过这次投资后，我发现我的收获可能远远超过了损失的金钱。我把当时的复盘结果原封不动地"贴"在下面，跟读者分享。

我分析了这次投资失败的原因，主要有两个。

首先，投资支点的选择存在根本性的问题。 设立做空支点远比设立底部做多支点困难，因此，如果没有极强的做空信号，不要进行任何做空交易。而且做空操作的成功严重依赖你的择时能力，而择时又是投资中最难掌握的。所以做空操作对普通投资者来说是高难度、不易成功的操作。

其次，选择 3 倍杠杆是投资失败的次要因素。 杠杆的加入，大幅增加了投资风险，让我因为风险承受能力的问题，不得不提前退出。事实上，如果没有杠杆，我完全有可能坚持到美股 2018 年 11 月到 2019 年 1 月的下跌波段。因此，使用杠杆交易要慎重。

之后，我再次反思了做空操作的合理性。

在任何市场进行做空行为，对手方都是市场的大多数人，甚至包括政府在内的绝对力量。而且，由于通货膨胀、经济增长等宏观要素的存在，做空本质上是一个跟大势对着干的行为，不是一个"跟时间做朋友"的操作。因此，在任何市场，做空思想对普通投资者来说都是极难掌握的。最后再次强调，如果没有极强的做空信号，不要进行任何做空交易。

成功案例："蔚来汽车"的投资复盘

对于失败的案例，我们要复盘失败原因，汲取经验，那么成功的案例就不用复盘了吗？当然不是的。对于成功案例，我们仍然要通过复盘，分析以下两个问题。

（1）这次交易挣到钱，靠的到底是运气，还是正确的支点选择和验证执行？

（2）整个过程中的"微操"是否有可以改进的地方？

至于具体的复盘过程，接下来我会用我投资"蔚来汽车"的成功案例进行说明。

设立支点

如果你关注过 2020 年的股市，就一定知道，那一年无论是美股还是 A 股，新能源概念股票都经历了一轮暴涨。整个板块行情的触发点在 2019 年年底，那时特斯拉扭亏为盈，领涨，随后整个板块整体性上涨。

2020 年 9 月，一批新能源中概股，如蔚来汽车、理想汽车、小鹏汽车等，都有强势上涨行情。而且，经过快一周的观察仓跟踪，我发现无论从交易量、资金流动趋势，还是股价趋势来看，几只新能源中概股都呈现出加速上涨的趋势。

经过持续观察，以及对近半年来股价走势的分析，我得出了下面的结论。

（1）整个板块呈现过热的现象，电能源汽车相关股票的整体价格已经过高，不适合长线投资。

（2）整个板块上涨的动量非常充足，交易量也呈现上涨趋势，短期内上涨趋势不会结束。

基于上面的投资支点，我决定进行一波中短期的趋势操作。

投资行为

这次交易，我选择的投资标的是新能源中概股的龙头——蔚来汽车。我在 2020 年 9 月 29 日（图 3-24 中的时间点 1）以每股 21 美元的价格买入蔚来汽车的股票，之后不断观察蔚来汽车的走势，验证投资支点是否存在，来判断什么时候退出。

退出行为

2020 年 11 月 6 日，蔚来汽车这只股票的盈利已达 110%，股价甚至在一周之内上涨了 46%。市场已经过于疯狂，在上涨过程中没有任何有力的支撑点，而且在这样的情况下，如果遭遇下跌也会产生较大的回撤。

这时（图 3-24 中的时间点 2），当初进行趋势操作的投资支点面临极大的崩溃风险，于是我选择止盈卖出。

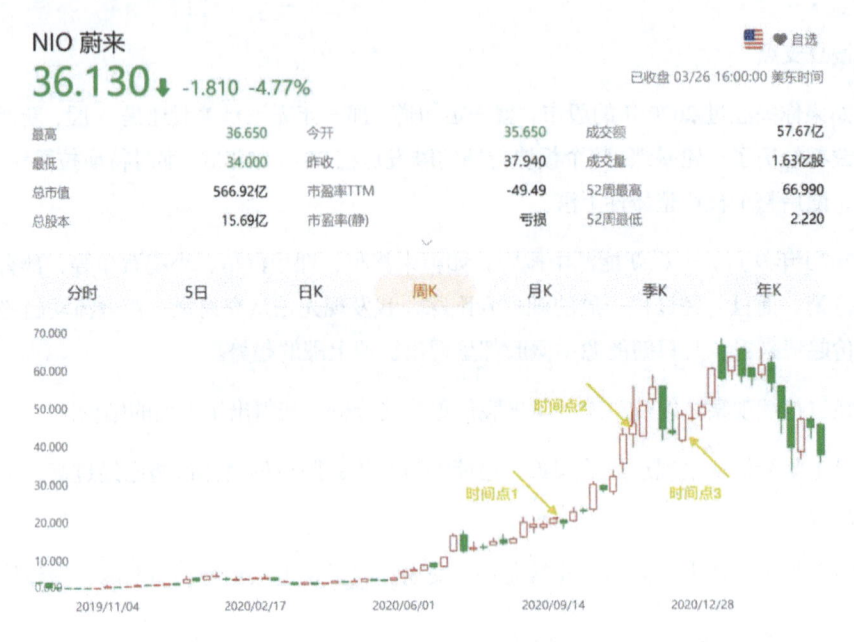

图 3-24　蔚来汽车从 2019 年年底到 2021 年年初的股价走势（原图来自新浪财经）

投资复盘

这次投资行为结束后，我也在第一时间进行了复盘。总体来讲，这波操作是非常成功的，是一次经典的赚取市场情绪价值的趋势操作。

一个很明显的感受是，我的投资心态有了很大进步。例如，我没有因为错过初期新能源行情而后悔，也没有因为希望赚取最后一个铜板而贪婪。但是，在投资过程中，我仍然有需要反思的地方，主要就是在退出时机的选择上。

有句俗话叫"让利润奔跑"，在市场陷入疯狂时，我觉得最好的方案就是跟着它继续疯，一直等到疯狂结束，出现一个明显的回撤，这时再收割所有的利润。因此，在下次进行类似操作时，我会选择在图 3-24 中的时间点 3 卖出。虽然这个点和时间点 2 的价格几乎相等，却能完整地享受市场疯狂的收益。

市场疯狂时，任何情况都有可能出现。例如，假设我在时间点 2 卖出股票之后，蔚来汽车的股价又翻了一倍呢？因此，在左侧上升期卖出有很大可能会错失利润。反思之后，我得出了这样的认知：下次做趋势操作时，还应该进行更多的试验，体会不同的卖出时机选择。

上面就是我针对投资失败和投资成功两个经典案例的复盘过程。可以看到，这整个过程是对支点选择、投资心态、投资行为的完整回顾。实战是最好的老师，只要建立了复盘的习惯，我相信每个人的投资水平都会突飞猛进。

如何建立一张投资跟踪表？

讲完了投资复盘的两个案例，我相信你已经明白建立投资闭环的重要性，但你可能会问：投资复盘到底应该怎么做？

其实，投资复盘是有一套非常切实可行的方法的，那就是建立投资跟踪表。这也是我跟李腾在管理自营基金时持续使用的方法。你不用依赖任何投资 App 或专业网站，只需要会用 Excel 表格。

简单来说，投资跟踪表就像一个漏斗，把你的投资想法一层层过滤成可投资的支点，再记录下从投资到退出的整个过程，最后针对整个过程进行复盘。

投资跟踪表主要分为"头脑风暴阶段"、"支点研究阶段"和"投资跟踪阶段"三大部分，具体形式可以参照表 3-2。下面，我将详细介绍每个阶段。

表 3-2 投资跟踪表样例

头脑风暴阶段		支点研究阶段			投资跟踪阶段				
登记日期	投资支点	投研日期	研究结论	退出信号	投资日期	支点验证	退出日期	退出逻辑	复盘
2020-9-26	蔚来、理想、特斯拉等新能源车的股票走高，可以进行一波趋势操作	2020-9-28	整个板块过热，相关股票价格过高，不适合长线投资，但短期上涨动能充足，适合短线投资	上涨动能明显减弱或小幅回撤时退出	2020-9-29	10-5、10-20、11-1分别验证走势与布林带和30日均线的关系，未出现趋势明显被打破信号	2020-11-6	蔚来盈利已达110%，股价一周内上涨46%，市场过于疯狂且无支撑点位。落袋为安	市场有可能在疯狂时再翻1倍，下次可以寻求在股价小幅下跌时再卖出，充分"拿住"利润
2021-5-15	制造业隐形冠军，外界关注度低，深入调研后可进行长期投资	×	×	×	×	×	×	×	×

第一阶段是"头脑风暴阶段"，主要负责记录你发现的任何可能的投资机会。这些机会可能是你在观察熟悉的投资标的时发现的，可能是你在跟朋友讨论时得出的，也可能

是你看了一篇文章,或者听了某位专家介绍,觉得有道理而记下的。总之,只要你有新的投资想法,都要新开一条记录,不用管这个想法靠不靠谱,因为这个阶段的目的就是积累大量的支点素材。

第二阶段是"**支点研究阶段**"。这个阶段的目的是把你非常粗糙的支点素材打磨成一个可行的投资行为。它就像一个漏斗,过滤不靠谱的或者你认为优先级不高的支点素材。

第三阶段是实际执行的"**投资跟踪阶段**",我们应该根据支点投资法,详细记录投资行为触发和退出的时间,以及触发退出的逻辑。并且,在一切都尘埃落定之后,复盘整个投资过程,把复盘的关键点记录下来,供之后进行投资时参考。

投资复盘三阶段的示意图如图 3-25 所示。

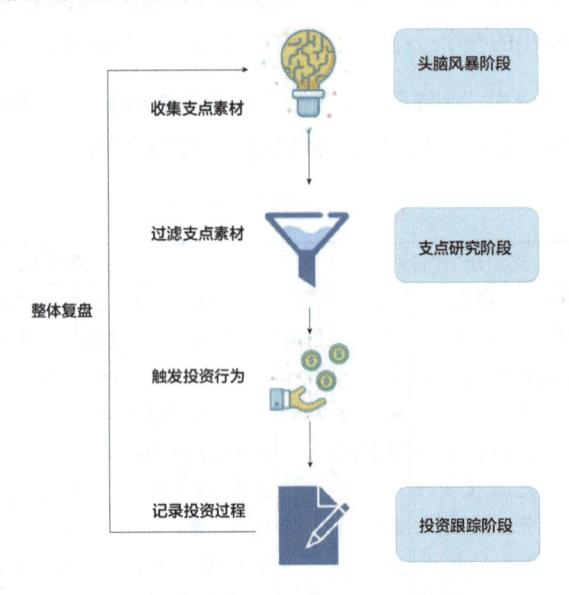

图 3-25　投资复盘三阶段

如果你真的能坚持使用投资跟踪表,那么你会发现自己正在写一本专属于自己的理财书。这本书的厉害之处在于,它是最适合你的,你对每一处细节都了如指掌,每看一条记录,当时的心态、思考、行为就会历历在目。

我相信这一定会让你受益无穷。如果你能够坚持下来,记录到第 10 条时,就能切实地感受到自己的进步;记录到第 50 条时,就会和我一样,有在财富管理赛道上"升了一级"的感觉。

小结

本节讲解了建立投资闭环的方法，分享了我做投资复盘的两个典型例子，然后详细介绍了创建投资跟踪表的方法。最后，总结本节的重点知识。

- 建立投资闭环，就是在原来的支点投资法的流程中加上复盘环节。
- 长期进行有效复盘的投资者，和从不进行复盘的投资者，在支点投资法的具体应用上有决定性的差距。
- 我的复盘结论之一：除非有极强的做空信号，否则普通投资者不要碰做空交易。
- 我的复盘结论之二：要在市场疯狂时"让利润奔跑"，选择合适的退出时机。
- 投资跟踪表分为"头脑风暴阶段""支点研究阶段""投资跟踪阶段"三大部分，坚持使用它会帮助你成为越来越专业的投资者。

最后补充一句，本节涉及的股票仅用于举例说明，不构成任何购买建议。

思考题

在讲投资跟踪表的"头脑风暴阶段"这部分时，我提到投资支点可以来自某位专家的介绍，也可以来自与同事朋友的讨论。但是，第 6 节讲纠正投资误区时，明明讲过不要盲从专家的意见。你觉得这两点是否前后矛盾？为什么？

第 19 节　技术优势：理工男如何用技术超越其他投资者

本节将深挖财富管理过程中理工男的一个独享优势——技术优势。

其实，本节之前的内容已经多次提到了这一点。第 6 节先强调了"技术优势"是普通投资者具备的三大优势之一；第 13 节我们编程模拟了整个还房贷的过程，帮助读者彻底搞清了影响房贷决策的关键因素；第 17 节分析了如何在股票投资领域运用技术优势。

其实，在财富管理过程中，理工男的技术优势还可以应用在其他方面。本节将系统地梳理这些技术优势可以用在哪些地方，看看我们该如何利用它超越其他投资者。

理工男的技术优势到底体现在哪里？

在和工程师同行的交流中，我发现了一个非常普遍的问题。他们经常说：我很清楚自己有技术优势，我会编程，会使用很多技术工具，可以让很多事情自动化执行。但是，一提到怎么把这个优势变现，我就没有思路了，到底该怎么突破这个思维瓶颈呢？

接下来，我们就重点解决这个问题。这里我先帮你分析你的技术优势到底体现在哪些具体的方向上。

第一个方向是"**高效获取信息**"。

对投资者来说，信息就是盈利的首要来源。在做出一个投资决策时，你收集到的相关信息越多，做出的投资决策就越理性，越能获得最大的收益。炒股是这样，买基金是这样，生活中所有跟财富相关的其他决策也都是这样。后面，我会用一个买房的例子，说明程序员应该如何**高效地获取信息**，以便支持我们的投资决策。

第二个方向是"**投资支点的验证**"。

在学习支点投资法时，很多读者都有这样的疑问：怎么才能找到一个靠谱的投资支点呢？其实支点的来源有很多，比如你的观察、别人的建议，或者相关的文章。但这些支点是否靠谱，不是通过它们的来源来判断的，而是需要你对这些投资支点进行验证。

这时，技术优势就体现出来了。我们完全可以利用程序高效地处理数据，去验证我们的投资支点，增加这个支点的可靠程度。

第三个方向是"**固化规则，解放人力**"。

这是什么意思呢？联系我们的日常工作，一位工程师在工作中最重要的任务就是把业务逻辑固化成代码或者规则，能够高效复用。其实在投资中也是一样的，只有把自己的观察和经验提炼成投资规则，建立自己的投资体系，才能稳定地盈利。

在这个过程中，如果能基于这些规则，建立起一个交易系统，就可以最大程度地解放你的"人力"，同时避免第 6 节提到的人类负面情绪对交易的影响。这种让程序帮你交易的系统，就是我们经常听到的程序化交易系统。

只听知识性的总结你肯定不过瘾，接下来，我就以自己的亲身经历为例，详细介绍这三个方向。

高效获取信息：通过程序收集房产信息

首先，聊一聊如何通过程序实现我们高效获取信息的优势。

这里举的例子是我买房前的信息搜集经历。2016 年，国家有比较明显的推高房地产市场价格的倾向，如降低房贷利率，银行推出利率打折政策，住房用地拍卖价格再创新高，等等。因此，当时我判断房地产市场可能会有新一轮上涨行情。

基于这个支点，我决定购买一套总价较低的投资房。当然，这个投资支点的设立并不是重点，在这里我要重点讲的，是如何利用自己的技术找到一套既合心意，价格又合理的房子。

决定买房后，首先是根据一定的条件，给自己划定一个选房的范围。第 15 节介绍过，要买房，关键问题是确定预算。我当时的总预算是 200 万元到 250 万元，这个预算范围在当时的北京基本对应着核心区域的一居室，或者远郊的两居室。

由于要买的这套是投资房，我最看重的有三点：一是**租售比**，也就是租金和售价的比值；二是**升值潜力**；三是**抗跌能力**。于是，我从最重要的因素租售比出发，继续划定选择范围。

为了找到北京租售比最高的地区，我在某中介服务网站上手动锁定了几个热门区域，如回龙观、望京、知春路等地区。选择它们的主要依据是，我认为这些地区互联网企业比较集中，从业人员的收入水平较高。

接下来就是我们理工男最擅长的事情了：利用程序搜集信息，供我们决策。我写了一个非常简单的程序，从某网站的公开页面上，定期保存了目标区域 200 万元到 250 万元这个区间内的在售房源和在租房源，然后计算出这些房源的租售比。与此同时，我实现了一个监测功能：一有新的房源上线，如果价格及租售比在我设定的区间内，就马上提醒我。

除此之外，在我关注的重点区域，我用程序分析了页面上提供的历史成交价信息，计算出了不同区域的房价涨幅和波动情况。然后，我得出了一个结论：城市核心区的房产在上涨周期的涨幅大于郊区，在下跌时的跌幅小于郊区，可以说是既保值，升值潜力又大。

最后，基于我用程序分析的结果，我选择了一套知春路附近、靠近地铁的一居室老破小。选择它的主要原因是租售比非常合理，总价也在预算范围内，和郊区房产比升值潜力大、抗风险属性强。

我写这个程序大概花了一个周末的时间，然后花了一个月不断监测结果。现在回头看，收益是非常可观的，几乎可以说，我用两天的时间创造了之后几年上百万的超额回报。在这种重大投资决策上，运用技术优势高效获取信息，投入少量的时间往往能得到惊人的回报。

当然，要提醒读者的是，利用程序获取信息，一定要确保数据集是公开的，而且不能通过出售数据牟利，否则就违法了。

验证投资支点：通过回测程序验证投资想法

第二个例子更有意思，是我通过回测程序验证自己投资想法的经历。

如果你是一位老股民，肯定经常听说一些关于投资策略的想法，如"涨停敢死队""黄金交叉""死亡交叉"，等等。这些想法肯定不是毫无根据的，但也不能直接拿来用。第 6 节就提过，对待别人的投资经验，我们要始终以拿来主义的思路看待。这些投资想法，只有你自己严格验证过，才能消化吸收，把它融进自己的投资体系中。

在这里，我们的技术优势又体现出来了！我们可以利用程序，回测和验证自己的投资想法。如果一个投资者不懂编程，那就只能做很低效的手动分析，验证的结果还不一定可靠；或者，直接做实盘验证，那风险可就大多了。基于历史数据的程序回测就很好地解决了这个问题，下面举一个完整的、通过程序回测验证投资想法的例子。

2021 年上半年，我在和同事聊天时，听他们提到一个特别简单的基于日历效应的投资策略：每个月的前 5 个交易日满仓沪深 300 指数，其他日子都空仓。他们说特别有效。

我听了表示怀疑，每个月前 5 个交易日有什么特殊性吗？怎么可能这么简单就赚钱了呢？有怀疑当然就要验证，当天晚上我就写了个程序，验证了这个投资想法。

首先，我准备了沪深 300 指数过去十多年的每日涨跌幅数据，然后判断每个交易日是不是当月的前 5 个交易日，从而确定是满仓还是空仓。之后，按仓位计算这个账户每天的涨跌幅，也就是当天的仓位乘以当天的沪深 300 指数涨跌幅。最后，按这个账户的每日涨跌幅画出净值走势图，跟沪深 300 指数走势图进行比较，结果如表 3-3 和图 3-26 所示。

表 3-3　日历效应策略指标（port_mv）与沪深 300 指数指标（hs300）的对比

资产名	成立日	年化收益率	年化波动率	夏普率	最大回撤	Calmar*
沪深 300 指数	2005-01-01	8.40%	28.20%	0.21	72.30%	0.12
日历效应策略	2005-01-01	12.40%	13.33%	0.74	29.74%	0.42

---

* Calmar 表示年化收益率与最大回撤的比值。

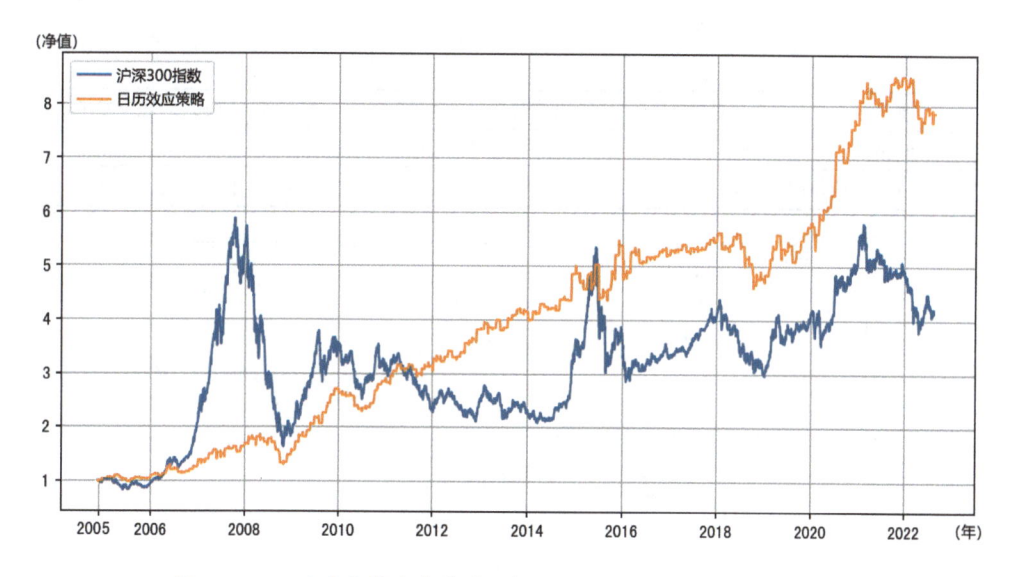

图 3-26　日历效应策略净值（红）与沪深 300 指数（蓝）的对比

验证的结果令人震惊，这么一个简单的策略居然真的管用！和沪深 300 指数相比，这个日历效应策略把最大回撤从 72.30% 降到了 29.74%，而年化收益率从 8.40% 提升到了 12.40%！更神奇的是，这个策略每个月只需要占用 5 天资金，其他时间还可以把钱存到货币基金里赚利息。如果按照货币基金 3% 的收益率，这个组合策略的保守收益率在 14% 左右。因此，这是一个最大回撤只有 29.74%，收益率却有 14% 的策略，是不是有种鱼和熊掌都吃到了的感觉？

不过这只是数据验证，难免有对历史数据的过拟合之嫌。所以，当时我就带着分析结果找李腾讨论，他看了也大吃一惊。我们一起思考：这个极简策略背后到底是什么逻辑在支撑？

经过讨论，我们觉得有两个可能的逻辑：一是国内银行每个月月底会归拢资金或者核账，导致月底钱比较紧，但下个月月初又会把钱放出来，所以一般来说，月初的资金流动性比平时好；二是大多数人每个月月底领到工资，月初就可以定投出去了。可能是因为这两个因素，形成了一个有规律的月初买入资金流。

为了巩固这个猜想，我们设计了另一个测试策略：每个月最后 5 个交易日满仓，其他日期空仓。如果我们前面猜测的两种逻辑是对的，则测试策略的结果应该比较差。

最终结果如表 3-4 和图 3-27 所示，月末的日历效应策略的年化收益率居然成了 -2.40%。这个结果是符合我们预期的，看来，月末的日历效应策略确实远远不如月初。

表 3-4 月末的日历效应策略指标（port_mv）与沪深 300 指数指标（hs300）的对比

资产名	成立日	年化收益率	年化波动率	夏普率	最大回撤	Calmar
沪深 300 指数	2005-01-01	8.40%	28.20%	0.21	72.30%	0.12
月末的日历效应策略	2005-01-01	-2.40%	14.43%	-0.34	66.10%	-0.04

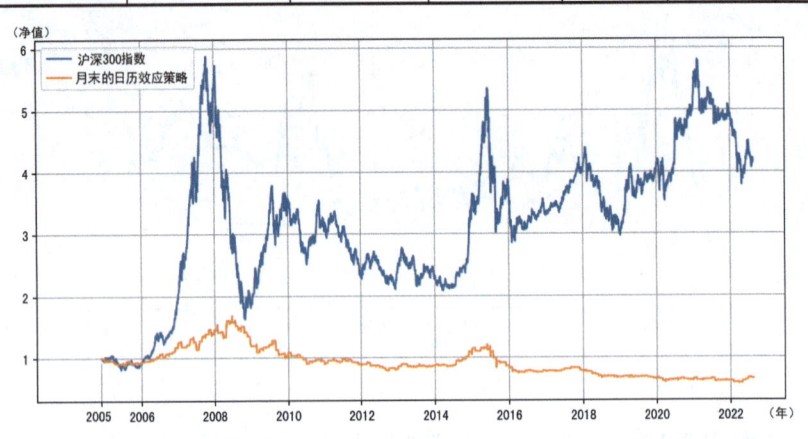

图 3-27 月末的日历效应策略净值（红）与沪深 300 指数（蓝）的对比

我们又继续测试了每月第 6 到第 10 个交易日（月中）满仓、其他日期空仓的结果，如表 3-5 和图 3-28 所示。最终收益率是 0.85%，虽然好于月末，但远远不如月初的日历效应策略。

表 3-5 月中的日历效应策略指标（port_mv）与沪深 300 指数指标（hs300）的对比

资产名	成立日	年化收益率	年化波动率	夏普率	最大回撤	Calmar
沪深 300 指数	2005-01-01	8.40%	28.20%	0.21	72.30%	0.12
月中的日历效应策略	2005-01-01	0.85%	13.47%	-0.12	44.03%	0.02

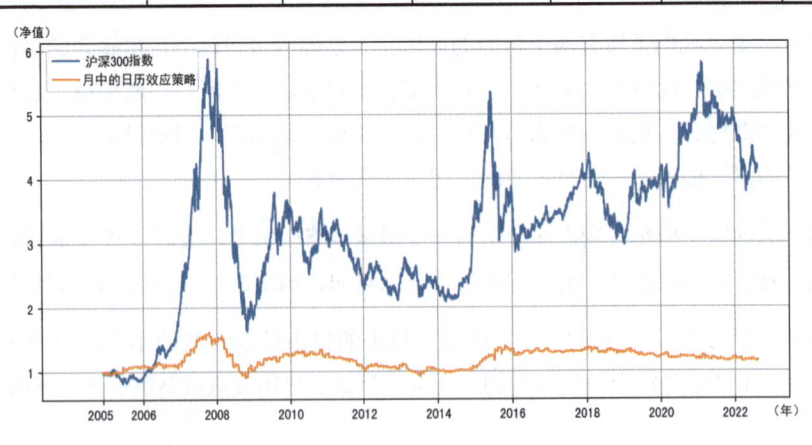

图 3-28 月中的日历效应策略净值（红）与沪深 300 指数（蓝）的对比

经过多轮验证，最终我们得出的结论是：月初日历效应策略在历史数据上的表现是最优秀的。月中和月末的策略对比试验，也符合我们对银行和普通投资者资金流月末吃紧、月初流动性增强的猜想。但对于这两点假设，确实无法通过回测完全证实。

在完全证实我们的猜想之前，这套策略还谈不上是一个非常稳固的交易策略，而且我们也没有考虑其他影响收益的因素，如交易手续费等。但是，我们至少可以得到一个行动上的指导：在我们建仓或者定投股票基金时，应该尽量选在每月初的前一到两天，避开月末，这样才更有可能拿到一个好的收益率。

固化规则：程序化交易

第三个体现技术优势的方向是"固化规则，解放人力"，最典型的例子就是程序化交易。

程序化交易指的是用程序代替人工，实现交易流程。例如，我们前面验证的日历效应策略，需要每个月的第 1 天买入，每个月的第五天卖出，长此以往，还是挺麻烦的。我们自己去实现这些操作当然也是可行的，但有句话说得好，"懒惰是程序员的美德"。我们更希望使用程序进行自动化交易，这相当于雇用了一位最认真负责的员工为我们打工，既省心又不会出错。

更何况，当策略比较复杂，或者交易频率比较高时，靠人工交易往往力不从心。这时，利用程序化交易来固化策略，可以彻底解放我们的人力，大大提高交易效率。市面上的量化交易平台已经有很多了，本书不做具体推荐，如果你想尝试这个领域，可以在网上自行搜索"量化交易平台"，做更深入的调研。

我是一个程序化交易的践行者，曾经用期货交易的交易接口 CTP 开发过一套完整的交易策略。在完成开发之后，我只需要在每天闭盘之后查看程序的运行情况就可以了。省时、省力、省心，可以让我把有限的时间投入到更有价值的事情上，这就是程序化交易最大的优势。

如果把程序化交易与策略研发和验证结合起来，就形成了一套完整的量化投资系统。我想这也是很多工程师同行非常感兴趣的领域，本书第五章会详细介绍量化投资的相关知识。

小结

到这里，我用三个例子，解释了程序员的技术优势到底体现在哪些方向。这里，我再总结一下本节的重点内容，也就是这三个例子的核心思想。

（1）理工男的技术优势是我们强于其他投资者的地方，一定要懂得利用。

（2）高效获取信息是实现技术优势的第一个方向。典型的例子是利用程序，高效获取投资决策所需的信息，帮助我们做出最全面和理性的决策。

（3）投资支点的验证是第二个方向。典型的例子是利用程序回测我们的投资想法，在实盘交易前做充分验证。

（4）实现技术优势的第三个方向是"固化规则，解放人力"。典型的例子是程序化交易，它可以最大程度地解放人力，相当于雇了一个认真负责的交易员给我们打工。

到这里，本章的全部内容就介绍完了。本章的内容比较杂，覆盖了基金、房产、股票等不同的投资种类，希望读者能在一次次的实战中体会支点投资法的运用方式和普通投资者具备的三点优势。

事实上，对一个普通投资者来说，如果能把本章的内容读进心里并不断实践，就能把自己的投资理财塔梳理得稳健扎实了。但对希望更进一步的读者，仅仅掌握基本的投资理念还稍显粗糙，从第四章开始，我们将进入投资进阶阶段，介绍几种金融投资领域主流的投资策略，并初探量化投资的框架，希望能帮助读者初步了解专业投资领域的关键知识。

番外小知识　什么是黄金交叉和死亡交叉？

黄金交叉和死亡交叉是股票技术指标分析中的术语。所谓黄金交叉，一般是指股价的短期均线从下而上穿越长期均线的现象；而死亡交叉恰恰相反，是指股价的短期均线自上而下穿越长期均线的现象，如图 3-29 和图 3-30 所示。

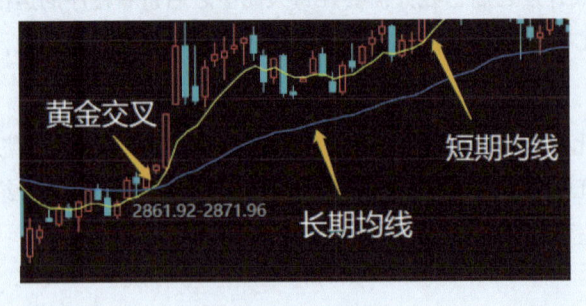

图 3-29　黄金交叉

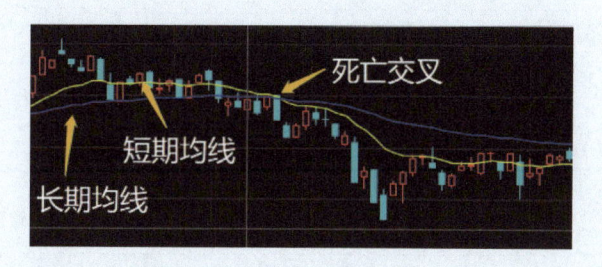

图 3-30　死亡交叉

黄金交叉和死亡交叉不仅可以用在股价的均线系统中，在一些常用的技术指标中（如 MACD、RSI、KDJ 等），也可以将指标的快线（短期均线）和慢线（长期均线）的交叉现象称作黄金交叉或死亡交叉。在股票或期货的技术分析中，黄金交叉和死亡交叉经常被当作买卖的信号，黄金交叉被看作价格的向上突破，后市看涨，是买入的信号；死亡交叉则相反，被看作卖出的信号。

但直接将黄金交叉和死亡交叉当作买入和卖出的信号是不严谨的。因为判断黄金交叉和死亡交叉的均线系统具有滞后性，在震荡行情中，均线系统可能会纠缠在一起，反复交叉，黄金交叉之后可能紧随着股价的跌落。而在趋势行情中，一波升浪的开始，往往会出现一次黄金交叉。在一个成熟的投资策略里，黄金交叉和死亡交叉往往作为重要的特征，与其他特征共同作用，产生交易信号。

第四章
进阶策略

经过学习，相信读者已经可以搭建起一套属于自己的、完整的"财富双塔"框架。但对于想在投资理财方向更进一步、追求更高的主动收益的读者，不会满足于搭建一个基础性的财富框架。他们肯定希望了解更多专业领域的投资策略，并为我所用。

从本章开始，我就带你初探专业投资领域，学习几种不仅在投资界是主流，而且适用于普通投资者的经典投资策略，帮你将投资理财塔搭建得更高，把财富飞轮转得更快。

第 20 节　价值投资：永远不过时的中长期投资策略

在进阶策略这一章的开篇，我毫不犹豫地选择了"价值投资"。因为价值投资不仅是一种反映投资最基本原则的方法，而且是最适合普通投资者进行中长期投资的策略。本节就从价值投资入手，带领读者走进高阶投资策略的大门。

什么是价值投资？

价值投资的本质很简单，就是拿你手中的财富交换更有价值的东西。只要你学过一点经济学，肯定知道商品的价值和价格两种属性，以及它们的关系。价值是商品的内在属性，而价格则是从属于价值的、由价值决定的一种货币表现形式。受货币因素、供需关系、投资者心态的影响，价格总是围绕着价值上下波动。

正是这种价格的波动性，为价值投资创造了获利空间。可以用一句话概括价值投资的具体操作：当价格低于价值的时候买入，持有投资标的同时等待价格修复，等价格高于价值的时候卖出，获取实际收益。如此往复，不断积累个人财富。

价值投资的机会为什么总会存在？

看到这里，细心的读者可能会问：大家都不傻，所有股票的买卖都是公开透明的，各种资产的定价应该都是非常及时、有效的，为什么还存在价值投资的机会呢？

这个问题的前提没有错，欧美成熟市场经过长达百年的发展，几乎不存在暗箱操作。A 股经过三十年的发展，相比于成立初期，也已经规范、成熟很多。但毫无疑问，无论是欧美市场的股市，还是 A 股，它们的波动幅度都是惊人的。

以业务已经非常成熟、发展趋势非常稳定的可口可乐公司举例。可口可乐公司最近五年的股票走势如图 4-1 所示，最大回撤达到了 36.3%。但是，作为一家成立超过一百二十年、业务已经异常稳定的老牌公司，它的内在价值显然不可能像股票价格那样波动。

图 4-1　可口可乐公司最近五年的股价走势（来自谷歌财经）

那到底是什么导致了价格的剧烈波动呢？从大的方面来说，主要有以下三个原因。

第一个原因是"人性的缺陷"。

有较多投资经验的读者肯定有这样的体会——"投资是反人性的"。人性中存在着天生的贪婪和恐惧。在市场狂热的时候，人们总是希望股价再涨一些；在市场遇冷的时候，人们总是担心会不会再创新低。遇到战争等突发事件，人们往往也会对市场产生过激反应。这样的"人性缺陷"存在于所有的投资活动中，也正因为人的这些非理性因素，导致了所有投资标的都存在价格偏离价值的时刻。如图 4-1 所示，2020 年初这个巨大的回撤，就是因新冠疫情发生造成的过激反应。但当投资者发现疫情对可乐销量的影响并不显著时，市场价格快速回升，甚至超过了疫情暴发前的水平。

第二个原因是宏观经济政策的影响。

市场经济中最有名的概念就是"看不见的手"，这只"看不见的手"就是经济规律本身，它调控着所有资产的定价。例如，疫情发生后，美联储发行了大量的美元刺激经济，这就造成市面上几乎所有投资标的的价格都走高。毫无疑问，宏观经济政策是影响商品价格、投资标的的价格的重要因素。

第三个原因是投资者自身的资金约束。

市场上的各类投资者，无论是个人投资者，还是机构投资者，他们的钱都不是完全自由的，总会在投资过程中受到这样或那样的约束。如第 6 节就提到过，机构投资者特别容易受短期业绩的影响，不得不卖出一些标的。这些来自市场之外的资金约束，就导致了当资产价格发生变动时，投资者不得不做出一些过激的、不可预期的反应，而这样过激的反应同样会造成资产价格的过度偏离。

如何判断投资标的是不是被低估了？

我们已经清楚了价值投资的定义，也知道了价值投资的机会几乎总是存在的。我想读者现在一定特别关心如何利用价值投资的机会赚钱。其实，只要我们能够判断出一个投资标的的价格是不是被低估了，就能低价买入，等到价格修复后再高价卖出获利。

当然，这件事情说起来简单，做起来并不容易。这里我先介绍一种最基本也是最常用的价值判断方法，分析具体投资标的时，你还需要结合更多的要素。

判断一个投资标的是贵还是便宜，要用到的工具就是**各种估值指标**。其中最常用的就是**市盈率**（price-to-earnings ratio，PE），它的定义是投资标的的市值与年度净利润的比值。例如，贵州茅台在 2021 年 8 月的市值是 22600 亿元，上一年年度净利润是 467 亿元，那么它的市盈率就是 22600/467=48.4。

知道了市盈率，如果没有比较，我们还是难以确定当前的估值是高估还是低估。这时**估值分位数**就是一种合适的工具。当你不知道一个投资标的的估值中枢在哪里时，你可以简单地用它近五到十年市盈率的中位数作为中枢。

还是以贵州茅台为例进行分析。图 4-2 展示了贵州茅台 2010 年到 2021 年的市盈率波动情况。我们可以清楚地看到市盈率的中位数在 28.58，那么目前的市盈率显然处在一个高估的区间。

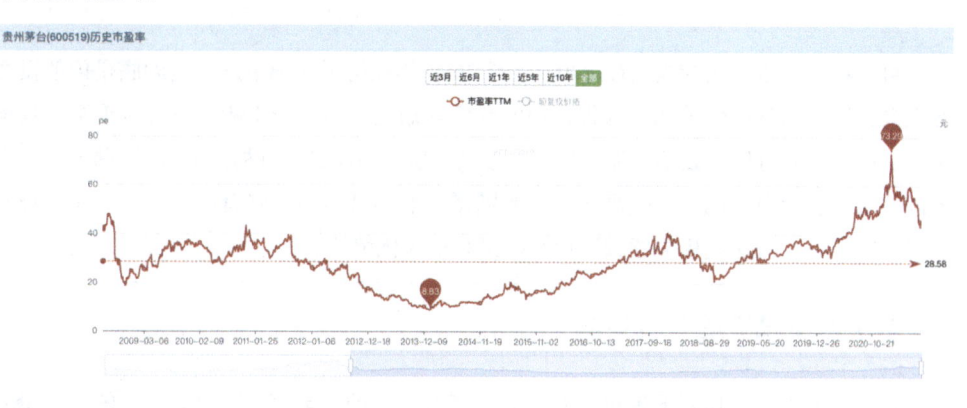

图 4-2 贵州茅台 2010 年到 2021 年的市盈率波动情况（来自亿牛网）

仔细观察图 4-2 可以发现：2012 年 7 月到 2014 年 1 月，贵州茅台的市盈率从高点下跌了超过 50%，从之前估值中位数的 24 跌到了 8.83。第 17 节提到过，我熟悉的一位个人投资者正是发现了这个价值投资的机会并坚定执行，获得了将近 10 倍的收益。他的分析是，贵州茅台那时的基本面只是受到了政策的短期冲击，长期远景并没有恶化，于是重仓贵州茅台。由于后期价值修复，他在修复后的价格稳定期逐渐抛出持股，获得了可观的收益。这显然是一个非常成功的价值投资案例。

这里我想特别说明一下：在对个股进行价值投资的操作时，一定要注意区分真假低估，以避免掉进"价值陷阱"。而这个区分的依据，就是你对这只个股基本面的判断。上面提到的投资者正是基于对贵州茅台基本面的分析进行投资的：他判断贵州茅台在 2014 年的基本面没有发生本质变化，贵州茅台的品牌影响力情况是非常坚实的，盈利情况也并没有受到较大的影响。但是股票基本面恶化、价值长期受损的情况也不断发生，这时就需要你有敏锐的觉察力并做出判断。

再举一个诺基亚的例子，它从 1994 年到 2011 年的股价走势如图 4-3 所示。

图 4-3　诺基亚从 1994 年到 2011 年的股价走势

可以看到，诺基亚的股票在 2007 年到 2008 年经历了大幅下跌，这到底是价值投资的机会，还是诺基亚价值的永久性贬值？我们都知道，随着安卓和苹果智能手机的强势崛起，诺基亚的时代一去不复返。当然，这是"事后诸葛亮"，站在当时的时间节点，你要做的就是利用自己的专业信息优势，判断诺基亚的基本面到底有没有恶化。其实身为工程师的读者，对这些相关领域进行判断是有很大优势的。

基于价值投资的投资策略

那么，基于价值投资的理论，有没有可能得到一种可重复、可自动执行的投资策略呢？这是个好的想法，我们下面就尝试一下。

这里我选择的投资标的是沪深 300 指数，它代表了中国 A 股市场最大的三百只股票的整体走势，所以其估值结果相比个股来说更稳定。下面我们就看一看，利用沪深 300 指数整体的市盈率估值分位数，通过回测，能否找到一个可行的价值投资策略。

我们要验证的策略逻辑是这样的：当沪深 300 指数的市盈率估值分位数超过 80%的时候，平仓；等分位数重新落回到 50%以下时，再恢复满仓。这个策略非常简单，可执行性也很强，如图 4-4 所示，我们来看一看它在过去十一年的表现。

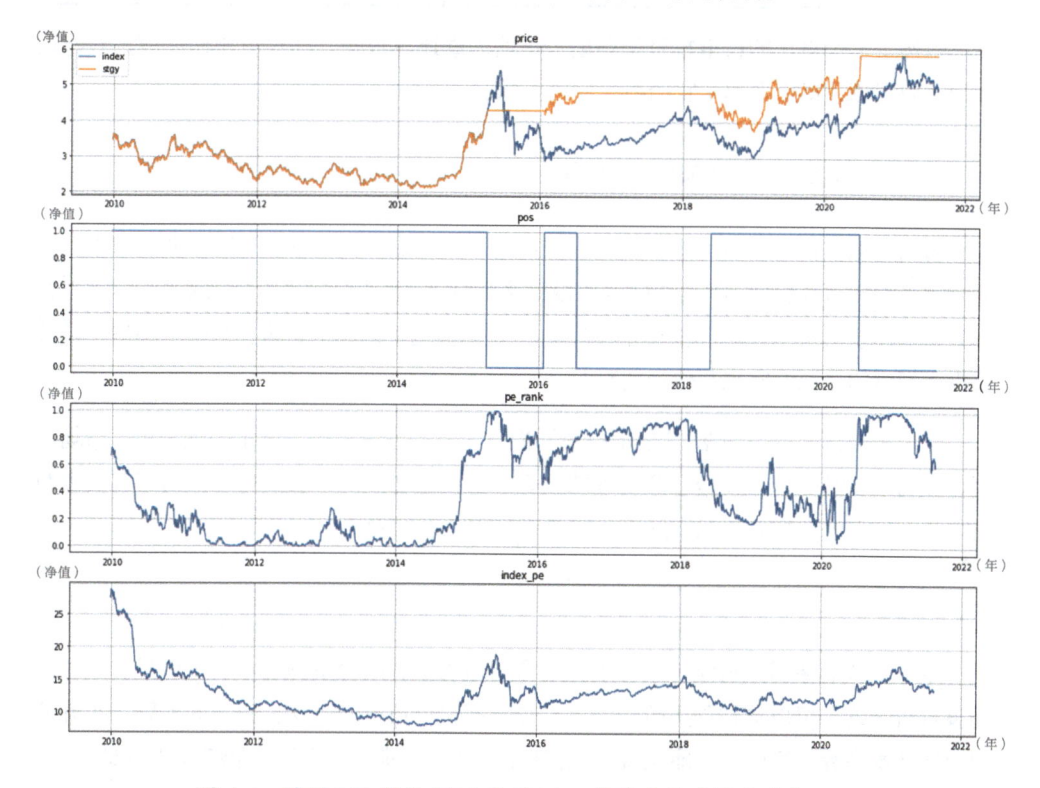

图 4-4　沪深 300 指数 2010 年到 2022 年价值投资策略的表现

图 4-4 所示的四张图中，最上面的图是沪深 300 指数的走势和我们的择时策略的净值走势的对比（其中橘黄色线是测试策略的净值走势，蓝色是沪深 300 指数的走势）；第二张是择时策略持有沪深 300 指数仓位的状态图（1 的时候是满仓，0 的时候是空仓）；第三张是沪深 300 指数当前市盈率在近五年市盈率中的分位数；最后一张是沪深 300 指数的原始市盈率走势。这里说明一下，虽然基础数据从 2005 年年初算起，但因为用到了近五年的分位数，所以回测实际从 2010 年年初算起。

从图 4-4 中的回测结果来看，回测以来，策略虽然没有避开 2010 年至 2014 年的五年长熊，但避开了 2015 年下半年的股灾和 2018 年上半年的部分熊市，也避开了 2021 年

3 月以来指数 20% 级别的回撤。如表 4-1 所示，在回测期上，我们的择时策略整体上跑赢了沪深 300 指数，且回撤降低，规避了后三次较大回撤，所以整体效果非常不错。

表 4-1　择时策略与沪深 300 指数的整体指标对比

资产名	年化收益率	年化波动率	夏普率	最大回撤
择时策略	4.7%	17.8%	0.26	42.0%
沪深 300 指数	3.1%	22.5%	0.14	47.0%

当然，一个真正的价值投资策略要考虑的因素还有很多。在实盘操作之前，我建议你亲自做回测，真正理解了它的特点后再实操。

如何借助基金经理实现价值投资？

看到这里，很多读者可能会有点畏难情绪，有人说：我既不想学这么多技术指标，平时也没时间研究股票，但我认同价值投资这个概念，想通过价值投资来赚钱，怎么办？如果认真读了第 13 节基金投资的内容，你一定知道这个问题的答案：为啥不聘请一位价值投资领域的资深专家来帮你管钱呢？

作为最流行的投资理念，"价值投资"拥有大量基金经理作为坚定的拥护者，市场上也存在着很多基于价值投资理念管理的基金。这些基金团队一般都有专门的研究员去精研个股，每个团队都会有二十到三十只自己特别熟悉的股票。

小结

本节，我们学习了最流行、也是最适合普通投资者的投资理念——价值投资。对普通投资者来说，可以这样利用价值投资：先掌握价值投资的理念，再不断实践，正确使用一些技术参数，练就一双能发现价值洼地的"火眼金睛"。下面，总结本节的要点。

- 价值投资的本质就是利用价格围绕价值波动这一特性，拿你手中的财富去交换更有价值的东西。
- 价值投资的机会总是会产生的三个原因是：人性的缺陷、宏观经济政策的影响，以及投资者自身的资金约束。
- 判断投资标的是否被低估的一般方法：使用公司的 PE、PB 等估值指标，以及估值分位数去判断。
- 对于没有时间和精力践行价值投资理念的投资者，把这个工作外包给价值投资基金经理是一个可行的方法。

本节的内容到这里就结束了。一些有丰富投资经验的读者想到自己的成功经历，可能会说：很多时候完全没必要看公司价值高低。看一只股票涨得好，走势不错，就追进去，要是控制好节奏的话也能赚钱。

没错，你说的这种投资策略，其实有个学名，叫作"趋势跟踪"。第 21 节将介绍"趋势跟踪"策略的要点。

最后需要补充一句，本节涉及的股票和基金仅用于举例说明，不构成任何购买建议。

思考题

很多读者在投资股票时热衷于抄底，觉得抄底也是一种价值投资。你认为是这样吗？什么样的抄底是价值投资，什么样的不是呢？

番外小知识 上证综指、深证综指、沪深 300 指数、中证 500 指数这些 A 股市场最常见的指数到底是什么？

中国证券市场的各类指数是由交易所或相关估值机构编制，用来直观地反映市场整体或特定细分领域的表现，具体取决于指数所涵盖的样本空间。

例如，上证综指就是由上海证券交易所编制，其样本空间是在上海证券交易所上市的所有股票中剔除 ST 的部分，用于反映在上海证券交易所上市的所有股票的表现。

深证综指则是由深圳证券交易所编制，与上证综指类似，其反映了在深圳证券交易所上市的所有股票的表现。

而沪深 300 和中证 500 这类指数是由中证指数公司编制，其样本空间覆盖了沪、深两市的上市公司，是反映沪深市场整体走势的跨市场指数。

沪深 300 指数由沪深市场中规模大、流动性好的最具代表性的三百只股票组成，而中证 500 指数的成分则是剔除沪深 300 指数成分股后的规模较大、流动性好的五百只股票。

在这些指数的计算中，一般以指数成分股市值的涨跌来反映指数价格的变化。以深证综指为例，指数基日为 1994 年 7 月 20 日，基点为 1000 点。其计算公式为

当前指数 =（当前指数成分股市值/基日指数成分股市值）×基日指数。

第 21 节　趋势跟踪：怎样跟着趋势赚钱

本节我们介绍趋势跟踪策略。

第 20 节介绍的"价值投资"策略，更关注的是标的本身价值和价格的差异，并利用这种差异盈利。而本节要讲的"趋势跟踪"策略，可以说是从另一个角度考虑投资问题，它更关注的是资产价格的走势，以及如何搭上走势的顺风车来赚钱。

看到这里，你应该感觉很熟悉，说不定还想问一句：涨了买入，跌了卖出，这不是谁都会吗？

是的，就算不知道这个名词，大部分投资者也应该用过这种投资方法。但我在这里要问你几个问题：趋势的开始和终结有哪些明显的信号？什么样的趋势跟踪方法更适合普通投资者？这些具体执行时的细节问题，往往是投资能否成功的关键。本节将介绍趋势跟踪策略的底层逻辑，以及具体实现方法。

什么是趋势跟踪策略？

用最通俗的话来解释，趋势跟踪策略就是"追涨杀跌"：当一个资产近期的价格上涨时，我们就做多这个品种；当一个资产近期的价格下跌时，我们就做空这个品种。

这里解释下"做多"和"做空"这两个概念。"做多"很好理解，指的是投资者判断投资标的有上涨趋势后，直接买入当前的资产，持有资产等待上涨，然后卖出获利。"做空"，指的是投资者判断投资标的有下跌趋势，先借入标的资产，打个借条，再用当前价格卖出。等未来投资标的价格下跌后，再用那时的价格买入标的资产，把借条销掉。你可以看到，"做多"和"做空"是一对相反的操作模式，一个先买再卖，一个先卖再买，分别通过资产的上涨和下跌来获利。

在进行趋势跟踪操作时，我们关心的不是这个资产的真实价值，而是它的价格趋势，我们要赚的就是这波趋势的钱。理想情况下，在这波趋势结束时，甚至结束前，我们就应该终止这次趋势操作。

在支点投资法中，趋势的出现与结束就是支点设立与消失的信号。读者可以回顾第 18 节介绍的投资蔚来汽车的例子，那就是一个典型的利用趋势跟踪策略进行投资的案例。

为什么趋势跟踪策略会有效？

趋势跟踪看起来很简单，却是一种重要而有效的投资策略。无论对专业投资团队，还是对普通投资者来说，它都是必须深入研究的投资方法。

那么，为什么趋势跟踪策略能让我们赚到钱呢？这个策略的底层逻辑是什么呢？简单来说，支撑趋势跟踪策略的底层逻辑有三个，分别是信息的传播过程、经济或产业固有周期的存在以及投资者情绪的推动。

第一个逻辑是**信息的传播过程**。影响一种资产价格的新信息产生之后，它的传播需要一个过程，有的是几分钟，有的是几小时，有的是几天。像比特币这种新兴的投资机会，当初甚至花了几年的时间才被大部分投资者注意到。

正因为信息的传播不是瞬间的，所以资产价格会在信息传播的整个过程中出现单边上涨（利好消息逐步扩散）或单边下跌（利空消息逐步扩散）的趋势。

当然，这个单边的走势还会受其他小级别信息的冲击，会产生一些震荡，但趋势一旦形成，是带有持续性的动量的，我们要做的就是利用这股趋势的动量搭上盈利的"顺风车"。你可能听过这样一种说法："如果家里不炒股的老人都在谈论股票，那就到清仓的时候了。"这是因为大爷大妈的信息获取能力其实是比较弱的，如果他们都得到了这个信息，就意味着这波信息传播过程快要结束了，也意味着这波趋势的动量已经不足，这时就要密切注意趋势结束的信号。

第二个逻辑是**经济或产业固有周期的存在**。投资标的所处的行业大多具有一定的周期性，这种周期结构一般是由供需力量的强弱交替变化导致的，在经济上具有一定的惯性。

以我们经常听到的房地产周期为例，一般来说，房价会有一个持续几年的上升期，再有几年的平稳下降期。再比如说猪肉的价格周期，还记得 2019 年猪肉价格连续 10 个月上涨，从 10 元/公斤涨到 36 元/公斤，而 2021 年猪肉价格又连续 5 个月下跌，从 36 元/公斤下跌到 16 元/公斤。周期性意味着这些投资标的存在中长线的上涨和下降趋势，我们就可以借用这些趋势来获利。

第三个逻辑是**投资者情绪的推动**。投资者的恐惧和兴奋情绪往往会加剧趋势的波动幅度，理性的投资者可以利用其他投资者的过激反应借势盈利。当然，在这个过程中你要时刻保持清醒，从标的上涨幅度的走势、交易量走势中验证其他投资者的情绪是否高涨，一旦发现有减弱的趋势，就应该及早结束这次投资。

上面就是造成趋势产生的三个内在逻辑。明白了支撑趋势跟踪策略的底层逻辑，就可以分析投资者最关心的问题了：如何判断趋势产生和结束的时间节点？接下来，介绍几种和趋势相关的常见技术指标。

常见的趋势指标有哪些？

我们在事后看某个投资标的的趋势线时，都能很直观地看出哪段时期呈上升趋势，哪段时期呈下跌趋势。例如，图 4-5 所示的沪深 300 指数价格走势中上涨和下跌的趋势都很明显。

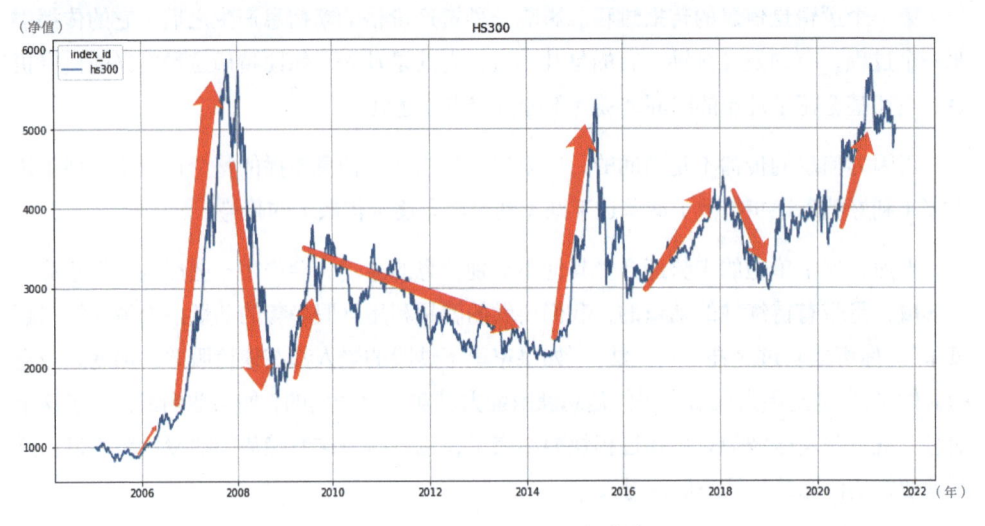

图 4-5　沪深 300 指数的趋势线

但是在实际的投资过程中，我们需要事前就发现趋势的出现和结束信号，而且这些信号最好是可量化的，不依赖个人经验。接下来，我就列出几个常用的趋势相关指标。

趋势指标 1：近期涨幅

最简单的趋势指标，就是该投资标的近一段时间的涨跌幅。例如，追踪一个投资目标，看它最近一个月的涨跌情况，上涨超过 5%就做多，下跌超过 5%就做空，涨跌在 5%以内，就空仓。这是最简单的趋势指标，但强烈依赖回测系统来确定具体的参数。由于过于简单，有一定的失效风险。

趋势指标 2：双均线系统

双均线系统指标是另一种常见的趋势指标，它指的是利用两个不同周期的价格均线之间的关系，来确定趋势的走势。短均线高于长均线，我们就认为进入上涨趋势，反之就认为进入下跌趋势。

常用的均线包括 5 日均线、10 日均线、20 日均线、60 日均线等。双均线系统一般会使用其中的两条均线，一条短均线，一条长均线。举个例子，用 10 日均线作为短均线，用 60 日均线作为长均线，然后每天观察短均线是在长均线的上方，还是下方。如果短均线在长均线上方，就说明趋势仍然在上涨过程中，发出做多信号，否则就发出做空信号。

趋势指标 3：布林带

第三个常用的趋势指标叫"布林带"，它是一个经典的交易通道突破类指标。布林带的计算要稍微复杂一些，下面我来详细讲解。

首先，我们根据投资标的最近 20 个交易日收盘价的均值和标准差，确定价格的上轨和下轨。具体来讲，上轨是均价加上两倍标准差，下轨则是均价减去两倍标准差，上下轨之间的价格区域被称为价格通道。然后观察价格的变化，当最新价格在上下轨之间变动时，认为是正常波动；当价格突破上下轨时，认为趋势出现。

举个例子，图 4-6 是 2015 年股灾发生前后的布林带趋势图。图中的 asset 就是标的资产沪深 300 指数的价格曲线，MA 是均线，up 和 down 分别是按上文提到的方式计算的上下轨。用红色箭头标出了布林带发出看涨（向上箭头）和看跌（向下箭头）信号的位置。结合发出信号后的实际价格走势可以看出，基于布林带的趋势预测在这段时间的准确率是非常高的。

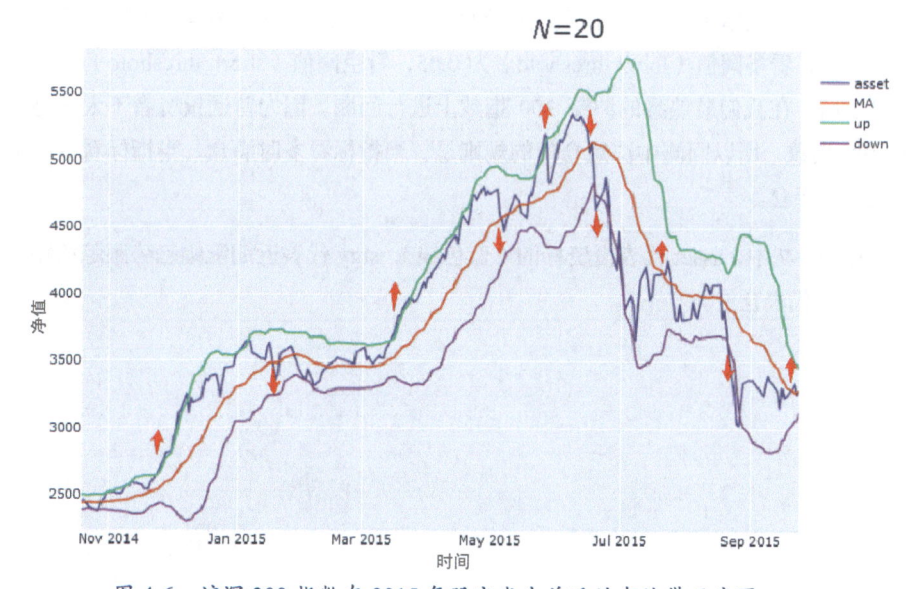

图 4-6　沪深 300 指数在 2015 年股灾发生前后的布林带示意图

具体操作时，当价格曲线上穿上轨时，说明上涨趋势建立，需要做多；当价格曲线下穿下轨时，说明下跌趋势建立，可以做空；当最新价格重新回到 20 日均线时，说明上涨或下跌的趋势结束，这时平仓。

到这里，我们就掌握了三个判断趋势的工具的使用方法，那它们到底好不好用呢？接下来，用一些回测试验来验证。

常见的趋势指标的回测结果

首先，对你依赖的交易信号进行历史回测是投资中最重要的环节，没有之一。历史回测相当于对一种投资想法进行高强度的验证。通过分析回测结果，我们就可以在使用这些交易信号进行实盘投资之前，对它们各自的投资效果和细微差异有客观的了解，达到"去伪存真"的目的。

在做回测时，最重要的注意事项就是避免引入未来数据。换句话说，就是在每一个历史时点上生成当时的交易信号时，一定要屏蔽那个时点之后的数据。因为一旦引入了未来数据，你的回测效果就会异常的好，但这种利用了未来数据的交易信号在实盘交易中是不可用的，因为用到的"未来数据"在计算时点还没获得。

下面，我就给出前面介绍的三种趋势指标的回测结果。

近期涨幅的回测结果

在近期涨幅指标中，我们选取的参数是：回看天数 N=20，根据回看期上的涨幅决定交易方向，看多阈值（long_threshold）为 0.05，看空阈值（short_threshold）为-0.05。选取参数后，在我们最熟悉的沪深 300 指数上进行回测。因为普通投资者不太容易做空沪深 300 指数，所以回测中决定仓位的规则是：当指标看多时满仓，当指标看空时空仓，其他时间半仓。

在图 4-7 中，asset 代表投资标的（蓝色线），stgy 代表近期涨幅趋势跟踪策略（橙色线），pos 代表仓位。

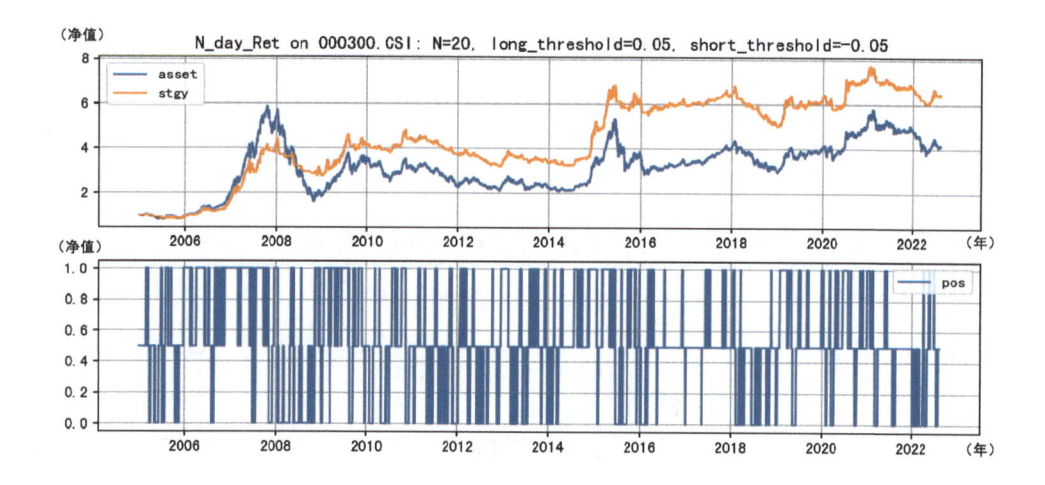

图 4-7 近期涨幅趋势跟踪策略的净值与沪深 300 指数的对比

从表 4-2 中可以看出，用简单的近 20 个交易日的涨幅来做趋势跟踪策略，就能显著改善对沪深 300 指数的投资效果：年化收益率升高了 2.75%，而年化波动率从 28.20%降到 17.32%，最大回撤从 72.30%降到 37.27%。

表 4-2 近期涨幅趋势跟踪策略指标与沪深 300 指数指标的比对

资产名	成立日	年化收益率	年化波动率	夏普率	最大回撤	Calmar
沪深 300 指数	2005-01-01	8.40%	28.20%	0.21	72.30%	0.12
近期涨幅趋势跟踪策略	2005-01-01	11.15%	17.32%	0.50	37.27%	0.30

从细节上看，基于近期涨幅的趋势跟踪策略最大的好处在于避开了 2008 年和 2015 年下半年这两次 A 股历史上最大的暴跌，但在 2019 年和 2020 年两年牛市上的效果是比保持满仓沪深 300 指数弱的，这也是为了避开暴跌必然要付出的代价。同时，可以从蓝色的仓位变动图看出，仓位调整是相对频繁的，平均每个月都要调整一到两次，在执行过程中会占用个人时间，这是另一个代价。

双均线系统的回测结果

如图 4-8 所示，我们选取的参数是：短均线回看天数 N1=10，长均线回看天数 N2=60，根据短均线与长均线的比值决定交易方向，看多阈值为 1.05，看空阈值为 0.95。

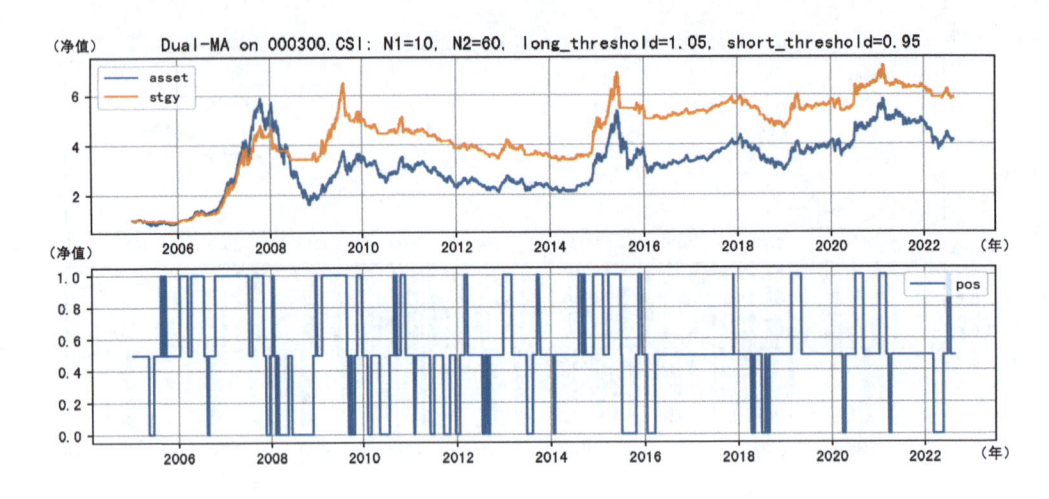

图 4-8　双均线趋势跟踪策略的净值与沪深 300 指数的对比

选取参数后，我们在沪深 300 指数上进行回测，决定仓位的规则不变：当指标看多时满仓，当指标看空时空仓，其他时间半仓。

从表 4-3 所示的结果可以看出，双均线系统在上述参数设置下的效果要弱于前面介绍的近期涨幅指标。例如，双均线策略仅避开了 2009 年下半年和 2015 年下半年这两次回撤，其他时间基本跟随指数波动，但就是这两次回撤的规避，仍然显著改善了对沪深 300 指数的长期投资效果。它的好处在于，仓位调整的频率比基于近期涨幅的趋势跟踪策略的低很多，大致平均每两个月才调整一次，个人投资者可以比较轻松地实施。

表 4-3　双均线趋势跟踪策略指标与沪深 300 指数指标的对比

资产名	成立日	年化收益率	年化波动率	夏普率	最大回撤	Calmar
沪深 300 指数	2005-01-01	8.40%	28.20%	0.21	72.30%	0.12
双均线系统趋势跟踪策略	2005-01-01	10.53%	18.00%	0.45	48.05%	0.22

布林带的回测结果

如图 4-9 所示，选取的参数是回看天数 N=20，同样在沪深 300 指数上进行回测，决定仓位的规则不变：当指标看多时满仓，当指标看空时空仓，其他时间半仓。

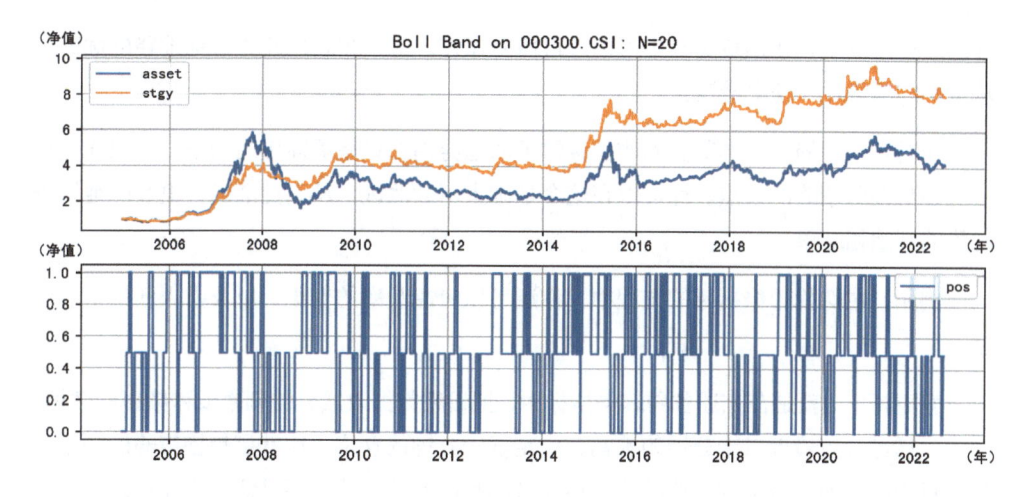

图 4-9 布林带趋势跟踪策略的净值与沪深 300 指数的对比

从表 4-4 中可以看出，基于上面的参数选择，布林带的回测效果是三种趋势跟踪策略指标中最好的，它的策略净值走势线也最好看。最大回撤被控制在沪深 300 指数的一半以内，而年化收益率甚至高于沪深 300 指数，夏普率也接近翻倍，唯一的缺陷是调仓频率有点高，平均每个月一次左右。

表 4-4 布林带趋势跟踪策略指数与沪深 300 指数指标的对比

资产名	成立日	年化收益率	年化波动率	夏普率	最大回撤	Calmar
沪深 300 指数	2005-01-01	8.40%	28.20%	0.21	72.30%	0.12
布林带趋势跟踪策略	2005-01-01	12.49%	17.22%	0.58	35.18%	0.36

我将这三种趋势跟踪策略的结果总结在了表 4-5 中，便于读者更直观地对比它们的优缺点。

表 4-5 三种趋势跟踪策略的回测结果

策　　略	年化收益率	年化波动率	最大回撤	交易频率
沪深 300 指数	8.40%	28.20%	72.30%	0
近期涨幅趋势跟踪	11.15%	17.32%	37.27%	1~2 次/月
双均线系统趋势跟踪	10.53%	18.00%	48.05%	1 次/2 个月
布林带趋势跟踪	12.49%	17.22%	35.18%	1 次/月

从对比结果中可以看出，不管选用哪种趋势跟踪策略，相比沪深 300 指数，都提升了年化收益率，并显著降低了最大回撤和年化波动率，对投资收益稳定性的提升是非常显著的。

我们也可以将上面的趋势跟踪策略应用在其他的指数、个股或者期货上，方法是一样的。举个例子，在期货交易中可以进行做空操作，进一步利用趋势跟踪策略的优势，从价格的趋势性下跌中赚钱。

还需要说明的是，本节提到的三种常见的趋势指标只是最简单的例子，可以作为你研究趋势跟踪策略的起点。你可以在这个基础上不断改进，从而更准确、更及时地识别趋势的开始和结束。

例如，在迭代趋势指标的过程中，你还可以考虑频率的变更，以及引入新的信息维度。

变更频率，就是在上述各种趋势指标中，把日频数据改成分钟频率或秒频率的数据。例如，通过分析最近二十分钟的涨幅，决定下一分钟的仓位，这就是趋势策略的频率变更。对于不同的投资标的，使趋势策略有效的频率是不同的，而且情况也在动态变化，需要结合实际情况变更频率。

引入新的信息维度，指的是除了使用价格数据，还可以使用成交量或持仓量数据，或使用跟这个品种有关的其他信息。举个例子，如果你交易的是商品期货，如螺纹钢期货，那你就可以用螺纹钢的现货价格配合生成一些识别趋势的信号。如果这些改进能让你对趋势起止的识别更快、更准，就能改进你的策略表现。

执行趋势跟踪策略时，有哪些需要注意的地方？

说到这里，我还想和你分享三个关于趋势跟踪策略的要点。这些要点是我长期运用趋势跟踪策略后总结出的经验，希望你能从中有所收获。

第一，典型的趋势跟踪策略的特点是：胜率比较低，但胜率幅度比较大。

通俗地讲，就是"半年不开张，开张吃半年"。例如，在交易螺纹钢的趋势跟踪策略中，趋势跟踪策略会频繁建仓，试图抓住上涨的趋势。但大多数情况下，这些上涨的趋势都是假象，于是趋势跟踪策略基于后续的验证会尽快平仓，产生小幅亏损。但一旦抓住一次上涨的大趋势，就可以抹平甚至超过之前的总亏损。这样的特点存在于各类投资标的上。

第二，要多通过回测确定趋势跟踪策略的敏感程度。

任何投资标的的价格在不同周期上的趋势都不是"一路上涨"的，都会有一些中途的震荡。过于敏感的趋势跟踪策略，容易被小级别的震荡"荡"出去，从而错过整体趋势的收益；过于迟钝的趋势跟踪策略，又容易在趋势跟踪策略拐头时过晚退出，增大损失。

所以，要开发一个趋势跟踪策略，主要的难点在于把握识别趋势起止的敏感度。如果想做到既提高敏感度，又降低误判率，就必须增加输入信息的维度，提高分类的准确性。由于不同投资标的的特点不同，我们只能通过大量的回测和实盘去调整和确定策略敏感度。

第三，建议普通投资者重点关注中长线趋势跟踪策略。

长线趋势具有长期的生命力和较大的容量，是趋势跟踪策略的主流，而且各行业的经济周期都是中长线的，更容易追踪到周期性的大趋势。相对来说，有大量专业投资团队参与的短线趋势跟踪策略的赛道比较拥挤，竞争比较激烈，本质上是一种比拼人才、研发能力，甚至硬件资源的"军备"竞赛。因此，我建议普通投资者慎入"高度内卷"的短线趋势跟踪策略赛道，重点关注中长线趋势跟踪策略。

小结

本节，详细介绍了趋势跟踪策略，讲解了支撑它的底层逻辑和具体实现方法。下面，总结本节的要点，供你回顾。

（1）对趋势跟踪策略最通俗的解释是"追涨杀跌"。

（2）支撑趋势跟踪策略的底层逻辑有三个：所有信息都有一个传播过程；经济和各行业都有固有周期；投资者情绪助推交易趋势。

（3）好的趋势跟踪策略的开仓和平仓时点应该符合你对趋势的判断，近期涨幅是最基本的趋势指标。

执行趋势跟踪策略的要点有以下三个。

（1）趋势跟踪策略的特点是胜率低但胜幅大。

（2）要通过回测，确定趋势跟踪策略的敏感程度。

（3）普通投资者应重点关注中长线趋势跟踪策略。

本节介绍的趋势跟踪策略是教你赚取一波趋势的钱。但是你可能还有问题：市场上的投资标的那么多，各种趋势一定是此起彼伏的，有没有办法让趋势连续起来呢？其实是有的，第22节将介绍跟多个投资标的相关的策略——轮动策略。

思考题

如果你是一位互联网从业者，平时工作比较忙，几乎没有时间看盘交易，那么你认为价值投资和趋势交易这两种策略哪个更适合你？

番外小知识　做空到底是一种什么样的操作？

在股票投资中，做多和做空是两个最常见的投资术语，分别对应着买入和卖出操作。对于熟悉 A 股市场的朋友，做多是最常见的操作，当我们认为一只股票的价格会在未来一段时间内上涨时，可以买入股票等待其上涨并从中获利。而做空则恰好相反，当我们认为一只股票的价格会下跌时，可以选择卖出该股票，并在股价下跌中获利。

值得注意的是，虽然做多和做空对应着买入和卖出，但是卖出并不一定意味着做空。举个例子，如果我们以 600 美元的成本持有某只股票，当股票价格上涨到 800 美元时我们选择获利止盈，将这些股票卖出，此时我们的卖出行为并不是做空，而是对冲掉我们持有的股票多头部分；另一种情况，如果股价为 800 美元，我们预测股价会在未来下跌，但是手头并没有股票，可以选择从别人那里借来一定数量的股票在市场上以 800 美元的价格卖出，并承诺在未来归还相同数量的股票给出借者，当股价下跌到 600 美元时，我们就以 600 美元的价格买入相同数量的股票还给出借人，这样就可以赚取每股 200 美元的差价。当然，如果股价涨到 1000 美元，意味着需要以更高的成本买回这些股票，此时就面临亏损。

不仅在股票市场，期货市场也经常使用做空操作，它的原理和股票市场的一样，也是通过先借别人的期权卖出，未来再还同样数量的期权来获利。

第 22 节　轮动策略：如何踩准市场变换的节奏

本节介绍另一个重要的投资策略——轮动策略。

第 21 节介绍了趋势跟踪策略，它主要是根据一个资产标的的近期走势，做出做多或做空的决定。因此，它比较的是同一投资标的自身不同时期的价格，是一种纵向对比的策略。而本节将要介绍的轮动策略，则是通过比较不同资产标的的相对性价比，做出投资决策，是一种横向对比的策略。

这已经是我们讲的第三种投资策略了，虽然不同投资策略的目的相同，都是在投资中盈利，但它们背后的投资思想却千差万别。下面我们就来介绍这些问题：轮动策略是从哪个角度来理解投资这件事情的呢？我们应该如何设计一个可执行的轮动策略呢？

轮动策略和趋势跟踪策略的对比

前面提到过，轮动策略是进行横向对比，趋势跟踪策略是进行纵向对比。这么说可能还是太笼统了，那么这两种投资策略的具体区别在哪里呢？

举一个简单的例子，就可以看出这两种策略的差异了：假设资产 A 近期持续下跌，如果是经典的趋势策略，一定是做空的。但是，如果资产 A 是同类资产里跌得最少的，那么轮动策略就有可能做多这个资产。也就是说，和资产 A 本身的价格变动趋势比起来，轮动策略更关注的是资产 A 在同类资产中的相对表现。这是两种投资策略的区别。

在趋势跟踪策略里，对每一个投资标的，我们都单独训练一个模型。而在轮动策略里，我们把不同投资标的的数据混在一起，作为样本，训练一个统一的横截面模型。趋势策略里的预测模型更关注标的资产未来的绝对收益；轮动策略里的横截面预测模型，则更关注不同标的之间的相对好坏。

一般而言，趋势跟踪策略更适合底层具体标的的交易操作，而轮动策略更适合顶层配置。例如，在多品种、多周期的复合趋势跟踪策略中，**交易每个品种的策略常用到时间序列模型；将顶层资金动态地分配给各个品种，常用轮动策略。**

在支撑策略的底层逻辑上，二者也存在着根本性的不同。第 21 节提到，支撑趋势跟踪策略的底层逻辑有三个，分别是信息的传播过程，经济或产业周期的存在，以及投资者情绪的推动。而支撑轮动策略的底层逻辑，主要是市场上的资金在不同板块、不同风格或不同策略之间切换时的时间差。

市场资金切换赛道需要一个过程，轮动策略就是要预判或识别这个切换过程的发生，并在切换之前，或切换过程的早期，将自己的资金布局到市场资金将要流入的地方。走在市场的前头，自然就能赚到超额收益，这就是轮动策略赚钱的原理。

这时你可能会说：道理我懂，可怎么才能做到预判切换过程，及时进行资金布局，走在市场的前头呢？这是个好问题，也正是本节要帮你解决的轮动策略的难点。下面，先介绍具体的轮动策略有哪些，再看看轮动策略的详细执行方法。

有哪些常见的轮动策略？

市场上常见的轮动策略有很多，如股票和债券资产之间的股债轮动，全球各国股市之间的全球轮动，股市内的行业轮动、风格轮动和主题轮动，等等。这些轮动策略，由模型或者人工判断来驱动，总是超配当前相对看好的资产，低配当前相对看跌的资产。如果模型或者人工的判断是对的，那么轮动策略就能增加你的投资收益，或者在保持收益的条件下减少回撤。

下面，分别介绍五种常见的轮动策略。

股债轮动

首先介绍的是股债轮动。因为股票和债券是市场上最重要的两块资产，而且股票和债券的相关性不高，所以股债轮动是一种经常用来解决大类资产配置问题的轮动策略。

股债轮动最经典的方法，是比较股票指数的盈利收益率与国债的到期收益率，哪边高投哪边，或者偏配哪边。其中，股票指数的盈利收益率，其实就是股票指数整体市盈率的倒数，也就是指数成分股背后所有上市公司的年盈利总和除以市值总和。

从经济逻辑上来说，这种方式是非常合理的。我们持有股票，就是为了获得背后上市公司的盈利现金流；持有国债，就是要获取国债持有到期的各期票息和到期本金现金流。到底该持有哪边，应该看哪边的现金流的年化收益更高。这种方法整体比较了两种现金流收益率的高低。

此外，还有许多支撑股债轮动的模型或方法。有的人喜欢观察资金的动量效应，（例如，根据新发行股票基金的募集规模）判断资金是否在持续流入股市；有的人喜欢根据宏观背景（例如，根据央行的公开表述）判断未来是加息环境还是降息环境；还有的人喜欢根据通胀和 GDP 增速判断大的经济周期，做出轮动决定。

风格轮动

第二种轮动策略是风格轮动。顾名思义，风格轮动一般是指在股票投资中对不同风格股票的轮动投资策略。

具体来说，投资者喜欢把股票分成不同的风格类别，最常见的风格划分方式有两种，第一种是大盘股和小盘股，第二种是价值股和成长股。其中，大小盘轮动是个人投资者最常考虑的风格轮动策略，简单实用，也不占用过多的交易精力。而在大小盘轮动中，最经典的就是二八轮动策略，下面详细介绍它。

二八轮动，指的是市值最大的前 20% 数量的大盘股和剩下数目占 80% 的中小盘股之间的轮动。经典的二八轮动策略的主要驱动逻辑是动量。动量就是资产近期涨幅的横向排名，它与趋势很像，但多了一层横向比较：看谁过去涨得多或跌得少，就买谁。

二八轮动假设市场资金的流动是有惯性的：当近期大盘股涨得多时，资金大概率还会持续地向大盘股流入；直到这个趋势难以持续下去时，资金又会向小盘股流动，而且这个趋势一旦开始，就会一直往小盘股流入。

当然，市场上除了动量驱动的大小盘轮动策略，还有一些其他维度的轮动模型，如利率模型、基本面模型、估值分位数模型等。具体采用哪种模型，需要根据自己熟悉的领域和能掌握的程度决定。

行业轮动

行业轮动指的是在不同行业之间进行轮动的策略。和风格轮动一样，驱动行业轮动的模型也可以是动量模型，也就是看哪个行业指数近期涨幅相对较高。除此之外，行业轮动策略还可以基于不同行业的景气周期调整投资策略。比如房地产周期模型就是根据房地产行业，以及相关行业的周期规律进行轮动的模型。具体来说，在房地产新开工的上升阶段，应该超配钢铁、有色，以及建筑和建材行业；而在房地产竣工阶段，则应该轮动到一些家电轻工行业。

主题轮动

还有一种很有趣的轮动策略，叫作主题轮动，可以把它理解为一种由模型或流程支撑的、系统化的主题追踪策略。

这里举个我熟悉的例子。大约十年前，我曾经听说过这样一件事：当时一家业绩出色的主动股票型私募，宣称自己就是做主题轮动策略的。这家公司的基金经理每天晚上七点到七点半，准时收看《新闻联播》，然后做两个小时的冥想，根据了解到的新闻，判断市场下个阶段可能被追逐的几个热点主题。针对这些主题，他们早就安排研究员提前准备好了"一篮子"最相关的股票。于是，第二天这位基金经理就可以根据判断，配置最新热点的股票组合。

当然，我并不是说这家私募宣称的决策流程一定是真实的，也并不是推荐你采用这种方式。但是，这种方式确实有逻辑上的合理性，体现出主题轮动策略的大致原理。如果你确实想进行主题轮动操作，就需要通过某种方式，建立自己对这个世界变化情况的快速认知，并把它用投资组合准确地表达出来。

全球轮动

最后，我想简单介绍全球轮动，它的意思是在全世界各个国家的股票指数之间进行轮动操作，背后的逻辑主要是考虑各个国家的经济发展水平，或者在全球分工中的定位。

例如，一个国家是发达市场还是新兴市场，在全球分工中的定位是原材料提供国、劳动力输出国，还是先进科技和资本的输出国。

全球轮动策略的容量非常大，但它的门槛比较高，因此主要是一些资金雄厚的宏观对冲基金，或者有国际配置经验的大型金融机构采用这个策略。

到这里，我介绍了五种常见的轮动策略。其中，普通投资者常用的是股债轮动、风格轮动和行业轮动。这几种轮动策略和驱动它们的常用模型或方法，以及它们的使用场景如表 4-6 所示，希望可以帮助你做出适合自己的选择。

表 4-6 几种常用的轮动策略

轮动策略	常用模型或方法	使用场景
股债轮动	• 比预期收益：股票指数盈利收益率 VS 国债到期收益率 • 动量效应 • 利率周期：加息或降息 • 宏观周期：如美林时钟	决定股票仓位
风格轮动之大小盘轮动	• 动量效应 • 估值分位数 • 基本面模型	决定配大盘股、中盘股，还是小盘股
行业轮动	• 动量效应 • 行业景气度 • 估值分位数	决定配哪些行业

轮动策略的回测实例

讲这里，读者已经理解了轮动策略是怎么赚钱的，也了解了几种常见的轮动策略。接下来，介绍怎么运用它们进行投资。

运用轮动策略进行投资，首先要想清楚投资的逻辑，并在执行前先做回测。回测的重要性，第 21 节已经强调过。下面，我就以个人投资者最常用的二八轮动为例，讲述它详细的执行过程，以及回测结果。

二八轮动（总是满仓版本）

首先，我们来看总是满仓的版本。

我们以沪深 300 指数和中证 500 指数为交易标的，其中沪深 300 指数代表大盘股，中证 500 指数代表中小盘股。每天回看这两个指数最近 20 个交易日的涨幅，当沪深 300

指数的区间涨幅大于中证 500 指数时，持有沪深 300 指数；当中证 500 指数的区间涨幅大于沪深 300 指数时，持有中证 500 指数。

图 4-10 由两张子图组成。第一张子图展示了两个交易标的和二八轮动策略各自的净值曲线，绿色线、黄色线和蓝色线分别代表二八轮动策略、中证 500（csi500）指数和沪深 300（hs300）指数。第二张子图展示了每天持有的是哪个标的，蓝色是沪深 300 指数，黄色是中证 500 指数。

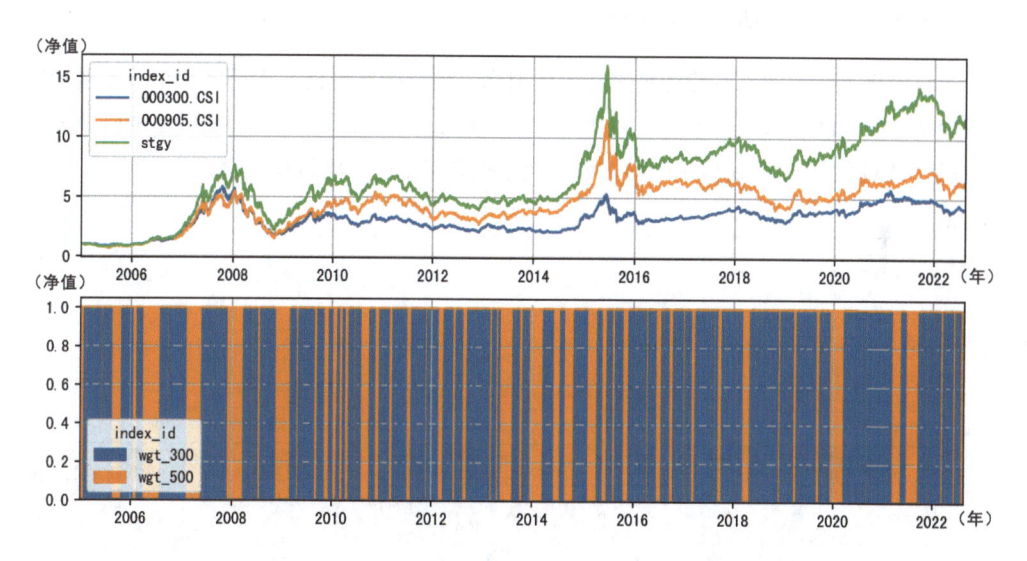

图 4-10　二八轮动策略（总是满仓版本）的回测结果

从表 4-7 所示的结果可以看出，二八轮动策略在过去十七年半的表现都非常优异。从收益角度看，策略的年化收益率达到了 14.90%，远高于沪深 300 指数和中证 500 指数的年化收益率（分别为 8.40% 和 11.09%），长期复利累积下来的财富效应，是沪深 300 指数和中证 500 指数均值的两倍左右（见第一张子图三条曲线最右端的高度）。

表4-7　二八轮动策略（总是满仓版本）的业绩指标表

资产名	成立日	年化收益率	年化波动率	夏普率	最大回撤	Calmar
沪深 300 指数	2005-01-01	8.40%	28.20%	0.21	72.30%	0.12
中证 500 指数	2005-01-01	11.09%	32.22%	0.27	72.42%	0.15
二八轮动策略（总是满仓版本）	2005-01-01	14.90%	30.39%	0.41	71.76%	0.21

从风险角度看，策略并没有显著增加波动率，甚至还小幅降低了最大回撤。这说明轮动策略在保持波动和回撤水平的前提下，显著地增强了收益，这些信息提示策略有效。

从换手率角度看，策略大体上每两个月轮动一次，频率可以接受。如果你观察得更细致，看看策略有效性在时间轴上的分布，会发现策略在 2020 至 2021 这两年区间上特别有效，在此期间，沪深 300 指数和中证 500 指数基本是震荡微升走势，而策略是显著上涨趋势。

二八轮动（可以空仓版本）

下面介绍二八轮动可以空仓的版本。

总是满仓版本的二八轮动虽然性价比很高，但回撤水平仍然不是普通个人投资者能接受的，所以我又做了一个可以空仓的版本，如图 4-11 所示。它与前面版本的唯一差异就是，当回看 20 个交易日涨幅时，如果两个指数均下跌，就选择空仓。

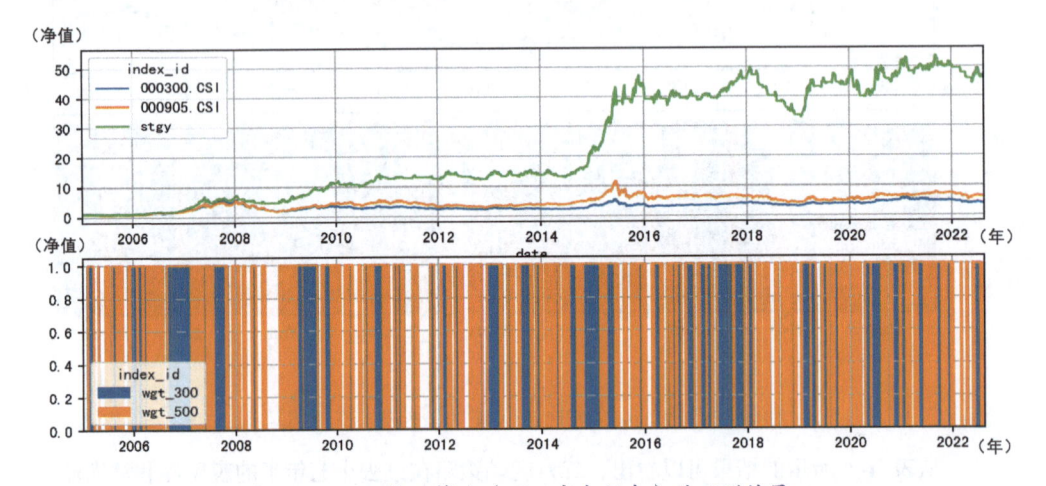

图 4-11　二八轮动策略（可以空仓版本）的回测结果

表 4-8　二八轮动策略（可以空仓版本）的业绩指标表

资产名	成立日	年化收益率	年化波动率	夏普率	最大回撤	Calmar
沪深 300 指数	2005-01-01	8.40%	28.20%	0.21	72.30%	0.12
中证 500 指数	2005-01-01	11.09%	32.22%	0.27	72.42%	0.15
二八轮动策略（可以空仓版本）	2005-01-01	24.39%	22.67%	0.97	36.00%	0.68

从回测结果可以看出，策略年化收益率进一步提高到了 24.39%，而最大回撤降到了 36.00%，整体效果显著提升。

看时段的话，策略明显抓住了 2007 年的牛市、2009 年上半年的牛市和 2015 年上半年的牛市，也躲过了 2015 年下半年的股灾。美中不足的是，因为策略会空仓，所以在 2019

年到 2020 年的慢牛行情中，策略收获不多，这也是降低最大回撤的合理代价。可以看出，在不同时段，两个版本各有利弊，你可以根据自己的偏好选择合适的策略版本。

轮动策略的交易执行

前面我介绍过，轮动策略主要用于顶层配置，它的交易标的通常是一些资产类别指数。如果直接交易，则需要买卖一篮子指数成分股，非常烦琐，所以我们一般会通过交易基金来"复制"资产类别指数的收益。

如果想做股债轮动，则股票部分可以使用宽基股票基金；如果想做风格轮动，则可以使用大盘股基金和小盘股基金；如果想做行业轮动，则可以使用各种行业基金。市场上以轮动策略为核心的基金产品种类非常丰富，能满足你绝大多数的需要。

这些工具型基金，可以根据对资产类别指数的跟踪误差水平分成三类。按跟踪误差水平由低到高排列，分别是被动指数型基金、指数增强型基金和主动型基金。举个例子，如果你要配置医药行业，那么有医药行业的被动指数型基金，也有医药行业的指数增强型基金，还有医药行业的主题型基金，也就是主动型基金。

那么，如何在这三类基金工具中做出选择呢？如表 4-9 所示，我选择的基本原则是：你的计划持有期越短，就越应该选择跟踪误差小的基金工具，这样大概率能够跟上相应资产类别指数的短期涨幅；你的计划持有期越长，就越应该选择跟踪误差大的基金工具，这类基金工具还有可能产生一定的超额收益；如果你拿不定主意，就默认选指数增强型基金，因为多数情况下，它是不太费脑子、效果也比较好的选择。

表 4-9 三类工具型基金的比较

工具基金类型	跟踪误差水平	适用情况
被动指数型基金	低	计划持有期较短，对跟踪误差要求高
指数增强型基金	中	不限
主动型基金	高	计划持有期较长，对跟踪误差要求低

小结

本节详细介绍了轮动策略的概念、分类以及执行的细节。本节的重点知识总结如下。

- 跟纵向对比的趋势跟踪策略相比，轮动策略是比较不同资产标的的相对性价比，从而做出投资决策的，是横向对比的策略。
- 常见的轮动策略有股债轮动、风格轮动、行业轮动、主题轮动和全球轮动等。

- 二八轮动，指的是市值最大的前 20%数量的大盘股，和剩下数目占 80%的中小盘股之间的轮动。

- 具体选择哪种轮动策略，要根据自己可投入的精力，以及自身的信息优势等因素决定。

- 轮动策略主要用于顶层配置，它的交易标的通常是一些资产类别指数，我们一般会通过交易基金来"复制"资产类别指数的收益。

本节比较了趋势跟踪策略和轮动策略，前者是纵向的策略，后者是横向的策略，还有更复杂的策略吗？当然有。第 23 节将介绍基于对冲思想的投资策略。毫不夸张地说，它是横向策略的巅峰之作，甚至可以说蕴含了人类构建投资组合的最高智慧，目的是建立一种穿越周期，与时间、经济形势、单一投资标的涨跌都无关的投资组合。我们经常听到的"对冲基金"，主要就是基于对冲思想进行投资的。就让我们通过第 23 节一起揭开对冲思想的神秘面纱吧。

思考题

如果让你设计一种行业轮动策略，你会怎么设计呢？例如，你会如何确定应该在哪些行业上进行轮动？你会根据自身的优势选择合适的行业吗？

第 23 节　对冲思想：这个世界上有稳赚不赔的生意吗

本节我们讲一讲对冲思想。

在前面几节中，我们已经介绍了市场上的一些主流投资策略，它们的年化收益普遍能达到 10%~15%。这与货基 2%、十年国债 3%和银行理财 4%的年化收益相比，已经相当高了。但有些读者可能还会有顾虑，因为这些策略的波动都比较大，最大回撤普遍在 20%~30%的量级。

这时你可能想说：我承受不了这么大的风险，市场上就没有一种更稳妥的投资策略吗？要是能把最大回撤降到 10%以内，就算年化收益低一些也值啊！

本节将介绍的"对冲思想"，就是解决这个疑虑的。这种投资思想，通过同时持有一组对主要风险因素具有反向暴露的不同标的，来降低或消除投资组合的整体风险。下面分析怎么运用它规避风险，更稳健地投资。

对冲思想的诞生

你可能经常听到"对冲基金"这个投资界的名词，其实对冲思想正是诞生于1949年由阿尔弗雷德·琼斯管理的对冲基金。接下来，我们就来看看对冲思想是怎么产生的，并解释它的原理。

1949年，一位名叫阿尔弗雷德·琼斯的记者创立了一只基金，并通过这只基金管理了一个小型的投资组合。通过研究，他发现了一些定价明显偏高的"烂"股票，如果能够做空它们，就有可能赚一大笔钱。

但是做空风险很大，特别是在大盘指数波动比较大时。如果大盘指数短期内快速上涨，这些"烂"股票很可能跟着上涨，那么他的空头持仓就很容易爆仓。这种情况下，我们就会想：有没有一种方法，既能抓住做空"烂"股票的机会，又能规避大盘上涨风险呢？

阿尔弗雷德找到了这种方法。他创造性地设计了一种对冲结构，也就是在卖出一组"烂"股票的同时，买入相同金额的一组能够代表大盘的"好"股票。在这样的对冲架构下，如果股票指数（简称"股指"）出现了短期快速的上涨，那么多头组合（做多的股票组合）那一边的盈利，就可以挪过来弥补空头持仓的亏损，这样就不会爆仓了；反过来说，如果股指快速下跌，那他在空头持仓上就会产生大量盈利，可以用来弥补多头组合的亏损。

这样一来，整个组合就对股指的大幅波动免疫了。也就是说，组合的盈利基本不再受市场波动的影响。运用对冲思想的股票组合成功的关键在于投资者选股的能力：想要盈利，你选的"烂"股票就要在下跌时比大盘下跌得更猛，选的"好"股票就要在上涨时比大盘涨得更多。就是基于这样的对冲思想，阿尔弗雷德管理的基金从1949年到1968年，累计回报率达到了惊人的5000%，他本人也被称为"对冲基金之父"。

经典的对冲组合

上面讲到，阿尔弗雷德的对冲基金利用对冲思想规避了市场波动的影响。后来人们渐渐发现，对冲技术可以做得更复杂，大幅改变投资策略的风险收益特征。接下来，介绍几个经典的体现对冲思想的交易案例。

案例一：配对交易

可以用一句话概括配对交易这种策略的基本逻辑：两个基本面非常接近（所属行业相同，行业地位相当）的公司，它们的股票价格应该有"均值回复"的特征。什么叫均值回复呢？就是说，从长期上看，这两个公司的股价应该维持在一个很稳定的比值之上。

既然这样，在两只股票的价格对比出现明显偏离时，我们就可以通过配对交易的逻辑，赚取它们股价修复的钱。具体怎么做呢？

假设有这样两只股票：它们背后都是已经稳定运营超过三十年的航空公司，分别是公司 A 和公司 B。这两只股票的基本面情况几乎一样，市值比也基本维持在 1:1。

但是，受一些短期因素的影响，这两个公司的股票价格发生了偏离，公司 A 的股价上涨了，它们的市值比变成了 1.5:1。这时，如果你认为长期来看这两只股票的基本面依然没有本质差别，就可以通过做空公司 A 的股票，做多公司 B 的股票进行配对交易，赚取它们价值修复的钱。

而且，配对交易的策略效果跟行业的波动完全没有关系，因为对两只股票做多和做空的配对操作，对冲掉了行业涨跌的风险。这就是对冲思想的神奇之处：它只会暴露我们想暴露的风险敞口，不会受行业整体性因素的影响。

案例二：索罗斯的宏观对冲基金狙击英镑的故事

再举一个很有名的对冲组合的例子，那就是索罗斯的宏观对冲基金狙击英镑的故事。

1992 年，索罗斯通过研究欧洲各国的经济形势和汇率机制，发现英镑相比于德国马克明显被高估了，于是他做空了大约 100 亿美元的英镑。他没有这么多本金来做空，就使用巨大的杠杆，这样一来任何微小的不确定性都会被几十倍地放大。在这种情况下，他就必须使自己的组合精准暴露在自己最有把握的判断下，对冲掉所有的不可控因素。

这笔投资的核心逻辑是什么呢？概括地说，是英国和德国之间经济发展的不平衡，与两国间的固定汇率机制之间存在根本矛盾。因此，核心的判断是英镑将相对德国马克贬值。

这里显然还有一个额外的风险暴露：还存在两者同时升值，只是英镑升值较少的可能性。所以索罗斯在做空英镑的同时，又做多了德国马克，这样就降低了不可控因素带来的巨大风险，将这笔交易的实际风险精准暴露于"英镑与马克的相对汇率将下降"这一核心判断。

最终，索罗斯通过这一系列的对冲操作，赚取了 15 亿美元。与这个组合类似的宏观对冲基金,在针对重大投资机会下注时,一般都会采用各种各样的对冲手段,对冲掉低可控的影响因素,精准暴露于它的核心判断。只有这样,投资者才会有加上巨大杠杆、博取巨额收益的底气。

案例三:对冲思想在私募基金行业的应用

我想讲的第三个例子是对冲思想在私募基金行业的应用。最经典的应用,就是号称能够不受市场波动影响,同时回撤极小、盈利稳定的"**市场中性基金**"。

市场中性就是对冲掉市场波动的意思。在中国市场上,市场中性基金的投资组合一般由股票多头组合和股指期货空头构成,并且股指期货空头的市值跟股票多头市值相等。这样,市场整体波动在股票多头产生的盈亏就恰好与它在股指期货空头产生的盈亏大小相等,方向相反。

市场中性基金的这一特点,就使组合整体收益对市场波动免疫,只赚取股票多头组合的超额收益。下面是市场中性产品的收益结构。

股票多头组合收益=指数多头收益+选股超额收益

股指期货空头收益=指数空头收益(即指数多头收益的相反数)

市场中性基金收益=股票多头组合收益 + 股指期货空头收益

     = 指数多头收益+选股超额收益+指数空头收益

     = 选股超额收益("指数多头收益"和"指数空头收益"相抵消)

看到这里,你可能会想:对冲思想听起来挺有道理,实际效果到底如何呢?下面我们就来看一个真实的例子。

实盘验证对冲效果

中国市场上有很多利用量化模型进行股票投资的私募基金。它们发现中国市场普通投资者比较多,很多投资标的的定价存在偏差,于是依此建立了超额收益非常可观的选股模型。

这些私募基金一般会基于这些量化选股模型,开发两种类型的基金产品。一种是指数增强产品,目标是持续跑赢指数(在大盘指数上涨时,比指数涨得多;在大盘指数下跌时,比指数跌得少)。它的缺陷是,要承担和大盘指数同样量级的波动或回撤。另一种是市场中性产品,也就是我们常说的量化对冲型基金。

这两种基金的股票组合本质上是一样的，区别就在于是否做了对冲。采用对冲的市场中性产品，会通过做空股指期货的操作对冲市场风险。图 4-12 所示为一家真实的量化私募机构的这两种产品，它们的底层逻辑基本是同一套选股模型，区别就在于是否做了对冲。可以看出，两种产品的净值曲线的形态是完全不同的。

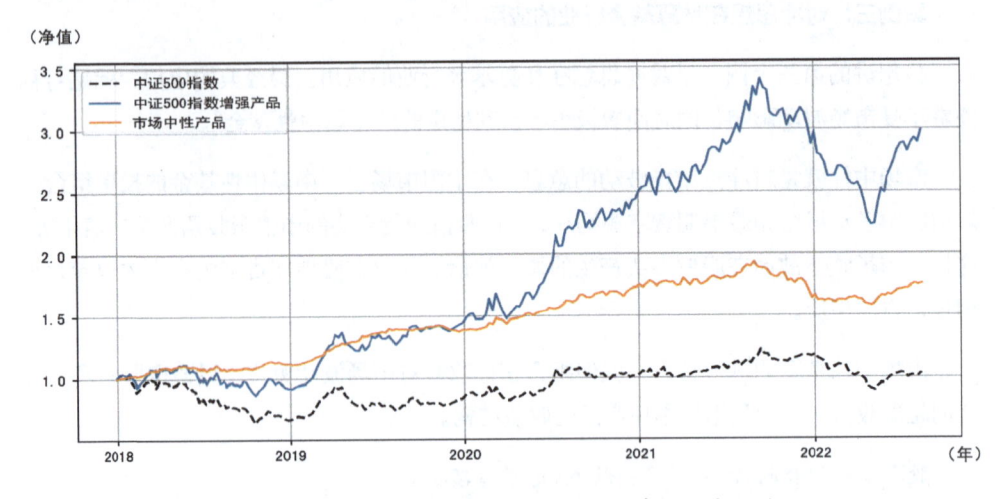

图 4-12 市场中性产品和指数增强产品的净值曲线的对比

可以看出，当 2018 年中证 500 指数持续下跌时，虽然这个量化私募机构的中证 500 指数增强产品持续跑赢了指数，但也是负收益。而在同一时期，这个机构的市场中性产品获得了稳健的正收益。在整个时段上，市场中性产品的曲线形态一直是稳健抬升的，指数增强产品的曲线则随着股指有较大的波动，但是长期来看平均收益更高。

从表 4-10 中可以得出定量的结论：指数增强产品在整段时期的年化收益率高达 26.73%，但最大回撤也有 34.55%；而市场中性产品的同期年化收益率相对低一些，只有 12.93%，但最大回撤大幅下降，到了 18.32%，显著优于不对冲时的回撤。

表 4-10 市场中性产品和指数增强产品的业绩指标表

资产名	成立日	年化收益率	年化波动率	夏普率	最大回撤	Calmar
中证 500 指数	2005-01-01	0.74%	21.75%	-0.08	37.47%	0.02
中证 500 指数增强产品	2005-01-01	26.73%	23.65%	1.02	34.55%	0.77
市场中性产品	2005-01-01	12.93%	8.28%	1.26	18.32%	0.71

综合来看，这两种产品其实各有优缺点：市场中性产品在指数增强产品的基础上，做空了与股票组合市值相等的股指期货。

这种操作是怎么规避市场风险的呢？在这里，你可以看看图 4-12 中 2018 年的情况：股票指数持续下跌，市场中性产品持有的指数期货空头就可以获得盈利。股指下跌对股票组合造成的亏损，恰好被股指期货空头带来的盈利抵消，产品整体上只赚取更稳健的多头超额收益的钱。这就是对冲思想在改造投资策略风险收益特征上的威力！

对冲思想在财富管理中的广泛应用

其实，在财富管理的道路上，对冲思想的应用是非常广泛的，它并不是只能用在制定精巧的投资策略上。如果你能灵活地运用对冲思想，则可以规避很多风险。下面，我就举几个生活中的例子。

相信本书的读者有不少是程序员。每个行业的发展，都受市场大环境、国际关系，甚至经济发展客观规律的影响。程序员的收入水平当然也跟 IT 行业的发展密切相关。你可能会有这样的危机感：如果 IT 行业发展不好，那么在未来的某一天，我收入水平大幅下降怎么办？

这个问题就可以用对冲思想来解决。例如，我们可以从理财资金中拿出一小部分购买纳斯达克指数看跌期权，它代表了美国市场上的科技股。这笔钱就相当于你的一笔行业保险。当科技行业整体下行时，这可是一笔"保命钱"，让行业问题不至于大幅影响你的家庭财富。这样，就通过对冲的做法规避了行业风险。

在房价问题上，我们也可以用对冲思想处理。很多读者在读了第 15 节房产投资的内容之后，有这样的感慨：如果不买房，就抵御不了房价进一步上涨的风险，但实在是买不起啊。这时，对冲思想又可以派上用场了。就算买不起房，我们总归买得起一些房地产的产业基金吧？只要把自己资产的一部分配置到房地产的产业基金里，就相当于在一定程度上对冲了房价上涨的风险。

最后，再举一个职场选择的例子。我知道，很多读者会纠结于如何规划自己的职业生涯，觉得无论怎么选，都会浪费一些宝贵的机会。这时，我们还可以用对冲思想来看这个问题。

举个例子：假设你手上有两份电商行业的 Offer，一家是某东的，一家是某多的。你感觉某东的发展比较稳，但已经过了快速发展期；某多虽然发展比较快，但波动比较大。这时，你就可以选择加入他们中的一家，然后买入另一家的股票，对冲掉你选择失败的风险。这又是一个利用对冲思想缩小风险敞口的例子。

小结

本节，我们一起学习了对冲思想。对冲思想最关键的作用是规避你不想要的风险，只精确暴露跟你的收益最相关的风险敞口。最后，我们再一起回顾本节的要点。

- 对冲思想，是一种通过同时持有一组对主要风险因素具有反向暴露的不同标的，来降低或消除投资组合整体风险的投资思想。
- 对冲思想诞生于 1949 年由阿尔弗雷德·琼斯管理的对冲基金。
- 经典的对冲策略包括配对交易、宏观对冲和市场中性策略等。
- 在市场中性策略的例子中我们看到，进行对冲市场风险的操作后，可以把最大回撤降低到 18.32% 以下，让净值曲线从波动上升变成稳健上升。这证明对冲思想确实能改造投资策略的风险收益特征。
- 对冲思想的应用是非常广泛的，你可以灵活地运用对冲思想，来规避财富管理道路上的风险。

到这里，我们已经学习了很多投资策略，它们每一种都有不同的投资逻辑。而在实际投资过程中，一个投资标的的涨跌往往受很多因素的影响。那么，有没有这样一种方法，能够把多个策略、多个因素整合起来，形成一个更强大的策略呢？其实是有的。我们将在第 24 节学习能够整合多个策略的多因子模型。

思考题

在生活中，你有没有用对冲思想降低风险的经历呢？或者，在面对职场风险、疾病风险、失业风险、父母养老风险时，可以用什么对冲方法来降低这些风险的影响呢？

番外小知识　著名对冲基金公司——桥水公司的故事

桥水公司是由雷·达利欧于 1975 年在他的曼哈顿公寓里创立的，如今享誉世界的桥水在那时只是一个家庭式的小作坊。当时，桥水的主营业务是为企业客户提供咨询服务，为他们提供货币兑换和利率风险相关的建议，并且每天撰写一份名为《每日观察》的市场评论，这个传统一直保持到现在。后来，公司开始向政府和企业提供商业和经济咨询服务，以其高质量和创造性的分析，为客户赚了不少利润，甚至吸引了麦当劳成为其长期客户。

1985 年，桥水公司的发展出现了一个重要的转折点——他们接到了世界银行的 500 万美元退休金的固定收益投资，这就是桥水基金资产管理业务的开始，柯达公司在 1989 年跟随世界银行投资了桥水公司。1991 年，桥水推出纯阿尔法基金（pure alpha），这只基金被誉为史上最成功的对冲基金，为投资者创造的利润比其他任何对冲基金都多，即使在 2008 年的金融危机中，该基金的收益率也达到了 9.4%。1996 年，桥水的全天候策略完全成型。全天候策略是由达利欧将几十年投资的经验教训总结而来的，他希望建立一个长久可靠的投资组合。如图 4-13 所示，这套策略分为四个元素，投资者对市场的上调预期、下调预期，经济增长及通货膨胀，这四种元素组成了经济环境的"四季"，将资产均匀配置在这四个方格内，就可以得到在任何时候都适用的投资框架。

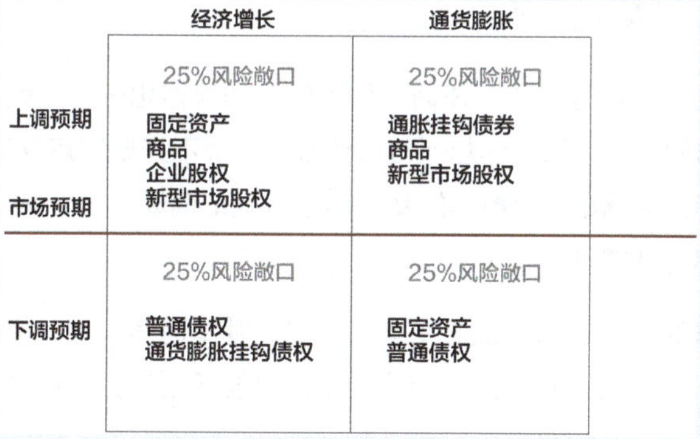

	经济增长	通货膨胀
上调预期 市场预期	25%风险敞口 固定资产 商品 企业股权 新型市场股权	25%风险敞口 通胀挂钩债券 商品 新型市场股权
下调预期	25%风险敞口 普通债权 通货膨胀挂钩债权	25%风险敞口 固定资产 普通债权

图 4-13　全天候策略的投资框架

在过去的二十多年里，桥水的年均回报率在 11.5% 左右，相当于标普 500 指数回报率的 2 倍。可能这样的回报率在高手云集的市场上并不算亮眼，但是桥水的客户群体基本上都是机构客户，其中还包括了一些国家的退休基金，这些超高净值客户更追求稳扎稳打，所以，桥水也成了"不能赔的钱"的最好去处。

第 24 节　多因子模型：整合不同策略，形成合力的顶层框架

本节，我们来学习多因子模型。

前面几节介绍了各种各样的投资策略，每一种投资策略都有不同的投资逻辑，它们利用的投资信号也各不相同。既然这些策略各有各的优势，那有没有一种顶层的策略，能把它们整合起来，形成合力呢？当然有，它就是本节要介绍的多因子模型。

在我眼中，多因子模型是量化投资中最重要的模型。这样说有两个原因。第一个原因，是我认为能否熟练使用多因子模型，是区分投资高手和初学者的重要分界线；第二个原因，是多因子模型蕴含着"理性"投资的一整套核心思想。这套思想具有很普遍的指导意义，也是量化投资的基础性思想。

接下来，就让我们正式进入对多因子模型的学习，搞清楚什么是多因子模型，以及它蕴含的量化投资核心思想。

到底什么是多因子模型？

我们生活的世界是很复杂的，任何一件事情，如果你想做好，就要考虑影响它的各种因素。举个简单的例子，如果你想保持身体健康，那不光要锻炼身体，还得吃得健康，睡觉时间也要合理。这就是一个典型的受多因子影响的问题，只有同时控制好多个变量，才更有可能达到你想要实现的目标。

投资也是一样的。大家都知道的龙头白马股，基本面确实好，但是估值往往过高。只看估值的话也不行，因为有些估值低的股票，可能所在的行业已经是夕阳行业了，例如被单晶硅淘汰的多晶硅行业。

可能有读者想问：政策对中国股市的影响很大，我们能不能只根据利好政策来炒股呢？对此我的回答是，政策当然是影响股价的关键因子，但在关注政策变化的同时，你还应该考虑其他很多因素，才能准确地做出判断。例如，这个利好政策是超出预期，还是低于预期。也就是说，这个政策变化的影响是不是已经提前反映在股价里了。只有这样，才能提高你根据政策预测股价走势的准确度。

总之，股价未来的走势肯定是由多种因子共同决定的，每种因子实际上都代表一种投资股票的底层策略。要想把如此多的因子整合在一起，发挥最大的作用，就需要构建一个具有坚实数学基础的模型，这个模型就是我们说的"**多因子模型**"。

在股票预测中，有哪些常用的因子？

我已经举例解释了什么是多因子模型。那么，在进行股票预测时，有哪些在多因子模型中经常使用的因子种类呢？

我大致梳理了一下，常见的因子种类包括**宏观因子、行业因子、技术面因子、基本面因子、大数据因子**等。很多国际知名的量化投资机构，挖掘出的有预测能力，还有一定差异化的技术面因子就有 100 多万种。我们当然没必要了解所有具体的因子，只需要清楚每个因子类别的含义。接下来，我就对上面提到的五种常见的因子种类做具体介绍。

宏观因子

宏观因子主要描述股票对一些宏观变量的敏感性。最常见的宏观因子是贝塔值，它反映的是股票对股指的敏感性。一只股票的贝塔值，可以简单理解成该股票涨跌幅相对于股票指数涨跌幅的倍数。例如，一只股票对股指的贝塔值是1.2，就意味着当指数上涨1%时，这只股票平均要上涨1.2%。如果股指下跌2%，那这只股票平均下跌2.4%。

一些常见的宏观因子也可以利用类似的敏感性指标构建，例如，股票对油价的敏感性、股票对汇率的敏感性等。如果发现股票的波动对其他宏观指标的波动很敏感，就可以把这些宏观指标用于股票预测，这就是宏观因子生效的原理。

行业因子

行业因子代表了一只个股对相关行业的从属关系。A股市场的股票，一般被划分成约30个一级行业，因此一只个股至少有30个行业因子。

股票对各个行业因子的因子值，通常只取0或1，取1表示股票属于该行业，取0表示不属于该行业。当然，在更细致的量化投资中，我们往往会自定义更细化的行业分类，因子的数值也可以根据相关性的高低取连续值，这就要看我们自己建模时的定义了。

技术面因子

技术面因子主要描述了股票近期量价走势展示出的技术形态特征。常见的技术形态包括"放量上涨""双肩顶""金叉死叉"等。技术面因子就是要用股票的量价数据，也就是股票每天的成交量、开盘价、收盘价、最高价、最低价等数据，构建指标，定量地识别出上述技术形态。

这里举几个具体的技术面因子的例子。例如，"动量因子"一般定义为股票最近1周、最近1个月、最近3个月或最近1年的涨跌幅，用来描述股价近期是否有显著的上升或下降趋势；"波动率因子"一般定义为股票最近一段时间每日涨跌幅的标准差，用来描述股价的波动幅度；"流动性因子"一般定义为股票近期的换手率，用来描述股票最近的交易活跃性。

基本面因子

基本面因子主要描述股票的基本面相关情况。例如，ROE（Return on Equity）因子描述了股票背后的上市公司最近一年的净资产收益率；成长性因子描述的是股票近五年营收或净利润的平均增速；市值因子描述了股票是大盘股还是中小盘股；估值因子描述了股票价格相对于它的基本面是高估还是低估，等等。

大数据因子

大数据因子是近年才出现的新因子类别，因为它的因子值计算依赖于最近才出现的大数据源和大数据分析工具。

那大数据因子可以用来做什么呢？我可以给你举几个例子。

第 21 节谈趋势跟踪策略时提到过，可以利用投资者的情绪判断趋势的增强或减弱。想了解其他投资者对一只股票的整体情绪，可以用程序实时抓取一些股吧、微博里的讨论，并用 NLP（自然语言处理）进行语义分析，生成每只股票的市场情绪因子。

还可以对各个行业公司的招聘信息和薪酬情况进行分析，以此构造描述各上市公司业务景气度的因子。想预测某些游戏公司的销售情况，可以利用游戏平台的流水数据，更早、更全面地分析游戏生产商的销售情况，进而构建游戏公司的销售预测因子。

上面列出的五种在多因子模型中经常使用的因子，并非我随便列出的，而是各大量化投资机构都在使用的。量化投资机构正是在这些因子的基础上，构建多因子模型，整合各类投资策略的。

公募基金中的富国、华泰柏瑞、景顺长城发行的指数增强基金，就是比较典型的在多因子框架下运作管理的基金。图 4-14 中给出了富国中证 500 指数增强基金的价格比，读者可以感受下多因子模型在创造稳健超额收益上的效果。

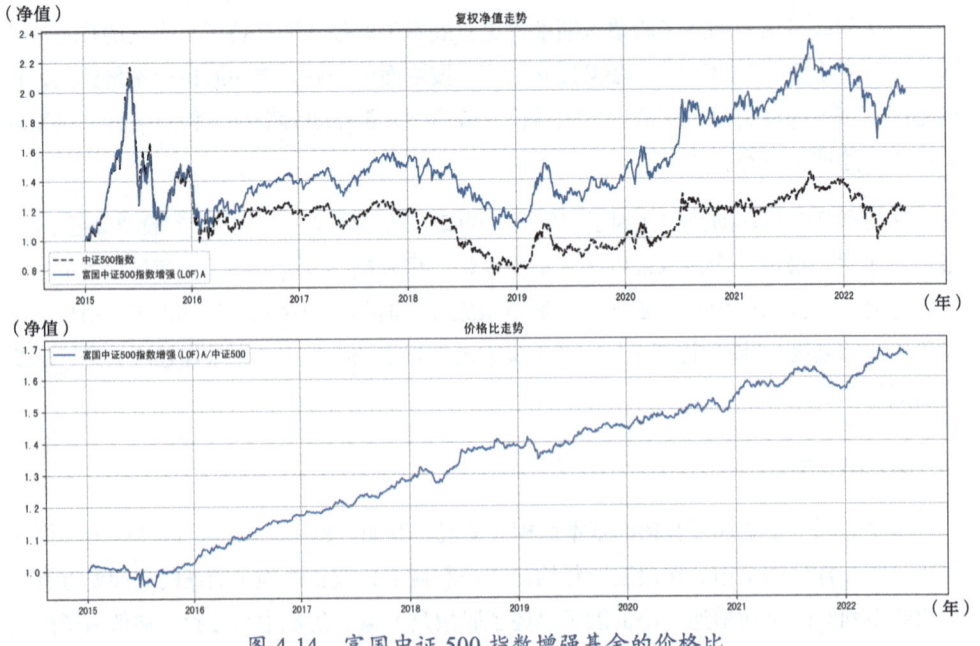

图 4-14　富国中证 500 指数增强基金的价格比

我再介绍几只利用大数据因子的基金，相信有工程师背景的读者肯定对此很感兴趣。

2014年前后，国内各家公募基金跟各大互联网公司合作，利用各种大数据，发行了多只大数据驱动的基金。例如，广发基金利用百度提供的每只股票的搜索热度大数据，编制成大数据因子，加入多因子模型中，成立了一只广发中证百度百发策略100指数基金；博时基金利用淘宝大数据，成立了一只博时中证淘金大数据100指数型基金；南方基金利用新浪财经的大数据，成立了一只南方大数据100指数基金。

如果你感兴趣，可以查一查这些基金的表现，相信你会从中得到更多与利用大数据因子有关的启发。

多因子模型的数学形式

弄清楚常用的因子种类之后的关键问题就是如何建模。一个可信的多因子模型，一定是基于扎实的数学基础的。下面，我们就用严谨的数学形式来描述股票市场的多因子模型。

先来看公式4-1：

$$r = f(x_1, x_2 \cdots, x_k) \quad \text{（公式4-1）}$$

其中，r是股票未来指定时段涨跌幅的预测值；x_1到x_k，指的是模型要考虑的k个因子。这些因子包括但不限于前文介绍的几种因子，所以我们可以进一步细化公式4-1，得到公式4-2。

$$r = f(宏观因子,行业因子,技术面因子,基本面因子,大数据因子,...) \quad \text{（公式4-2）}$$

可以看出，影响不同股票未来涨跌幅的差异的主要因素是各个因子数值的变化。所以公式中的f，其实建立了一种从多个因子数值到股票涨跌幅的映射关系。

当然，这里的映射关系可以是最简单的线性关系，也可以是更复杂的多项式关系，还可以是由各种机器学习模型、深度学习模型表征的复杂模型。在这里，为了简化问题，我们先假设这个映射关系是线性的，所以公式4-1可以进一步细化成公式4-3。

$$r = f_1 \cdot x_1 + f_2 \cdot x_2 + \cdots + f_k \cdot x_k \quad \text{（公式4-3）}$$

在这个公式中，r还是代表股票未来涨跌幅的预测值，f_k代表第k个因子的因子系数，如市盈率因子的系数。这时，问题就清晰了，只要我们能够通过某种方式确定各因子的系数f_k，就可以通过多因子模型这种量化的方式来预测股票的涨跌。

怎样训练多因子模型？

到这一步，我们需要解决的问题就变成了如何确定这些因子的系数。对有理工科背景的读者来说，这个问题并不算太难。这里介绍我的思路。

在线性的多因子模型结构下，我们获得各因子系数的基本操作，就是多元线性回归，回归系数就是每个因子的系数 f_1 到 f_k。

在具体的训练过程中，一般使用股票面板样本（panel）进行训练。所谓的面板样本，就是用全部股票对象乘以最近一年的时间。

举个例子，有三千只股票，每只股票过去一年共有 242 个交易日，共有 7.26 万个样本。对每个样本计算它在当时的各个因子的值 X_k，如市盈率、ROE、市值、行业等。然后，计算出每个样本下一时段的涨跌幅，将其作为 y 值（公式 4-3 中的 r），进行多元线性回归，得到的回归系数就是各因子的系数。

就像算法工程师做的各种机器学习模型一样，股票市场上的多因子收益预测模型也需要不断更新，所以它的训练思路是一种**滑动训练**的思路。用上面的例子来说，就是每天都用最近一年的面板样本，也就是全部股票最近 242 天的数据重新拟合模型。并且，把最新的因子值输入新训练出来的模型，输出对未来的预测值，这样才能让模型跟得上不断变化的市场。

在实际训练多因子模型时，一个关键的步骤是**先确定好模型的预测目标**，如是做分钟级别的高频预测，还是天级别的中期预测，抑或是月年级别的长期预测。预测目标是什么，直接决定了训练时数据如何生成，以及因子如何选择。

这里举两个不同情况的例子：假设你希望训练一个进行高频交易的多因子模型，预测目标是股票未来 5 分钟的涨跌幅。这时，你选取的应该主要是一些短期影响的因子，如技术因子、趋势相关的因子，等等。但是，如果你的预测目标是股票未来一年的涨跌幅，那这就是一个用来指导长期投资的多因子模型。这时，你在选择因子时，应该更注重上市公司长期竞争优势的因子，如基本面因子、宏观经济因子，等等。

我们也可以用训练多因子模型的方法，整合多个投资策略。我们要做的，就是把不同投资策略给出的投资信号，各自作为一个预测因子，通过多因子模型整合起来。很多成熟的量化投资公司就是通过这种方式，不断提高整体策略的胜率的。

最后还想说的是一些我的感悟，希望能为你提供新的财富管理思路。

其实不光投资理财，工作生活中的很多事情，都可以用多因子模型的思路来解决。一件事情在被处理时，总是有无数的因子会影响其最终的结果。在具体操作时，很多人容易受困于细节，被一两个因子带偏，从而影响全局。

这时，如果我们把自己当成一个多因子模型，最应该做的是什么呢？就是列出所有的因子，然后分清主次，给这些因子不同的权重。注意，要把自己最宝贵的时间和精力，分配给最重要的因子，只有这样才能最大程度地提高成功的概率。

其实这也是本书一直倡导的有逻辑的思考方式。第 1 节就强调过，我们要平衡花在财富双塔上的时间：在工作中，我们要努力提升个人价值，也要持续提升自己投资理财的能力。为了达成我们的财富管理目标，我们需要进行多方面的投入，只有厘清它们的权重，分配好我们的时间和精力，才能让这个过程变得更好、更快。

小结

本节，我们学习了多因子模型，它是一种能够融合多种因子、多种策略的模型，是能形成合力、提高我们投资胜率的顶层框架。在这里，我再总结本节的几个重点知识，供你回顾。

- 多因子模型建立在坚实的数学基础上，是把多个因子整合在一起，从而发挥其最大作用的投资模型。

- 在股票投资中，我们考虑的因子包括宏观因子、行业因子、技术面因子、基本面因子和大数据因子等。

- 线性多因子模型的数学公式为 $r = f_1 \cdot x_1 + f_2 \cdot x_2 + \cdots + f_k \cdot x_k$。

- 线性多因子模型的训练，主要是通过在股票面板样本上进行线性回归的方式完成的。

- 在进行财富管理时，也可以运用多因子模型的思路：在做事情时分清主次，合理分配自己的时间和精力。

到这里，本章的内容就结束了。我们从简单策略学习到复杂策略，从单一策略扩展到融合策略，策略的复杂度越高，我们离专业投资领域就越近。随着内容的深入，我们已经触及了量化投资领域的边界，例如，第 24 节讲解的多因子模型，就是很多专业量化投资结构的主流模型。

量化投资是很多理工男都感兴趣的话题，因为它不仅是理工思维在投资领域应用的集大成者，更是最适合工程师参与的领域，它可以充分发挥我们理性思维能力强、工程能力强的优势。第五章，我们就进入量化投资的学习，初探量化投资系统的框架，看一看个人投资者能否搭建起一套量化投资系统。

最后需要补充一句，本节涉及的股票和基金仅用于举例说明，不构成任何购买建议。

思考题

你觉得线性多因子模型最大的局限性是什么？能结合自己做投资时的判断过程，说明线性多因子模型的缺点吗？

第五章
量化投资

本章将系统地讲解量化投资。其实，量化投资已经是一个非常专业的投资领域了，作为个人投资者，单靠自己维护一个量化投资系统是非常不现实的。但我仍然希望读者了解一个专业的量化投资系统是什么样的，了解市场上最专业的那批人是如何通过一整套方法论和工程框架赢得超额收益的，再回头看看我们能从中汲取到哪些营养。

我相信，有理工科背景的你，一定适合了解量化投资，因为它是建立在理性的、有逻辑的思考方式上的投资系统。了解是为我所用的基础，即使你的精力不足以建立并维护一套量化投资系统，也可以把量化的思维应用在自己的投资行为上，让你的投资支点更牢固。

下面我们先了解量化投资系统的框架，再从 0 到 1 搭建一套简单的量化投资系统，最后理论结合实际，看看怎么将量化投资的思想应用在个人投资的决策上。

第 25 节　量化框架：典型的量化投资系统包含哪些模块

我相信，很多理工男读者看到"量化投资"都会眼前一亮。因为量化投资涉及的数据库、交易接口、高频服务器等模块，都是我们最擅长的领域。随着近年来机器学习在金融领域的逐渐应用，量化交易更是跟算法工程师的工作紧密结合。

事实也确实如此，很多公募基金公司的从业者，都有工程师背景。近年，也有越来越多具有理工科背景的人才投身量化私募（特别是机器学习和高频交易领域），并实现了可观的收益。

本节介绍量化投资到底是什么，以及一个经典的量化投资系统都包括哪些主要模块。

到底什么是量化投资？

量化投资，就是通过数据和模型来驱动的投资方式，一般都通过计算机系统实现。在量化投资中，我们会在投资的各个环节使用数学模型。例如，根据金融市场的历史数据建立数学模型，进而预测股票等证券未来的涨跌幅，以及它们价格的波动程度、相关性等。再比如，利用量化模型和计算机程序有效地执行交易，从交易中持续获利。

量化投资系统的各个模块跟计算机科学有着千丝万缕的联系，例如：

- 以数量化的方式处理行情和交易数据，这需要编程来实现。
- 量化投资的策略大量应用机器学习和深度学习的知识。
- 用程序化的方式发出买卖指令，需要调用和实现诸多 API。
- 管理量化投资的机器，实现高频、低延迟的目标，需要大量运维和网络搭建的经验。
- 存储并高效处理交易数据，需要强大的数据库支持。
- ……

可以说，一个完整的量化投资系统，与推荐系统、计算广告系统一样，都是非常复杂的计算机系统。

量化投资系统的框架图

图 5-1 就是一个典型的量化投资系统的框架。它由六大模块组成，分别是账户及策略管理模块（简称管理模块）、策略模块、交易模块、回测平台、业绩分析模块和数据中心。

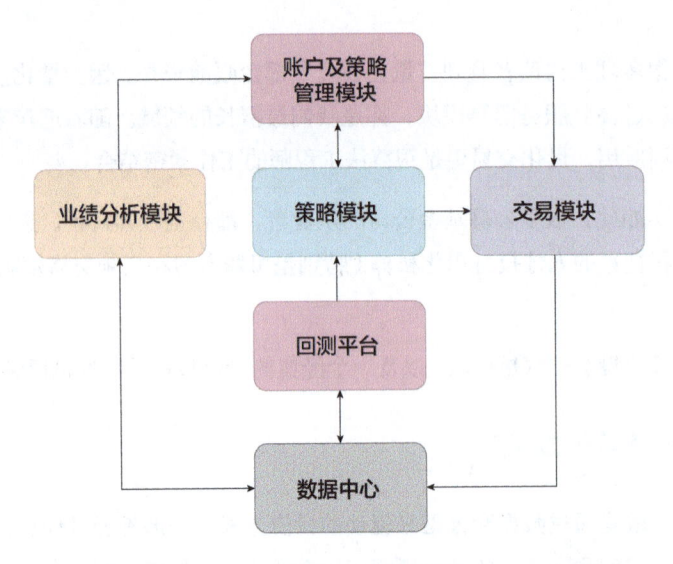

图 5-1　量化投资系统的框架

这六个模块分工不同，形成了一个良性的迭代闭环。下面分别介绍。

"管理模块"是整个系统的管理者，它负责调度所有的模块执行相关的任务，对系统进行顶层的管理。

"策略模块"是各种投资策略的仓库，可以把它理解成若干位不同投资风格的投资经理，每位投资经理根据自己的投资信号或模型，生成相应的投资决策。

"交易模块"是执行者，它负责在接收到"管理模块"或"策略模块"的指令后，调用外部的交易接口，执行具体的交易操作。

"回测平台"类似于机器学习中的离线测试平台，用于试验各种新策略。

"业绩分析模块"是裁判，它会公平地评判各个策略的盈亏情况和各个环节的运行情况，把评判结果发给管理模块，让管理者知道哪些策略和环节需要改进。

"数据中心"就好理解了，它用来存储整个系统的所有交易、回测、持仓和盈亏数据。

接下来，我们就详细介绍各模块的工作。

管理模块

首先要讲的是管理模块，因为它是整个系统的绝对"领导"。这位"领导"每天有五件必须做的事情。

（1）发出开启和停止各个策略的指令。

（2）根据业绩分析模块生成的分析报告，调整不同策略的权重和配合方式。

（3）分析系统的整体风险，根据顶层的风险情况决定资金的分配方式。

（4）记录不同策略的持仓明细和交易明细，并负责在策略启动时告知不同策略当前的状态。

（5）评估各模块的运作情况，生成运作报告给管理人员。

可以说，管理模块这位"领导"时刻评估着系统的整体风险和盈亏情况，掌握着各个投资策略的"生杀大权"。

策略模块

如果说管理模块是整个系统的"CEO"，那么策略模块就是负责各具体投资策略的"投资经理"。量化交易团队在策略模块上投入的研发力量是最多的，为什么呢？因为在一个量化投资系统中，策略模块能否准确地预测投资标的的趋势，直接决定了系统盈利能力的高低。

具体来说，策略模块的研发主要分为回测阶段和执行阶段。如果你熟悉机器学习，肯定会觉得似曾相识，因为它像极了机器学习模型的离线训练阶段和在线推断阶段，二者本质上也确实是相通的。在回测阶段，量化交易员会在回测平台上验证各种投资想法，找到最佳的策略参数。在执行阶段，策略模块会从交易模块拿到实时数据，并据此生成线上交易的信号。

策略模块包含的策略是多种多样的。一个成熟的量化交易团队，往往会同时运行几种甚至几十种不同的交易策略，以保持系统的整体稳定。策略的种类非常多，我们可以根据投资策略的来源，把它们归为以下四大类。

投资想法类。很多策略是由一个简单的投资想法生成的，如第 19 节介绍的日历效应策略，虽然简单，但完全可以成为一个可执行的投资策略。

因子驱动类。投资策略也可以由一些有价值的因子驱动，如技术面上的动量因子、反转因子，以及基本面上的估值因子、成长性因子，等等。

交易策略类。当然，更多策略是由一些经典的策略思想细化而来的，如配对交易、趋势跟踪等。

交易模型类。最后这个类别更复杂，我们熟悉的机器学习、深度学习的模型，就是在这类策略上大显身手的。

看到这里，如果你对我讲的很多名词都一知半解，也不用着急，我们会在后面几节里反复提到这些名词。

为了挖掘能够盈利的交易策略，以私募基金为代表的各大量化投资团队可以说是八仙过海，各显神通，下面就举两个在量化投资界比较知名的例子，一起体会量化团队是怎么挖掘交易策略的。

第一个例子介绍的是一家业内知名的国际量化投资机构，起家于挖掘股票的技术面因子。具体是怎么挖掘的呢？

这家机构招聘了大量名校毕业生，设置了客观的激励机制，组织这群高智商员工"人肉"挖因子。这些员工把全部精力都投入到因子挖掘这个事业上，不断把各自搜索到的巨大噪声下的微弱规律编制成因子，提交到回测平台上进行评估，然后进行在线实盘检验，只有通过严格考核的因子才能入库。靠这样的方法，最终积累了上百万个极有价值的因子，这些因子成了这家量化投资机构的"金矿"。

另一个例子介绍的是一家本土量化私募，他们投入了大量资源搭建计算集群，利用机器学习模型在股票的高频数据中自动挖掘因子。和"人肉挖掘"比起来，用模型挖因子理论上能够突破人的线性思维局限，也能在市场变化时更快地学到新的模式，同样取得了非常可观的利润。事实上，机器学习也确实在量化投资的各个环节得到了越来越多的应用。

交易模块

上面讲的策略模块负责的是做投资决策，而一个决策从诞生到被执行，中间需要一个负责的执行者，这个执行者就是交易模块。

举个例子，策略模块这个投资经理发出一个交易指令——收盘前买入贵州茅台 1 万股。要注意，这笔交易其实是比较大的，一次性下单可能会拉高股价，抬升交易成本，这时就需要交易模块出马。

交易模块会按某种算法交易方式拆单，做到全天均匀下单，最终完成计划的交易，并在交易中、交易完成后或收盘后，将券商柜台系统返回的成交记录和持仓明细返回给账户管理系统，用作记录。

对于高频交易系统来说，交易模块会跟策略模块密切配合，不断通信，分享行情数据和交易指令；对于中低频的日级交易来说，交易模块的交易指令大多来自管理模块，由管理模块调用策略模块把全天的交易指令准备好，再发给交易模块执行。

在具体实现时，交易模块可以由人工交易员执行（全手动），也可以是人工加简单的算法交易（半自动），还可以是全自动的高频交易模块。具体采用哪种方式，依据的是策略对交易速度的要求。

还要注意，如果要实现全自动的交易模块，首先要调研想要交易的投资标的是否存在程序化交易接口。例如，想要实现国内的期货自动交易，就需要使用期货交易的 CTP 接口。这就要求团队有较强的工程能力。

回测平台

我们已经介绍了策略的线上执行部分和交易模块。在策略诞生的过程中，还需要大量的离线测试，这就需要用到"回测平台"。

说起回测这个概念，机器学习工程师肯定不陌生，它跟机器学习模型的离线训练和评测过程一样。具体的回测过程，就是让交易策略回到每一个历史时点，用这个时点之前的数据作为训练数据，拟合出策略的相关参数，之后根据模型输出的交易信号生成交易指令，然后生成模拟成交记录。当这个历史时点在时间轴上滑动起来时，我们就得到了一个投资组合在整个历史上的每日持仓和交易记录。把这些记录发给下面要介绍的业绩分析模块，就可以计算出组合的净值走势，并评估策略的业绩表现。

回测平台是研发新策略、调试（更新）老策略的主要工具。投资系统初步搭建完成以后，量化投资团队就把主要的时间投入在使用回测平台研发新的投资策略上。

业绩分析模块

这个模块的任务就是算账，算清楚一个策略最终赚了多少钱；然后分析结果，并把分析报告反馈给管理模块和策略模块。管理者会根据策略的表现，决定是否对这个策略进行调整。

进一步的业绩分析还包括其他详细的业绩指标，如年化收益、年化波动、夏普率、最大回撤等。再进一步，一些优秀的量化团队，还会使用更复杂的业绩分析技术，把业绩归因到具体的环节或因子上。形象点说，就是弄清楚平台赚取或损失的每一元，都是由哪些环节贡献或亏损的。例如，预测模型中的每个因子各贡献或损失了多少钱，交易成本损失了多少钱，不同行业的超配和低配的收益贡献是多少，每个行业内的选股的收益贡献是多少，等等。这样更有利于开发人员发现系统各环节的薄弱点，再加以针对性的改进。

数据中心

最后一个模块是"数据中心"。它装载的不仅有从不同数据源获取的股票、指数、期货、基金的行情数据，还包括从不同渠道获取的基本面数据，如公司的财报内的关键指数、资产负债表、现金流量表、利润表、行业数据，等等。我们一般把数据中心中存储这类公开数据的数据库叫作**基础数据库**。

除此之外，数据中心还会保存系统的所有交易行为，包括每个策略做出的交易决策，用于复盘时的业绩归因分析。我们把存储这类交易相关数据的数据库叫作**账户数据库**。

上面讲的回测平台也是基础数据库的重度使用者，所有的历史行情数据及交易数据都会保存在基础数据库中。

典型的量化投资团队一天的工作流程是怎样的？

到这里，一个典型的量化投资系统的六大模块就介绍完了。最后，分享一个典型的量化投资团队一天的工作流程，让读者了解量化投资者是如何使用这些模块的。

早晨到公司，先检查基础数据库是否已经从各数据源收齐了最新数据。

管理模块根据投资经理的设置，生成当天各投资账户下各策略的配置方案，投资经理在开盘前复查方案。

开盘后，策略模块根据管理模块制定的组合方案，分策略进行预估，不断把交易决策发送给交易模块，交易模块全天持续进行交易。没有意外情况，交易员不参与交易过程。

在开盘时段，机器或交易员进行持续交易，策略研究员可以利用回测平台继续研发新的策略或模型，技术人员持续打磨、优化其他系统的模块。

等到下午收盘后，交易模块会从交易所下载成交明细和持仓明细，将所有账户和策略的明细记录写入账户数据库。

记录工作完成后，业绩分析模块将对每个账户进行业绩分析，评估各个执行环节是否正常运行，并生成报告发给各账户的投资经理。对于出现问题的环节，投资经理会组织人员进行改进。

这就是一个典型的量化投资团队的主要工作流程。他们就这样周而复始地优化和改进策略，打磨系统，形成一个良性的迭代闭环，不断提高系统的盈利能力和风险控制能力。

小结

本节主要展现了一个典型的量化投资系统。最后，总结本节的重点，供读者回顾。

- 量化投资，是以数据和模型驱动的投资方式，一般通过计算机系统实现。
- 一个典型的量化投资系统由六大模块组成，分别是账户及策略管理模块、策略模块、交易模块、回测平台、业绩分析模块和数据中心。
- 量化投资团队的主要工作就是依托量化投资系统，打造不断提高系统盈利能力和风险控制能力的良性闭环。

思考题

如果你是一名程序员，怎么为量化投资系统设计数据中心，应该选用什么数据库呢？这里有两个关键的需求，一是高频交易过程中要保证数据的实时性，二是在回测平台调用时，要保证可以存储大量的市场历史数据。

番外小知识　詹姆斯·西蒙斯和他的大奖章基金

詹姆斯·西蒙斯是文艺复兴科技的创始人，是金融史上最成功的投资者之一，《破解市场密码的人》讲述的就是西蒙斯的传奇奋斗史。创立文艺复兴科技公司之前，西蒙斯的身份是美国纽约州立大学石溪分校的数学系主任，他还担任过美国国防研究所的密码破译员、麻省理工和哈佛大学的数学老师，没有一个身份与华尔街有关。西蒙斯渴望赚钱，并不是因为想满足物质欲望，而是因为在他眼里"金钱就是力量"，足够多的财富不光能带来地位，还可能改变世界。

就这样，西蒙斯开始像研究数学问题一样研究资本市场。1988 年，文艺复兴科技的第一只私募产品"大奖章基金"成立，产品的基金经理是两位著名的数学家：西蒙斯本人和埃克斯。两人都获得过数学界的最高荣誉——伟布伦奖，这也是大奖章基金名字的由来。大奖章基金就像一台印钞机，不断为西蒙斯的基金公司带来财富。从 1988 年到 2019 年，大奖章基金的年化收益率为 66%，虽然该基金收取 5% 的管理费和 44% 的业绩报酬，但扣除这些费用后的年化回报率依然超过 35%。

> 那么他们是如何创造出这样一台"印钞机"的呢？相传，大奖章基金使用的是隐形马尔可夫模型的择时策略，不过这一点并没有被证实。我们可以知道的是，文艺复兴科技的数据库里存储了市场上几乎一切可以结构化的数据，包括市场上所有的交易数据、公司季报、研报、新闻，甚至是社交平台的帖子和港口报关数据，等等。他们每年都会购买大量的硬盘和处理器，来存储并分析这些数据，找到可靠的交易模式，这也是现在众多量化基金所做的事，而他们早在二十年前就开始这样做了。西蒙斯还发明了独特的"壁虎式投资法"，也就是像壁虎一样，平时趴在墙上一动不动，蚊子一旦出现就迅速将其吃掉，然后恢复平静，等待下一个机会。这样的投资策略也让大奖章基金在历经数次金融危机后，始终屹立不倒。

第 26 节　机器学习：我们能将机器学习用于量化投资吗

本节介绍机器学习在投资过程中的应用。

在第 25 节介绍的量化投资系统框架中，最能影响投资收益的模块是哪个呢？毫无疑问，是策略模块。策略模块可以说是整个系统的大脑，其他模块都是为策略模块做出正确决定服务的。

策略模块采用的核心思想，可以是第四章介绍的不同的投资策略，也可以是更复杂的算法模型。特别是 2016 年以来，机器学习飞速发展，在互联网、医疗、智能交通、自动驾驶等领域得到了成功的应用。业内领先的公募基金和私募对冲基金都开设了机器学习部门，机器学习特别是深度学习模型逐渐在投资领域占据了主导地位。时至今日，更是成了中外所有知名量化机构的主流策略。

但是，由于投资领域不像互联网领域那样，拥有开源、分享的精神，对于投资策略有极其严格的保密机制，因此没有一家成功的投资公司会把自己方案的细节公之于众，这也导致了相关资料的极度稀缺。

虽然本节不可能提供一套确保读者赚大钱的机器学习策略，但是会结合作者对业界的调研，讲解一套已经被业界验证可行的机器学习建模方案。希望读者能以此为起点，在正确的方向上继续探索，通过不断的回测和验证，整理一套基于机器学习模型的投资方法。

机器学习模型能解决什么投资问题？

谈起训练机器学习模型用于投资，我猜你会先想到训练一个模型来炒股。例如，通过模型预测股票的涨跌，然后只要按照预测结果进行投资就好了。其实，机器学习在金融行业的应用范围要宽泛得多，除了直接预测股票涨跌，还有人利用机器学习模型选股，或者判断某个股票基本面的好坏，进而生成一些高阶的投资因子，这些都取得了非常不错的效果。

包括第 24 节介绍的多因子模型，本质上就是利用投资相关的多个因子，通过训练一个模型进行投资。只不过，传统的基金公司更多是利用线性模型，直接组合这些因子，而在机器学习领域，模型的复杂度更高，可利用的特征更多，对特征的利用也更充分。

因此，利用机器学习解决投资问题的思路，其实和在互联网领域解决推荐、广告问题的思路是一样的，只不过利用的特征完全变了。如图 5-2 所示，推荐、广告模型利用的是用户的年龄、性别，物品的类别、价格等特征，投资领域的模型利用的是技术面因子、宏观因子、基本面因子等投资领域的特征。

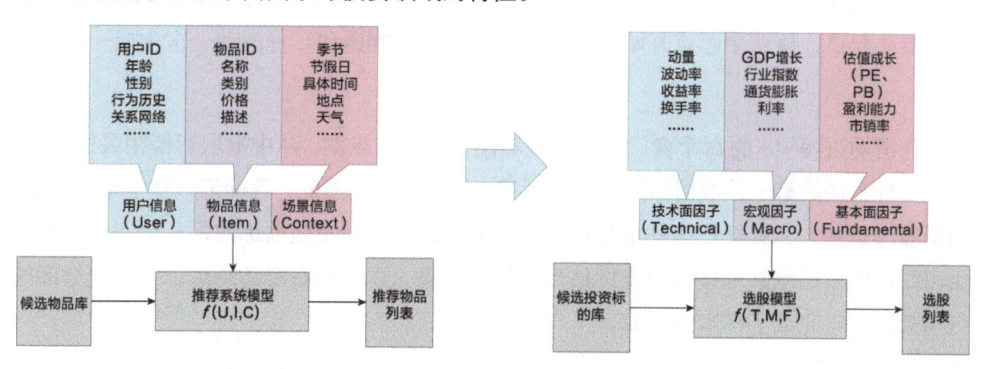

图 5-2 推荐系统和机器学习选股系统的对比

虽然机器学习模型的应用很广泛，但直接预测股票之类投资标的的涨跌显然是最有挑战性的。接下来，我会基于这个问题，介绍从样本生成、特征选取、模型训练，到模型预估的大致思路。

训练样本和特征如何生成？

在训练模型之前，我们先解决训练样本如何生成，以及训练所需的特征和标签如何处理的问题。

对于一个预测股票涨跌的问题，我们一般使用**滑动窗口**的形式生成训练样本。如

图 5-3 所示，它是某只股票半年内的价格走势图。

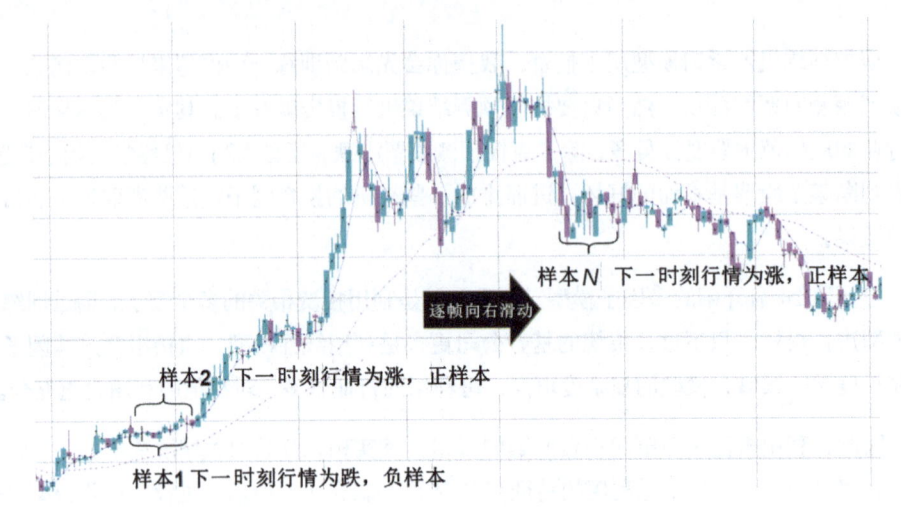

图 5-3　基于行情数据的训练样本生成过程

在生成训练样本时，我们先选取一个滑动窗口长度，比如 10 个数据点。然后，选择一个滑动起点，从这个起点开始，逐个数据点地向右侧滑动，每滑动一次生成一个训练样本。

在滑动过程中，将每个窗口内的行情数据作为历史数据，从中提取行情相关的特征；将窗口外右侧的第一帧数据作为样本的标签。如果股票是涨的，就标记该样本是正样本；如果股票是跌的，就标记该样本是负样本。当然，如果你希望训练的是一个回归模型，也可以把股票的涨跌幅度这个连续值当作样本标签。直到向右滑动结束，处理完全部的行情数据，就完成了样本的生成。

特征一般分为两大部分，一是场内行情特征，二是场外特征。其中，场内行情特征指的是将滑动窗口内部的行情数据（如股票价格、成交量、换手率等信息）处理后得到的特征。场外特征指的是该时刻跟这只股票相关的所有其他数据，如这家公司基本面的数据、宏观经济数据等。

需要注意，不管是什么特征，都要遵循一个基本原则：**一定要用滑动窗口所在时间段的数据生成该时刻的特征，而不能引入窗口之后的任何数据**。因为这样就相当于引入了未来信息，属于模型训练中的作弊行为。

样本的生成还和问题的尺度有关。这个例子中我们采取了股票的日频数据，但如果是一个高频算法，日频数据的粒度显然过粗了，我们就要换成分钟级甚至秒级的数据。样本标签的生成也和涨跌信号的定义有关，我们可以选择下一刻的涨跌，也可以选择接下来 5 个时间点之后的涨跌。具体选择什么问题尺度，以及如何定义样本标签，要根据你想解决的问题的场景来确定。

什么样的模型结构适合股价预测？

我们的样本和特征已经准备好了，下一步就是选择合适的模型结构进行股价预测。如果你有一些机器学习的背景，通过观察行情数据的特点，不难猜出到底什么模型适合股票价格的预测。

如图 5-4 所示，因为行情数据天然是序列化的，所以序列模型自然就是最适合处理行情数据的模型。事实上，国内的量化投资公司某方，以及国外的量化巨头 Two Sigma，都披露过序列模型在它们的投资场景下的成功应用，序列模型也曾在 Two Sigma 举办的股票预测大赛中大放异彩。接下来，我就介绍序列模型的应用。

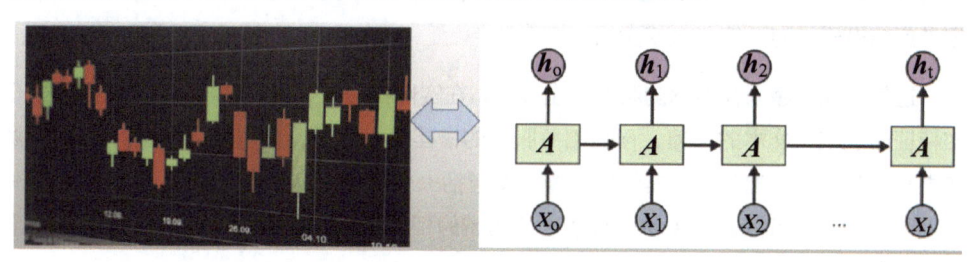

图 5-4　行情数据与序列模型

对一个序列模型来说，最重要的是要清楚它的基本结构和输入输出。图 5-5 就是一个经典的序列模型结构示意图。其中，$x^{<1>}$到$x^{<t+1>}$是它的输入，$y^{<1>}$到$y^{<t+1>}$是它的输出，蓝色模块间的$a^{<t>}$，就是不同状态间传递的权重信息。

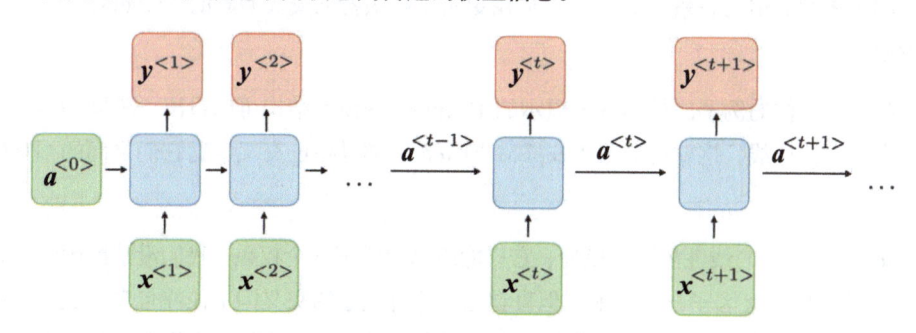

图 5-5　序列模型的结构示意图

序列模型是如何应用在预测股价这件事情上的呢？其实这个过程是很直观的。输入$x^{<t>}$其实就代表时刻 t 股价相关的特征向量，你可以把我们准备好的多因子特征都放到这个向量中。例如，向量的第一个维度代表成交量，第二个维度代表上一时刻的涨跌幅度，第三个维度代表动量因子，等等。输出 $y^{<t+1>}$ 代表的是我们希望利用 $a^{<t>}$ 和 $x^{<t+1>}$ 预测出的结果，即 t 时刻的下一时刻的股票涨跌结果。

读者清楚这两点就可以了，关于序列模型的具体结构先不用多想。因为成熟的机器学习工具，如 TensorFlow、PyTorch 等，都已经封装好了模型结构，使用时直接调用就可以了。

清楚了输入和输出，下一步就是利用上面介绍的滑动窗口的方法，准备好每个时刻的训练样本，然后调用 TensorFlow 等平台的训练接口，训练好一个序列模型。

接下来，我们就可以利用训练好的序列模型进行预测了。在实盘预测中，由于序列模型依赖当前时刻前 t 个时刻的所有输入特征，所以我们也要准备好 $x^{<1>}$ 到 $x^{<t+1>}$ 的输入，然后利用这些输入预测 $y^{<t+1>}$ 这个输出，也就是下一时刻的股票涨跌。再根据预测结果决定当前的投资行为，如买入或卖出。

这就是利用序列模型预测股票的全过程。在实际操作时，有大量细节工作需要准备，如特征的选取、样本的处理、预估相关服务的搭建等。此外，模型结构的选择也对预测结果有关键性的影响，如经典的序列模型就包括 RNN、LSTM、GRU 等。想了解这些模型细节的读者，可以进一步参考机器学习领域的相关资料。在"番外"里，我也会推荐相关的书籍和文章。

根据很多业内人士的经验，序列模型在高频场景下的效果更好，但是在天和月级别的低频领域，每个时刻的结果只跟前一个时刻关系较大，跟更早时刻的特征相关性很小。这时，序列模型的特点就很难发挥出来，我们就应该使用更合适的模型去挖掘当前时刻不同因子之间的相互关系。例如，可以使用更善于解决特征交叉问题的 XGboost、DeepFM 等模型。

举几个具体的例子。从图 5-6 展示的 DeepFM 的模型结构可以看出，不同输入特征之间存在很多连线，这就意味着 DeepFM 模型希望通过特征交叉学到它们之间的相互作用。

第 25 节提到的线性多因子模型，它只能给每个因子一个权重，我们没法给因子 1 且因子 2 这样的交叉因子一个权重。但直觉上，这种复杂的交叉因子往往包含了更有价值的信息，如当股价和交易量同时上涨这个信号出现时，后续的股价往往有更强的上涨动能，那么这样的交叉特征就更容易被 DeepFM 这类模型捕获。

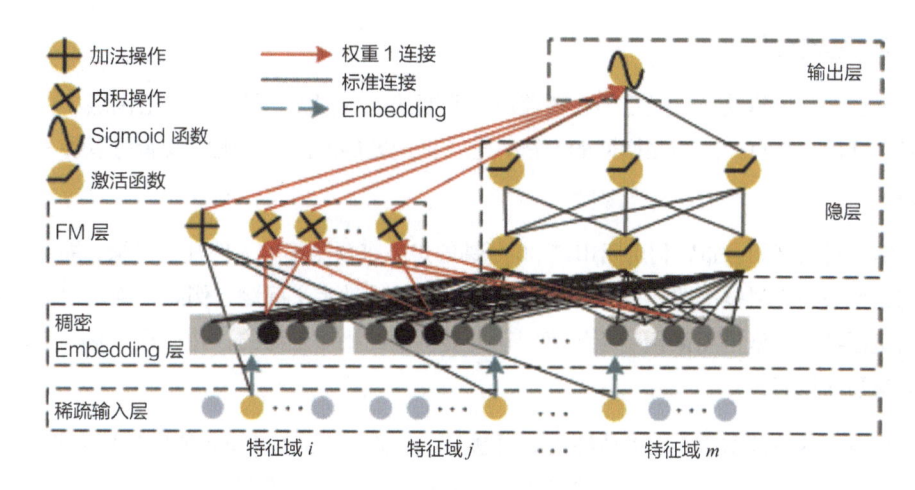

图 5-6　DeepFM 的模型结构

当然，机器学习是一个博大精深的领域，我们不可能用这么短的篇幅，把不同模型的细节和它们的特点都介绍清楚。如果读者对这个方向感兴趣，可以购买一些机器学习相关的书籍，补足相关的基础知识，再结合具体的投资问题构建模型。

魔鬼藏在细节里

我已经给出了用机器学习模型预测投资问题的基本方案，但要构建一个真正有效的模型，要做的工作远不止于此，因为还存在大量可能影响最终效果的细节问题。

西方有句谚语叫"魔鬼藏在细节里"，这一点工程师们肯定都深有体会。因为即使整体方案再"高大上"，在实现过程中，只要有一个细节没注意到，得到的结果就可能与最初预想的效果天差地别。我们的日常工作如此，构建一个投资模型更是如此。因为要注意的细节问题实在太多了，这里我不能全都列出来，但我可以列出两个最关键的问题，希望对读者有所启发。

数据清洗问题

还是以预测股价走势为例。对机器学习模型来说，我们希望发现的是一些比较稳定的数据模式和规律，这就要求我们剔除存在异常的数据。

例如，剔除刚上市的新股，因为它们的表现往往具有独特性；剔除开市前几分钟及闭市前最后几分钟的数据，因为这个时段的数据噪声比较大；剔除一些垃圾股，以及近期受政策影响较大的股票，因为这些数据不具备一般性。依此类推，当我们清洗了大部分异常数据之后，在留下的数据中，更有可能挖掘到稳定的、预测准确度高的规律。

问题的定义

事实上，和建立一个通用的、覆盖所有股票的模型相比，把问题的范围缩小，是更容易训练出一个有效的预测模型的方法。怎么把问题的范围缩小呢？读者可以参考下面几种做法。

缩小时间区间，如只利用闭市前 30 分钟的走势来预测第二天的开盘行情；缩小股票区间，如只研究科技类股票的走势；还可以有针对性地定义问题，例如，确定自己要构建的机器学习模型是用来预测螺纹钢跟动力煤价格的相对走势的，并在这个基础上构建配对交易的策略。

只有在这些范围更小、更精细化的问题上，机器学习模型才有可能发挥更大的威力。作为业余选手，我们只有挑准一个角度，深入钻研，才有可能在一个非常细分的领域打败专业的团队。

机器学习模型的局限性

虽然机器学习模型已经在投资领域取得了不小的成功，但我们要清楚，机器学习不是解决投资问题的"银弹"。在实际应用中，机器学习模型，特别是深度学习模型还存在一定的局限性。这里，我结合专业团队的一些经验总结，列出三点主要的局限性（如图 5-7 所示），供读者参考。

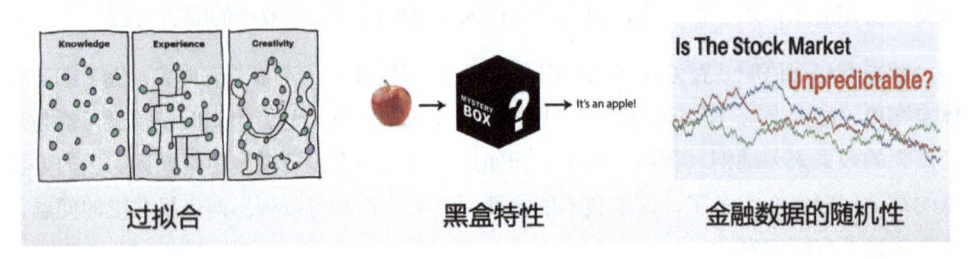

图 5-7　投资领域机器学习模型的局限性

（1）复杂模型容易产生严重的过拟合现象。

（2）由于深度学习的黑盒特征，在模型效果变差时，我们很难给出有效的解释。

（3）与推荐系统的数据相比，金融数据里的噪声更大，很多数据点都在杂乱的随机波动。而且，埋藏在杂乱数据下的潜在规律也在随时变化，这让深度学习模型学习到稳定数据模式的难度变大，且模型的有效期更短。

这三点局限性，不仅困扰着普通投资者，而且让一线的量化投资团队相当头疼。为了尽量规避这三点局限性，专业的量化投资团队会在模型结构优化、数据清洗、模型实时更新等多个方向上进行改进。我们可以在技术上学习这些做法，但也要牢记：作为普通投资者，我们的时间、精力和资源都是有限的，**一定要把有限的时间用在解决一个规模较小的问题上**，这样才有可能在一个点上击败专业投资者。

小结

本节介绍了机器学习在投资领域的典型应用，讲解了一套已经被业界验证可行的机器学习建模方案。最后，我再列出本节的关键知识点，供读者回顾。

- 用机器学习解决投资问题的本质思路与解决推荐、广告问题是一样的，只不过二者所利用的特征完全不同。
- 在股票预测中，训练数据是通过滑动窗口滑动生成的。在生成过程中要避免引入未来信息。
- LSTM、RNN 等序列模型常被用于解决与走势相关的预测问题，XGboost、DeepFM 等模型更善于处理特征交叉的问题。
- 影响机器学习模型成败的关键在于细节。严格的数据清洗和精准的问题定义，都是成功的关键。
- 机器学习模型在投资领域的应用存在局限性，最重要的三点是过拟合、黑盒特性以及金融数据的强随机性。我们要懂得扬长避短，尽量规避这些局限性。

思考题

在精力有限的情况下，你觉得下面三个场景中的问题，哪一个更适合用机器学习的方式解决？为什么？

- 我想训练一个分钟级别的预测螺纹钢期货涨跌的模型。
- 我想用机器学习模型寻找下一周可能上涨的行业。
- 我听说过涨停敢死队的故事，想用机器学习模型在盘中预测哪只股票可能会涨停。

> **番外小知识　纯技术导向的量化投资公司——Two Sigma**
>
> Two Sigma 诞生于 2001 年，目前的资金管理规模超过 580 亿美元，是与文艺复兴、德劭集团等并列的全球顶尖的量化投资机构，它被认为是华尔街研发能力最强的量化投资机构之一。公司的创始人大卫·西格尔和约翰·奥弗德克都不是金融专业出身，一位是斯坦福大学的统计学硕士，一位是麻省理工学院的计算机博士。目前公司的 1600 多名员工中，超过三分之二为研发人员，大部分员工来自国际顶尖院校的计算机、数学和其他理工专业，所以在 Two Sigma 的世界中，投资其实是一个在特殊场景下的科学问题。而在该公司的官网首页，我们可以看到他们那句脱俗的自我介绍——这就是金融科学。
>
> Two Sigma 这个名字其实寓意了 Sigma 一词的两种含义：小写的 Sigma"σ"代表投资的波动性，而大写的 Sigma"Σ"是求和的意思。Two Sigma 十分重视技术创新和计算机技术的运用，公司内部的人员构成也突显出其对技术的重视。与传统的量化投资机构不同，Two Sigma 不专注于分析和预测证券价格之间的统计学关系，公司的数据库存储的海量信息，包括全球新闻、分析师研报、公司财报甚至是气象数据。Two Sigma 做的是借助高效的算法来过滤这些信息，从中寻找线索，并做出交易决策。就像公司的首席商务官卡特里昂说的那样："我们相信，使用数据和技术平台，尽可能多地积累信息以做出最佳预测并有效管理风险，是正确的方法。"

第 27 节　量化实战：从 0 搭建一套简单的量化投资系统（上）

通过第四章的学习，你已经了解了价值投资、趋势跟踪等五种投资策略。通过第 25 节和第 26 节的学习，你也掌握了量化投资系统的框架和近年来非常成功的机器学习投资模型，现在是在实战中把这些策略融会贯通的时候了。本节会带你应用这些投资知识，搭建一个简单的量化投资系统。

看到这里，很多读者会会心一笑：又到了发挥我们理工男技术优势的时候了。没错，我们会在量化投资框架的基础上，搭建一个包含了管理模块、策略模块、回测平台、数据中心、业绩分析模块和模拟交易模块的一整套量化投资系统。

当然，跟专业的系统比起来，它还稍显稚嫩，但也可以做到"麻雀虽小，五脏俱全"。本节的实战内容，不是为了构建一个大而全的系统，而是要帮助有志于此的读者迈上更高的台阶。帮助读者熟悉**量化投资系统的框架**，掌握关键模块的基本原理，并以此为出发点，按照读者的投资思想完善更多的细节。

温故知新：量化投资项目框架图

首先，回顾量化投资系统的框架。典型的量化投资系统框架包括六个主要模块。其中"**管理模块**"是整个系统的管理者，负责调度所有的模块执行相应的任务；"**策略模块**"用来执行不同的投资策略；"**交易模块**"执行具体的交易操作；"**回测平台**"类似于机器学习中的离线测试平台，用来试验各种新策略；"**业绩分析模块**"用来评判各个策略的盈亏情况和各个环节的运行情况；"**数据中心**"用来存储整个系统的所有基础数据。

接下来要讲的实战项目，将利用之前讲过的日历效应策略，以及二八轮动策略的满仓版本和可以空仓版本，构建针对沪深 300 指数、中证 500 指数及中证 1000 指数三个指数的量化投资系统。这个系统的具体技术框图如图 5-8 所示。

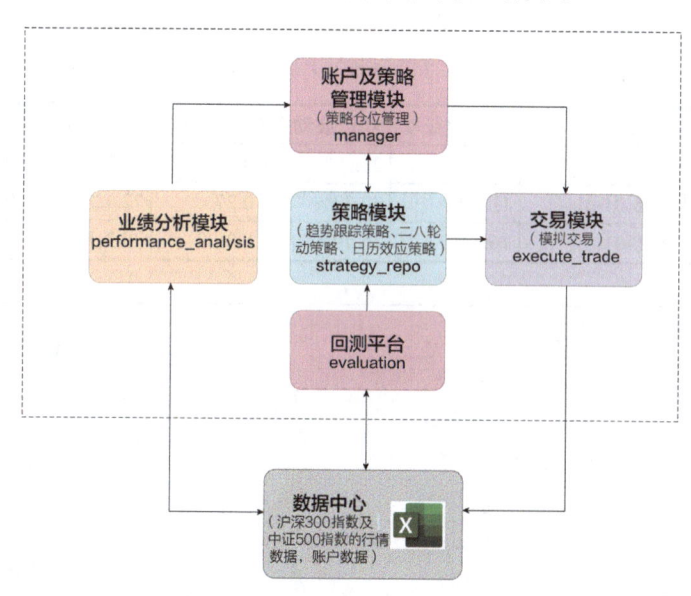

图 5-8　量化投资系统的具体技术框图

在具体实现中，我们将用 Python 实现所有的逻辑。为了方便你获取数据，我们以 Excel 为数据中心，保存所有的行情和账户数据。整个项目的代码和数据，已经上传到我的

GitHub 上（请登录 GitHub 网站，搜索 smartinvest 项目）。为了方便你熟悉项目中的细节，我建议你先把项目复制（clone）下来，然后安装 Jupyter notebook，在 Jupyter 中边测试代码，边看书中的讲解。

先睹为快：来看我们的成果

在开始讲细节之前，我想先向读者介绍构建这个量化系统能够得到的成果，让读者有一个明确的目标。

我们可以把整个量化投资系统看成一只基金，并叫它"量化一号"。两位作者就是量化一号的"基金经理"，通过多策略之间的量化操作帮你管钱。这时你就要问了：这只量化一号基金的收益率和风险特性怎么样？我们来看它跟沪深 300 指数、中证 500 指数这些经典指数的对比情况。

从表 5-1 中的对比结果可以看出，量化一号的表现是非常优异的，年化收益率达到了 16.00%，大幅超过了沪深 300 指数的 8.51% 和中证 500 指数的 11.18%，而且最大回撤仅为 29.21%，明显好于两个指数 70% 以上的最大回撤。量比一号的净值与沪深 300 指数、中证 500 指数的对比如图 5-9 所示。接下来，就跟着我一步步操作，了解量化一号的实现细节吧。

表 5-1　量化一号的指标与沪深 300 指数指标、中证 500 指数指标的对比

资产名	成立日	年化收益率	年化波动率	夏普率	最大回撤	Calmar
沪深 300 指数	2005-01-01	8.51%	28.20%	0.21	72.30%	0.12
中证 500 指数	2005-01-01	11.18%	32.22%	0.27	72.42%	0.15
量化一号	2005-01-01	16.00%	15.79%	0.86	29.21%	0.55

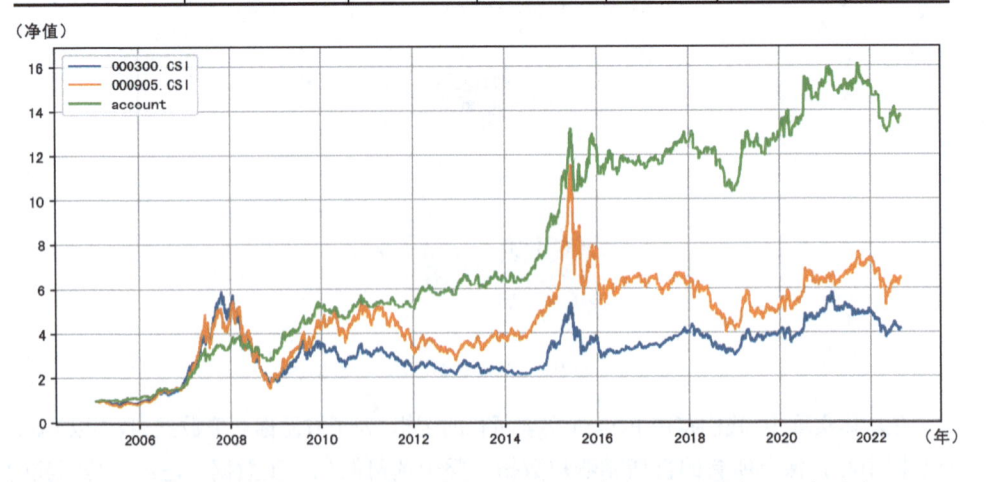

图 5-9　量化一号的净值与沪深 300 指数（hs300）、中证 500 指数（csi500）的对比

数据中心：熟悉我们的数据

首先，我们来看数据中心。相关的数据可以从 GitHub 项目中的 basic_data 地址直接下载。这个行情数据分别保存了沪深 300 指数、中证 500 指数、中证 1000 指数、上证综指近二十年的日级数据。图 5-10 展示了行情数据的具体格式。

	datetime	csi1000	csi500	hs300	sse
1	datetime	csi1000	csi500	hs300	sse
2	2004-12-31	1000.0	1000.0	1000.0	1266.496
3	2005-01-04	989.984	986.927	982.794	1242.774
4	2005-01-05	1013.583	1003.633	992.564	1251.937
5	2005-01-06	1005.465	994.595	983.174	1239.43
6	2005-01-07	1011.74	997.606	983.958	1244.746
7	2005-01-10	1023.638	1006.337	993.879	1252.401
8	2005-01-11	1027.159	1008.343	997.135	1257.462
9	2005-01-12	1024.92	1008.62	996.748	1256.923
10	2005-01-13	1029.298	1013.07	996.877	1256.314
11	2005-01-14	1011.875	1000.169	988.306	1245.62
12	2005-01-17	986.661	977.522	967.452	1216.652
13	2005-01-18	1008.107	991.419	974.689	1225.454
14	2005-01-19	1002.46	986.241	967.21	1218.108
15	2005-01-20	989.441	972.463	956.245	1204.394
16	2005-01-21	1006.25	988.519	982.604	1234.476
17	2005-01-24	1028.011	1008.175	998.133	1255.777
18	2005-01-25	1015.1	999.553	997.775	1254.234
19	2005-01-26	1006.84	987.955	989.928	1241.958
20	2005-01-27	989.414	971.373	974.631	1225.891
21	2005-01-28	963.005	952.413	969.209	1213.673

图 5-10　行情数据的具体格式

这个数据格式非常简单直观，按天记录了四个指数的净值数据。后面介绍的量化策略也会完全基于这四个指数的行情数据进行构建。

在量化系统的具体实现中，我们将使用 get_hist_data 函数对行情数据进行读取。这个函数会根据你输入的指数代码列表和截止日期，从 basic_data.csv 中读取相应的数据，以 pandas dataframe 的形式返回，供其他模块使用，具体实现请参照代码 5-1。

代码 5-1

```
# 数据接口
def get_hist_data(index_ids=None, end_date=None):
    """
    读取指数历史数据到指定截止日
    Input:
        index_ids: list of str, 指数代码列表, like ['hs300', 'csi500']
        end_date: datetime.date, 截止日期
    Output:
```

```
        data: df(date*, index1, index2, ...), 多个指数的历史收盘价序列
    """
    # 从 csv 文件获取指数价格数据
    data = pd.read_csv('basic_data.csv').set_index('datetime')
    data.index = [datestr2dtdate(e) for e in data.index]
    print('基础数据起止日期：%s,%s' % (data.index[0],data.index[-1]))
    if index_ids is not None:
        data = data.loc[:,index_ids]
    if end_date is not None:
        data = data.loc[:end_date,:]
    return data
```

策略模块：探索策略实现的细节

我要讲的第二个模块是策略模块。我们将在系统中实现三个策略，分别是我们在第 19 节介绍的日历效应策略，以及在第 22 节介绍的二八轮动策略的满仓版本和可空仓版本。如果你觉得自己还不太熟悉这些策略的原理，可以先回到相应的那一节复习。

这里，以二八轮动策略的可空仓版本为例，讲解策略实现的细节，如代码 5-2 所示。

首先需要明确的是 rotation_stgy1 这个二八轮动策略函数的输入和输出。输入有四个参数，分别是上一步准备好的历史行情数据（data）、策略开始的起始时间（start_date）和结束时间（end_date），以及策略中需要的参数（params）。在这个策略中，通过 params 传入策略函数中的参数是 N，它代表了在进行二八轮动时，需要查看过去多少天的历史行情数据。

代码 5-2

```
    # 二八轮动策略（可空仓版本）
    def rotation_stgy1(data, start_date, end_date, params):
        """
        开盘前调用，返回目标组合权重
        Input:
            data: df(date*, index1, index2, ...), basic data
            start_date, end_date: 'yyyy-mm-dd' or datetime.date
            params: dict, format {'index_list':['N':20}
        Output:
            target_wgt: df(trade_date*, index1, index2, ...) 目标权重
        """
        if type(start_date) is str:
            start_date = datestr2dtdate(start_date)
```

```
    if type(end_date) is str:
        end_date = datestr2dtdate(end_date)
    N = params['N']

    start_date0 = start_date - datetime.timedelta(N)*2
    dates0 = get_trading_dates(start_date0, end_date)
    data0 = data.reindex(index=dates0)
    N_day_ret = data0.shift(1) / data0.shift(N+1) - 1   # 截至昨日收
盘时的最近 N 个交易日的涨幅
    target_wgt       =      pd.DataFrame(0,      index=data0.index,
columns=data0.columns)
    for i in range(1,len(target_wgt)):
        t = target_wgt.index[i]
        t0 = target_wgt.index[i-1]
        if N_day_ret.loc[t0,'hs300'] >= N_day_ret.loc[t0,'csi500']
and N_day_ret.loc[t0,'hs300']>0:
            target_wgt.loc[t,'hs300'] = 1
        elif N_day_ret.loc[t0,'hs300'] < N_day_ret.loc[t0,'csi500']
and N_day_ret.loc[t0,'csi500']>0:
            target_wgt.loc[t,'csi500'] = 1
    target_wgt = target_wgt.loc[start_date:end_date].fillna(0)

    return target_wgt
```

在上面的代码中，策略函数的返回值 target_wgt 是什么呢？如图 5-11 所示，它其实是一个存储了策略相关各标的仓位的 dataframe。例如，图中 2021 年 7 月 28 日这一天，只有中证 500 指数的仓位是 0.5，这就意味着在那天我们应该把资金的 50% 配置在中证 500 指数上，空仓其他指数。

日期	csi1000	csi500	hs300	sse
2004-12-31	0.0	0.0	0.0	0.0
2005-01-04	0.5	0.0	0.0	0.0
2005-01-05	0.5	0.0	0.0	0.0
2005-01-06	0.5	0.0	0.0	0.0
2005-01-07	0.5	0.0	0.0	0.0
...	...	...	...	...
2021-07-26	0.0	0.5	0.0	0.0
2021-07-27	0.0	0.5	0.0	0.0
2021-07-28	0.0	0.5	0.0	0.0
2021-07-29	0.0	0.0	0.0	0.0
2021-07-30	0.0	0.0	0.0	0.0

图 5-11 策略函数的返回值

清楚了输入和输出，下一步要搞清楚的就是实现策略的核心代码。

在上面的代码中，我们要重点看的是第 26 行和第 28 行的两个条件判断表达式。其中，t0 是上一个交易日的时间标识，N_day_ret 是最近 N 个交易日的区间涨跌幅，所以第一个表达式的含义是：最近 N 个交易日区间上，沪深 300 指数的涨跌幅高于中证 500 指数的涨跌幅，并且沪深 300 指数的涨跌幅为正值。此时，就应该满仓沪深 300 指数。

相应地，第二个表达式的含义就是：最近 N 个交易日区间上，中证 500 指数的涨跌幅高于沪深 300 指数的涨跌幅，并且中证 500 指数的涨跌幅为正值。此时，满仓中证 500 指数。其他情形一律空仓。也就是既不持有中证 500 指数，也不持有沪深 300 指数。总的来说，就是要看最近 N 个交易日的涨跌幅，哪边高投哪边。如果高的那边也是负收益，我们就空仓。

到这里，我介绍完了二八轮动策略可空仓版本的核心逻辑。对于其他两个策略，你可以用类似的方式，从代码入手，弄清楚它们的细节。

回测平台：找到策略的最优参数

为了确定各个策略的参数，如二八轮动策略中的参数 N，我们还需要构建一个回测平台，通过不断地回测找到参数的最佳值。

代码 5-3 就展示了回测平台的主要逻辑，我已经在关键的地方添加了注释，建议读者先读一遍注释和代码，再跟我一起梳理关键的逻辑。

代码 5-3

```
# 设置回测参数
start_date = datetime.date(2004,12,31)  # 回测起始日期
end_date = datetime.date(2021,7,31)  # 回测截止日期

# 读取基础数据
data = get_hist_data(end_date=end_date)

# 调用策略模块，生成目标组合权重
target_wgt1 = calendar_stgy(data, start_date, end_date, params={'index_id':'hs300', 't1':1, 't2':5})
target_wgt2 = calendar_stgy(data, start_date, end_date, params={'index_id':'csi1000', 't1':1, 't2':5})
target_wgt3 = rotation_stgy(data, start_date, end_date, params={'N':20})
```

```
    target_wgt4    =    rotation_stgy1(data,   start_date,   end_date,
params={'N':20})
    target_wgt = 0*target_wgt1 + 0.5*target_wgt2 + 0*target_wgt3 +
0.5*target_wgt4 # 多策略目标组合整合

    # 产生每日持仓权重
    hold_wgt = target_wgt # 假设每天都可以准确地执行交易计划

    # 计算组合业绩
    asset_ret = data.pct_change().loc[start_date:end_date]
    res = (1+asset_ret).cumprod()
    res['account']    =    (1+(hold_wgt.shift(1)    *
asset_ret).sum(axis=1)).cumprod()

    # 展示净值曲线图和业绩指标表
    res.loc[:,['hs300','csi500','account']].plot(figsize=(16,8),
grid=True)
    cal_period_perf_indicator(res.loc[:,['hs300','csi500','account']
])
```

在回测过程中，我们首先要做的当然是**准备数据**。这里，我们利用 get_hist_data 函数准备好了起止时间区间内的历史数据。在真实的回测过程中，你也可以根据特定策略选择起止时间，例如，对一些时效性强的策略，就不太适宜使用过长的历史数据。

回测的第二步是**调用不同的策略函数，生成不同策略的历史仓位记录**。例如，我调用了两个日历效应策略（calendar_stgy）和两个轮动策略（rotation_stgy 和 rotation_stgy1），生成了它们的历史仓位记录。回测平台是专门用于策略调参的地方。你可以输入不同的策略参数，生成大量的策略持仓记录，然后通过后续的业绩分析模块进行业绩对比，最终确定最优的策略参数。

第三步是**针对组合策略进行操作**。如果你想开发的不是单一的策略，而是由几个策略混合起来的组合策略，就需要确定不同策略之间的权重占比。例如，程序中的最终执行仓位 target_wgt，就是由 50% 的日历效应策略仓位（target_wgt2）和 50% 的可空仓轮动策略仓位（target_wgt4）混合而成的。在真实策略的回测过程中，这里的权重是需要通过大量的回测和业绩对比来决定的。

第四步是**进行业绩分析并显示结果**。这里，我们根据上面计算好的策略历史仓位和数据中心提供的历史行情数据，计算出各策略的净值数据和业绩指标，然后调用 Python 的 Matplotlib，把曲线画出来。至于分析业绩的详细过程，我会在第 28 节介绍业绩分析模块的逻辑时讲解。

小结

本节，我讲解了量化系统的三个模块。在这里，我总结了本节的几个要点，供读者温习。

- 我们要实现的量化投资系统包含了**管理模块、策略模块、回测平台、数据中心、业绩分析模块和交易模块六大模块**。
- 我们的系统会利用日历效应策略，以及二八轮动策略的满仓版本和可空仓版本，针对沪深 300 指数、中证 500 指数和中证 1000 指数构建量化策略。
- 通过对过去十七年半数据的回测，可以看到，我们构建的量化一号实现了 16.00% 的年化收益率和 29.21% 的最大回撤，与中证 500 指数、沪深 300 指数的原始指数相比，均有较大改善。

本节重点讲解的是数据中心、策略模块、回测平台这三个模块的实现细节，希望读者能够对照源码再梳理一遍，加深理解。

第 28 节，我们将继续进行量化实战项目的讲解，期待和你一起完成一个简单但功能完备的量化投资系统。

思考题

你能通过修改代码，验证二八轮动策略在不同参数下的效果吗？例如，可空仓版本的二八轮动策略，在 N=10、N=20、N=30 时的年化收益率分别是多少？

第 28 节　量化实战：从 0 搭建一套简单的量化投资系统（下）

本节，我们继续进行量化投资实战项目的学习。

第 27 节介绍了量化投资项目的技术框图，讲解了其中的数据中心、策略模块和回测平台三个模块。本节我们继续学习剩下的模块，包括管理模块、交易模块和业绩分析模块。

管理模块：策略顶层配置方案的制定者

第 25 节已经明确了，**管理模块是整个系统的绝对核心**。一家专业的量化投资公司，每天开盘前做的第一件事就是运行管理模块，分析历史交易数据，得到当天交易的顶层配置方案。这里的顶层配置方案，可以是不同策略之间的权重占比，也可以是具体投资标的的持仓方案。在实际执行过程中，需要根据公司的风格决定不同的配置方案。

回到我们的量化投资系统。第 27 节已经通过回测平台决定了不同策略之间的权重，即日历效应策略占 50%，可空仓轮动策略占 50%。那么，为了制定出当天交易的详细方案，管理模块需要根据不同策略的权重，制定一个可行的"目标持仓"。代码 5-4 就用来完成这个过程。

代码 5-4

```
"""
    开盘前
"""
T = datetime.date(2020,8,3) # 设置拟交易日期
target_amount = 100000 # 目标投资金额


# 读取基础数据：截至 T-1 日
data = get_hist_data(end_date=T-datetime.timedelta(days=1))


# 生成目标组合权重
target_wgt1 = calendar_stgy(data, start_date=T, end_date=T, params={'index_id':'csi1000', 't1':1, 't2':5})
target_wgt2 = rotation_stgy1(data, start_date=T, end_date=T, params={'N':20})
target_wgt = 0.5*target_wgt1 + 0.5*target_wgt2


# 输出目标持仓市值
target_mv = target_wgt * target_amount
print('目标持仓市值: ')
display(target_mv)
```

假设今天的交易日期是 2020 年 8 月 3 日，可用的资金总额是 10 万元。首先，通过 get_hist_data 函数从数据中心读出截至上一个交易日的历史数据；然后，利用在回测平台

测试好的混合策略，生成今天的目标持仓 target_wgt；最后，用目标持仓乘以资金总额，就得到今天我们希望达成的各标的的目标持仓市值 target_mv。

通过打印 target_mv 可以看到，我们希望今天将资金调整成如下分布：投资中证 1000 指数（csi1000）5 万元，投资中证 500 指数（csi500）5 万元，如表 5-2 所示。

表 5-2　2020 年 8 月 3 日的目标持仓市值

日期	csi1000	csi500	hs300	sse
2020-08-03	50000.0	50000.0	0.0	0.0

在确定了目标持仓之后，管理模块就会调用交易模块来执行具体的交易，以达成上面得到的交易目标。在一天的交易结束之后，管理模块还会调用业绩分析模块，总结当天的盈亏情况。接下来分别介绍交易模块和业绩分析模块。

交易模块：交易的实际执行者

交易模块是交易的实际执行者。在真实的量化投资系统中，我们会通过两种方式实现交易模块。

一种是**自动化交易**。它是通过调用交易所或第三方公司提供的交易 API 来实现的。例如，可用于期货自动化交易的 CTP 接口，就是上海期货交易所提供的供期货自动化交易的 API。

另一种是**交易员手动交易**。交易员会根据量化投资系统生成的交易目标，通过手动下单的方式实现。

我们这个项目选择了模拟手动交易的方式，没有创建真实的交易模块，主要是因为股票交易目前还没有官方的或合法的针对普通投资者的交易 API。因此，我们无法实现真实意义上的自动化交易。在进行业绩分析时，我们会假设系统的**交易总是可以达成当天的交易目标**。针对沪深 300 等指数，这个假设也是充分合理的，因为普通投资者的资金量有限，所以我们总是可以非常容易地达成当天的交易仓位目标。

这时，可能有读者会问：对于沪深 300、中证 500 这些指数，我们应该投资什么标的呢？这是个好问题，因为它们并不是某一只具体的股票，没有办法直接通过购买个股的方式来投资。这里介绍两种方便且手续费低的投资指数的方法。

第一种方法是我最推荐的，就是购买场内 ETF 基金。场内基金是指在股票交易所挂牌上市的基金，像股票一样能够用股票账户进行买卖交易。也就是说，只要你开了股票账户，就能交易场内基金。而且场内 ETF 基金的交易费率非常低，只有万分之一到万分之五。

与之对应的就是场外基金，它指的是平时我们可以在支付宝等理财 App 上购买的基金。它的申购费率一般在 1%左右，即使打折后也在 0.15%左右。而且，如果你短期卖出，还要收 1.5%的卖出费。和场内基金比，这是非常昂贵的交易费用。

我推荐的第二种方法是购买场外的 **C 类基金**。如果你没有股票账户，但是希望频繁交易指数基金，那么场外 C 类基金也是一个可行的选择。C 类基金的特点是申赎费几乎可以忽略不计，但是会增加一个每年 0.4%左右的基金销售服务费。这个特点就让 C 类基金特别适合作为可以频繁交易的指数基金。

举例来说，图 5-12 显示了某 C 类基金的交易费率明细。从图中可以看出，申购费率是 0。至于赎回费率（即卖出费率），7 天之内卖出所购基金，赎回费率是 1.50%；大于等于 7 天，小于 30 天卖出所购基金，赎回费率是 0.10%；大于等于 30 天卖出所购基金，没有赎回费。这样的交易费率对低频的交易策略是非常友好的。例如，日历效应策略或二八轮动策略的交易频率通常是月级别的，一般会大于 30 天，那么我们在交易 C 类基金时就不需要支付手续费了。

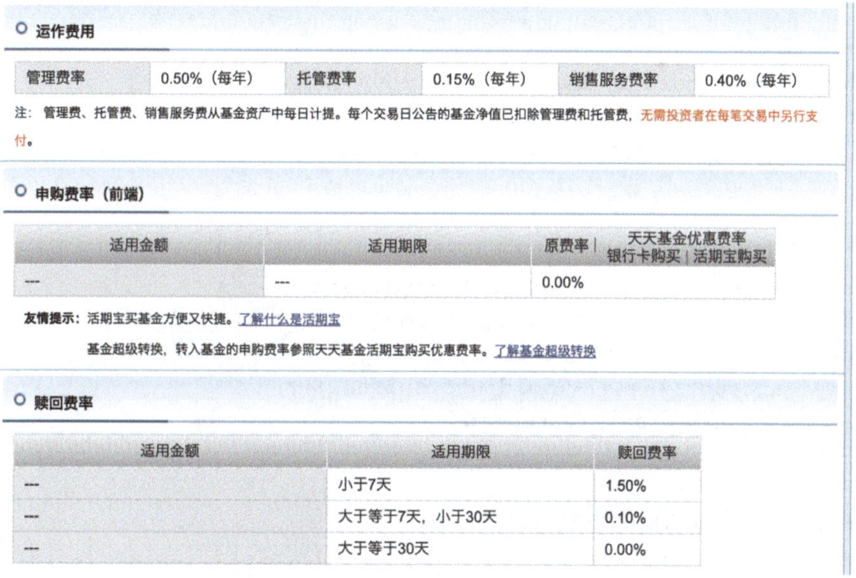

运作费用

管理费率	0.50%（每年）	托管费率	0.15%（每年）	销售服务费率	0.40%（每年）

注：管理费、托管费、销售服务费从基金资产中每日计提。每个交易日公告的基金净值已扣除管理费和托管费，无需投资者在每笔交易中另行支付。

申购费率（前端）

适用金额	适用期限	原费率	天天基金优惠费率 银行卡购买 | 活期宝购买
---	---	0.00%	

友情提示：活期宝买基金方便又快捷。了解什么是活期宝

基金超级转换，转入基金的申购费率参照天天基金活期宝购买优惠费率。了解基金超级转换

赎回费率

适用金额	适用期限	赎回费率
---	小于7天	1.50%
---	大于等于7天，小于30天	0.10%
---	大于等于30天	0.00%

图 5-12 某 C 类基金的交易费率明细

总的来说，我们系统的交易模块是一个模拟的交易模块，在管理模块生成目标仓位后，通过手动购买场内 ETF 或 C 类基金来执行。我们的策略是周到月级频率的，交易费

用可以忽略不计，因此整个手动交易过程是完全可行的。

业绩分析模块：来看看我们的收益是多少

交易模块在执行每次交易后，会把交易的成交结果记录在账户持仓记录表中。然后，就可以调用业绩分析模块，来分析我们到底赚了多少钱。

代码 5-5 就是业绩分析模块的代码。

代码 5-5

```
"""
    业绩分析：定期进行
"""
# 从账户持仓记录表中读取持仓市值数据
[4]hold_mv = pd.read_csv('账户持仓记录表.csv').set_index('date')
   hold_mv.index = [datestr2dtdate(e) for e in hold_mv.index]
   start_date = hold_mv.index[0]
[8]end_date = hold_mv.index[-1]



# 化为权重
[11]hold_wgt = hold_mv.iloc[:,0:4].copy()
   for t in hold_wgt.index:
[13]    hold_wgt.loc[t] = hold_wgt.loc[t] / hold_mv.loc[t,'amount']



# 计算净值
[16]data = get_hist_data(end_date=end_date)
[17]asset_ret = data.pct_change().loc[start_date:end_date]
   res = (1+asset_ret).cumprod()
[19]res['account'] = (1+(hold_wgt.shift(1) *
asset_ret).sum(axis=1)).cumprod()



# 展示净值曲线图和业绩指标表
[22]res.loc[:,['hs300','csi500','account']].plot(figsize=(16,8),
grid=True)
[23]cal_period_perf_indicator(res.loc[:,['hs300','csi500','account']
])
```

这里是怎么计算净值，并算出策略业绩的呢？结合上面的代码来分析这个过程。

第 4 行到第 8 行：从账户持仓记录表里读出了账户每天持有四个指数的市值。

第 11 行到第 13 行：根据持仓市值计算持仓权重。

第 16 行到第 17 行：计算出这四个指数每天的涨跌幅。

第 19 行：这一行是计算账户净值的核心。它用每个指数的昨收权重，乘以该指数当天的涨跌幅，然后对四个指数的乘积结果求和，这就是当天账户整体的涨幅。将账户每天的涨幅加 1 再累乘，就得到了账户净值序列。

第 22 行：画出了净值走势图。

第 23 行：根据净值计算出各种业绩指标。

这里需要注意的是业绩分析模块与回测模块中业绩分析部分的区别。在真实的量化投资系统中，业绩分析模块的输入一定是交易的实际成交记录，而不是回测过程中的模拟交易记录，两者是有区别的。

我们来看一个例子：在某个交易日，管理模块发给交易模块的指令是"以不高于每股 26 元的价格购买 1 万股公司 A 的股票"，但由于在一个交易日内股票价格总是在波动，所以实际成交价总是跟目标成交价有所偏离。

例如，交易模块分三次购买了共 1 万股公司 A 的股票，平均成交价是 25.6 元，这就低于管理模块输出的目标价格 26 元。在业绩分析模块计算实际业绩时，就要利用账户持仓记录表或交易记录表中记录的真实交易记录、持仓情况和交易价格计算准确的业绩。

其实公司越大，掌握的资金越多，实际交易结果与交易目标产生偏差的可能性就越大。假设我们的量化一号管理了 10 亿元的资金，这时，如果今天计划买入价值 1 亿元的公司 A 的股票，就极有可能在买入过程中抬升股价，造成无法按照目标价格成交的现象。这就要求我们通过实现更合理的交易策略来完成交易，在进行业绩分析时也要精准地根据每笔交易的实际成交结果得出业绩结果，而不是像回测模块那样，只考虑理想状态下的目标交易结果。

其实第 27 节已经给出了量化一号的效果，这里再回顾最关键的两个指标：年化收益 16.00%，最大回撤 29.21%，都比沪深 300 指数和中证 500 指数好很多。再来看综合性的衡量指标夏普率。在这个维度上，量化一号更是达到了 0.86，比沪深 300 指数的 0.21 和中证 500 指数的 0.27 高出不少，其实已经摸到了专业量化产品的门槛。

当然，我列出量化一号的业绩指标，主要是想给读者树立这样的信心：普通投资者是可以通过投入一定时间，构建一套切实可行、效果优于指数定投，甚至基本达到专业量化产品门槛要求的投资策略的。你看，专业投资者和咱们普通投资者之间，并没有那么大的鸿沟，如果能够充分利用我们的技术优势，是可以通过量化投资大幅提升我们的收益率的。

借助量化平台的力量，聚焦策略开发

到这里，我已经完成了对量化投资系统剩余三个模块的讲解。最后来看一个问题：如何解决数据、交易接口等问题，高效地构建一套真正可用的量化投资系统？

有心的读者读到这里，肯定会对交易数据和交易接口有疑问，例如，有没有公开的、免费的股票或者期货数据，或者有没有可以支持自动化交易的好用的 API 呢？这里我可以统一回复：没有。因为天底下没有免费的午餐。免费的、稳定的、可供随意获取的交易数据源目前是没有的，而万德等专业的交易数据库，费用又是普通投资者不能承受的。

至于交易 API，只有期货的 CTP 接口是普通投资者能够申请下来的，而且它也有一定门槛。股票类的交易 API，对普通投资者完全不开放。

那我们就没有办法进行量化投资了吗？当然不是。上面说的情况，只是说明我们还没有一个完美的解决方法，并不意味着搭建量化投资系统是完全不可行的。这时，就要开阔我们的思路，不要总是用完美主义的心态看待一个问题。

其实，量化投资是一整套解决投资问题的思路。我们完全可以利用量化投资产生交易信号，然后根据交易信号手动交易，来实现个人的量化系统。更何况，我不止一次强调过，普通投资者的交易优势在于一些中长期的交易策略。有些量化策略的交易信号要一周，甚至一个月才会产生一次，这根本不会给我们增加太多的交易成本。

如果我们再"懒"一点，连回测平台、数据中心也不想自己开发，只想聚焦于发现能够盈利的交易策略，有没有可行的方案呢？其实也是有的。现在市面上成熟的量化交易平台不止一家，它们不仅在回测平台内提供免费的回测数据，还提供用来编写和测试策略的线上编译器，甚至还支持交易信号的触达服务，如通过短信、微信小程序的形式发到你的手机上。这样一来，就完全可以利用这些量化交易平台实现我们的"量化策略+手动交易"的方案了。

因为市面上的量化交易平台的同质化问题比较严重，本书不做具体推荐。你只要搜索量化交易平台，然后在最靠前的几家中选择一家学习和研究就可以了。希望你能借助这些平台的力量，聚焦策略开发，落地你的量化交易想法！

小结

本节，我们完成了对量化投资系统剩余三个模块的讲解。希望学完之后，你能够更深入地理解典型量化投资系统的框架和实现方法。本节的要点总结如下。

- 管理模块是整个系统的绝对核心，我们的项目在开盘前调用管理模块，得到当天具体的目标仓位。
- 交易模块是交易的实际执行者。在真实的量化投资系统中，系统会通过自动化交易或手动交易的方式执行交易模块的功能。
- 业绩分析模块通过分析实盘交易结果，得到系统的业绩情况。
- 接入成熟的量化交易平台可以帮你聚焦在量化策略的研发上，实现"量化策略+手动交易"的方案。

思考题

量化交易系统的开发和维护都很费精力。如果你是一名工程师，那么可以评估一下自己是否有足够的精力和实力维护一套量化交易系统吗？如果你确实对量化交易很感兴趣，那么能否在开始之前写一份简单的项目评估报告呢？

第 29 节　理工思维：把量化的思想应用在投资的方方面面

经过了四节内容的学习，希望你已经对量化投资系统有了一个清晰的认识。不得不承认的是，量化投资是一个门槛高、投入大的投资方式。即使你是一位编程高手，也需要投入大量的精力去维护整个系统的正常运转。

难道量化投资对普通人来说就没什么用了吗？当然不是。**量化投资本身就是理工思维最典型的体现，它是理工思维应用在投资领域的最严谨的表达方式。**结合支点投资法来说，量化投资给我们的启发是"要把投资的支点建立在最稳固的基座之上，而这个最稳固的基座，就是由数据和逻辑支撑的理工思维"。

本节，我们就结合书中之前举的例子，总结量化的思想还能应用在投资的哪些方面。

回测是做决定最好的依据

书中不止一次地提到过，权威专家给出的投资意见，不要拿过来就用，而是要融入自己的思考，经过自己的验证，转化成自己的投资支点后再使用。最可靠的验证投资观点的方法是什么呢？毫无疑问，就是量化投资中的回测过程。

如果你没有技术去实现量化投资系统的交易 API，也没有精力去维护一个能够稳定运行的量化交易程序，那么就请抓住量化投资系统中对普通人来说最有价值的一个模块——回测平台。严格来说，我们不需要自建回测平台，现在各种股票、基金 App 都已经很强大了，我们只要善用他们数据分析的功能，就能实现非常高效的数据回测。

例如，第 19 节介绍的一种简单且低频的日历效应策略，就是我们利用沪深 300 指数这一个大盘指数算出来的。即使不会编程，一个普通人在纸上也能完成对这个策略的验证，最多花一个小时的时间。但我们的收益是什么呢？是一个稳定的、低频的，可以执行多年的投资策略，这个投入回报比是多么惊人。

例如，第 16 节讲计算还贷策略时，我们甚至没有用到历史数据，而是实现了一个决策程序，去模拟未来几十年的家庭财富变动情况和还贷方式的关系。这样一个简单的程序，可能会影响你未来上百万的家庭财富，这又是多么合适的一笔时间投资。

再来回顾一个稍微难一点的例子，即第 22 节介绍的利用沪深 300 指数和中证 500 指数做二八轮动的例子。如果我们想实现这个策略，依赖的数据和工具有：

- 沪深 300 指数和中证 500 指数天级别的净值数据。
- 一个简单的处理数据和实现策略的小程序。
- 一个给你发送交易指令的接口，如微信小程序或者手机短信提醒。
- 一个基金 App 或股票 App 进行手工交易。

以上四个条件对普通人来说并不难创造。相比专业的量化投资系统，它的开发量和维护成本非常低，却是利用量化投资的思路构建的一套可执行的量化投资策略。这才是我们普通人从量化投资中受益的最佳方式。

我们要做思路清晰、冷静客观的财富主人

量化的思想对我们的第二点启发同样意义非凡。那就是面对自己的财富，一定要做思路清晰、冷静客观的主人。面对生活，我们当然可以是感性的、热情的，但面对钱，一定要是冷静，甚至带一点"冷血"的，容不得一丝情绪在其中。只有当我们像一个量

化程序那样思考并执行，才能让我们的利益最大化。

这里的典型例子就是基于量化思维的顶层资产配置。非常肯定的是，对于家庭财富项，我们是没办法用一套量化系统帮自己管理的，因为房产、保险等财富项肯定没办法用 API 来交易。但是量化的思维仍是我们科学管理全部家庭财产的关键。

第 4 节介绍过多种经典的资产配置方案。你还记得如何验证它们为什么称得上经典吗？仅仅是因为它们的提出者是著名投资大师吗？当然不是，而是我们用量化的思维去验证了这些资产配置方案在二十年尺度上的收益率。我们看到，这些配置方案在中美市场上都呈现出了稳健、可持续的表现，所以它们才称得上是经典的方案。

在自己的财富管理过程中，我们一定要做思路清晰、心里有数的财富主人。不要做随波逐流、永远不知道如何分配自己的财富的"糊涂"主人。举个例子，如果你决定使用永久组合作为自己的长期资产顶层配置方案。那在你买卖股票时，一定要记得调整资产比例，不要让股票资产在你的资产占比中失衡。因为一旦失衡，永久组合就不再是永久组合了，你也就无法享受到它稳健、长期的收益。

所以量化的思想上升到资产管理的角度，就是一种尊重数据的思想，只有认真地对待你的财富，财富才会认真地对待你。

生活中的理工思维

再推而广之，量化的思想其实不仅在投资理财这个领域有价值，它对我们财富双塔中的"个人发展塔"同样有价值。就像第 8 节介绍的，职业生涯的规划应该以优化未来 N 年职业生涯的收益总和为目标，不要仅看最近一两年的收益，这本身就是量化的思想。

新冠疫情暴发以来，全球的油价、物价都经历了明显上涨。很多普通家庭的生活都受到了影响。我们能不能用理工科的思维去思考这件事情，让自己的生活免受物价上涨的负面影响呢？其实完全可以做到，那就是用"对冲+量化"的思路把自己的一部分资产投资到石油、大宗产品这类基金或者 ETF 上。这样油价上涨，你的这部分投资也上涨，相当于不受油价波动的影响。

投资的金额也完全可以用量化的方式算出来。例如，未来一年你家庭的加油费用是 1 万元，那很简单，你就在油价比较低时购买 1 万元的石油 ETF 就可以了，这样无论油价怎么涨，都相当于用你买入 ETF 时刻的油价来加油。同理，如果你未来三年都不想受到油价波动的影响，那就买 3 万元的石油 ETF。这就是一个简单的、在生活中应用对冲和量化思想的例子。

感性与理性

本节的最后,我想与读者简短地探讨一个更抽象的问题——感性与理性的关系问题。有的读者看到我们不仅把理工思维用在投资上,还用在分析生活的方方面面上,觉得过分"利益至上"。难道生活中就不应该拥有感性的决定、为梦想的冲动、为亲人朋友不计利益的倾囊相助吗?

我的回答是"让理性的事情回归理性,把感性的事情交给感性"。我们用理工思维去解决问题,前提永远都是这个问题是清楚可定义的,例如理财这个问题就非常清楚,就是要获取收益;通过对冲对抗通胀这个问题也是非常明确的。这类事情,我们当然要回归理性。

但我们要知道,生活中有很多美好的东西是不能被清楚定义的,它属于哲学的范畴,如爱情、亲情、理想、自我实现。这些事情我们无法"计算",也无法用一个确定的路径去实现,那么请把这些事情交给感性。

我们甚至在本书的第 1 节就讲到,我们的财富框架支撑的是"人生兴趣",而兴趣必然是感性的。第 2 节也提到,个人发展的终极价值是要用你的职场价值、专业价值实现家庭与人生价值,而家庭与人生的价值同样是感性的、不可衡量的。

我们精确的、复杂的理工思维就像是一个勤劳且聪明的工程师,他为我们的生活搭好基础,但在此之上,我们似乎需要一个感性的头脑去追求更深刻、更内在的人生价值。我想它们是缺一不可的。我们唯一要注意的是,要让理性的事情回归理性,把感性的事情交给感性,否则生活的地基和这地基支撑起的高塔都得摇摇欲坠。

思考题

能否结合你在生活中遇到的问题,思考哪些可以用量化的思想、理工的思维去解决,哪些不可以?

番外小知识　ETF 是什么?

交易型开放式指数基金(Exchange Traded Fund,ETF)是一种跟踪"标的指数"变化,且在证券交易所上市交易的基金。ETF 的基金资产为一篮子股票组合,组合中的股票种类与某一特定指数的成分股相同,股票数量比例也与该指数的成分股权重一致。

ETF 的交易方式与股票很相似，ETF 在证券交易所进行交易，并且交易时间与股票的交易时间相同，投资者可以通过其证券账户进行 ETF 的交易，相当方便。与股票交易相比，ETF 交易不需要缴纳印花税，节省了一定的成本，并且持有 ETF 相当于持有一篮子股票的组合。例如，购买上证 50ETF，相当于持有了上证 50 的所有成分股，但是占用的资金远远小于直接购买这些股票，并且多股票的投资组合也可以分散风险。

与传统的开放式基金相比，ETF 从名称看与一般的传统开放式共同基金差不多，但实际上在交易成本、基金管理方式与交易方式等方面有较大的差异。在交易成本方面，传统开放式基金每年需支付约 1.0%~1.5%的管理费，较 ETF 的管理费（约 0.3%~0.5%）高很多；另外，传统开放式基金申购时需支付 1.0%左右的手续费，赎回时需支付 1.5%左右的手续费，而 ETF 仅于交易时支付证券商最多 0.2%的佣金，与开放式基金的交易成本相比相对便宜。

结束语
知行合一：财富管理是一生的事情

不知不觉中，我们已经来到了本书的最后一节。这里我要感谢你陪我一起走完了这趟个人财富之旅。作为一名还在工作的程序员，我和正在看这本书的你一样，都背负着很大的工作和生活压力。但每天忙碌的工作结束，夜深人静写这本书时，都是我倍感充实、发自内心感受到快乐的时刻。因为我不仅在为自己创造一笔新的财富，也相信能够把一些正确的财富管理理念传递给书前的你。

我不是一个矫情的人，更不是一个喜欢听"鸡汤"的人。认真读过这本书的你一定知道，我看重的从来不是空洞的道理、苍白的"鸡汤"，而是逻辑完备、有扎实支撑的实践体系。但是，在这本书即将结束之际，我必须"矫情"一回，讲一讲我对职业发展、投资理财，甚至是人生态度的一些看法，希望对你有一点启发。我会用我最喜欢的三句话总结这些态度和看法，下面把它们分享给你。

听从你心，无问西东

第一句话来自一部叫《无问西东》的电影，它是这么说的："爱你所爱，行你所行，听从你心，无问西东。"这部影片是清华大学的百年校庆献礼片，讲述了不同时代的四位清华学子进行人生选择的故事。当然，我们可能一辈子都做不了那种在波澜壮阔的时代里问心无愧的英雄，但我要说的是：即使是普通人，也应该在面对人生选择的时候有自己的坚持，自己的初心。

没有人可以规定一个成功的人生是什么样子的。难道只有在一线城市买一套大房子，当上总监、VP、CEO才是成功？在一个二三线城市有一份稳定的工作、一个安心的小家，不是成功吗？有一个自己的爱好，在一个小小的领域内做出一点成果，不是成功吗？在我眼中，它们都是。成功不分大小，只要"听从你心"。

在线下跟同行交流职业发展时，很多人都非常焦虑，问是不是一定要去大公司，一定要在35岁之前当上经理？我想这个问题永远都不会有一个所谓的"标准答案"。因为每个人都有自己擅长的地方，只要有一个长远的目标，并切实规划好适合自己的实现路径，就是"成功"的职业规划。更何况，"听从你心"做出的选择很多时候并不差。2016年，我几位北京的同事认为北京的生活压力太大，有的去了杭州，有的去了广州，还有的去了成都。后来这些城市反而迎来了更快速的发展，他们的房产收益和生活质量比在北京时提高了不少。我也有一些不喜欢跳槽的同事，适应了一个公司的工作方式后就不想轻易改变。他们踏踏实实地在一家公司工作，也都找到了非常稳固的职场位置，这在年龄大了之后反而成了最宝贵的职场财富。也有的同事认为在互联网企业"996"不值得，主动选择去薪水相对低，但不用加班、很少裁员的国企，照样把自己的工作和生活梳理得井井有条。

总之，每个人都有适合自己的道路，重要的是去发现它，并且在正确的道路上坚定前行。希望这本书能帮你建立一种有逻辑的思维方式，来独立判断事物的发展规律，而不是制定一个标准答案让你按部就班地遵守。事实上，无论是投资还是人生规划，都不可能存在这样一个标准答案。

所以，在前进的路上，如果你真的累了，觉得大家"卷"得太厉害了，可以想想这句话："爱你所爱，行你所行，听从你心，无问西东。"停下脚步，好好思考自己真正想要什么，再认真规划如何实现它，我相信我们每个人都值得更好的人生。

认清了生活的真相后还依然热爱它

我要分享给你的第二句话，是罗曼·罗兰在《米开朗琪罗传》里说的："世界上只有一种真正的英雄主义，就是认清了生活的真相后还依然热爱它。"我非常喜欢这句话。

这个世界当然是不完美的，这个时代也不是对所有人都公平。但我要说的是，成年人的世界里没有人是轻松的。当你觉得生活真的太难了，实在坚持不下去时，其实你的领导、同事、同学也面临着这样或那样的难题，因为这就是生活的真相。有的人在看清真相之后，选择了唉声叹气、逃避，而有的人还是会用极大的热情去面对这个世界。如果你是后者，那你就是罗曼·罗兰笔下的"英雄"。

当然，这里的"英雄"不一定要去拯救谁，要做出什么惊天伟业，我们要做的是自己生活的"英雄"：在处于困境时，思考有哪些破局点，最大化地利用自己所学，找到生活的最优解。当你按照自己的规划，一点点实现那个"听从你心"的目标时，我相信你会越来越热爱这个不算太友好的世界。

我在跟同行交流房价问题时，一位 40 岁上下的程序员给我留下了很深的印象，他说自己上有老下有小，中间还有怎么还都还不完的贷款，他希望让自己的财富框架坚实起来，但每天都筋疲力尽，根本没有余力积攒更多的财富。我理解他的处境，也理解这些都是现实情况，但我希望他依然能保持对生活的热情，鼓起勇气试着改变。就像本书第 1 节里讲的那样，要让自己的财富飞轮转起来。即使飞轮目前卡住了，甚至卡死了，也没关系，试着改变一点点，试着存下 1000 元，1 万元，用这本书讲到的方法让剩余的财富滚动起来，我相信你的财富飞轮会一点点松动，越转越快。

"英雄"当然不是那么好当的，我们需要的正是勇于改变的那一口气。我们绝大多数人都是普通人，但普通不意味着平凡。希望这本书能帮助书前的你迈出改变的第一步。

知行合一

我要分享的最后一句话，是明代思想家王阳明的哲学核心"知行合一"。如果说"听从你心，无问西东"这句话给了我们目标，罗曼·罗兰的话告诉了我们在实现目标过程中的态度，那么"知行合一"这句话就在告诉我们应该怎么做。

所谓的"知行合一"，是在说"认识事物的道理与实行其事，是密不可分的"。如果一个人的"知"和"行"是割裂的，那么不是"知"的部分没有价值，就是"行"的部分没有指导，这就很难达成理想的人生目的。所以我认为，"知行合一"这句话不仅应该是我们做人的至高准则，而且还是一个成功投资者的核心素质。

看这本书时，你也许会觉得我在讲解一些知识时很啰唆。例如，我多次提到了个人投资者的三大优势：我在第 6 节就介绍了这三个优势，在第 17 节又详细讲解了如何利用这三大优势投资股票，在第 19 节还特别强调了理工男的技术优势……其实，归根到底，我只是在反复提醒一点：**在投资理财的过程中，弄清楚一个关键点并坚定执行，比积累大量的投资知识重要得多**。

下面我要分享的这段经历是一个很好的例证。我是在十年前读到格雷厄姆写的《聪明的投资者》的。虽然这本书里讲了很多投资案例、投资思想，但时至今日，我脑海中只留下了一个核心观点：**聪明的投资者不会总去寻求战胜市场，更多是顺势而为**。普通投资者要做到这一点，长期定投指数基金就是一个非常好的选择。其实，我在十年前刚读完这本书时，很是年轻气盛。我当时觉得，计算机科班出身的我，要技术有技术，要智商有智商，要精力有精力，正是大展宏图、大幅战胜市场之际，怎么可能仅仅跟着市场，寻求一个每年 7%~8% 的收益率？那时的我是"无知乱行"。

之后的五年间，我在股市、期货、基金上进行了大量的、复杂的、自作聪明的投资操作，结果被市场结结实实地教育了一番，终于知道了市场的险恶、对手的凶狠，也理解了格雷厄姆的良苦用心。但我还是时不时地被情绪影响，去做一些自以为是的无效投资。那个阶段的我，"知行不一"。

而在今天，我回头再看《聪明的投资者》，有时会会心一笑：书中讲的一些案例不就是曾经的我吗？此时的我面对投资，少了痛苦和犹豫，多了淡定的分析和抉择，跟随市场顺势而为。在投资上，这一阶段的我离"知行合一"的境界又近了一步。

这就是我从"无知乱行"到"知行不一"，再到入门"知行合一"的三个阶段，也许可以给你一些启发。我们理工男有一个非常大的优点，就是好学，喜欢死磕干货。但是在投资这件事上，慢下来，进行深度思考是比迷失在大量的技术细节中更明智的选择。

我在前言中提到过，和工作不一样，投资是一件内向的事情。在一段时间的投资操作之后，停下来思考自己的"所知"和"所行"是不是一致，这样才能保证自己一直走在正确的道路上。

我们小时候都学过一篇叫《劝学》的古文，其中有一句话："不积跬步，无以至千里；不积小流，无以成江海。"财富管理是一生的事情，希望这本书能成为你财富管理正确道路的起点。我们还需要千百次的实践和思考，才能不断接近"知行合一"这个最高境界。在这条路上，我希望能与你共勉。

番 外

番外一　王喆对话李腾：程序员对基金经理的"灵魂十问"

读者你好，我是王喆，《理工男谈理财》这本书是我和李腾共同写作的，但到现在为止，我们俩还没有直接对话过。我们一个是程序员，一个是基金经理，虽然两个人都是理工男，都秉持着"科学投资"的理念，但看问题的视角不尽相同。

本节，我就当一回主持人，采访有十多年专业基金经理经验，目前在担任首席投资官的李腾，看一看李腾是如何从他的视角看待职业发展、理财理念、巴菲特和索罗斯这些热门话题的。

问题一：为什么要放弃基金经理这样一个收入可观、职业发展稳定的职位，加入这样的创业公司呢？

王：李腾你好。我们先来聊聊个人发展中选择职业方向的话题吧。

在旁人眼中，基金经理是一个收入可观，而且职业发展很稳定的职位，但你却在基金经理生涯的黄金期，选择放弃这个职位，加入北京棱镜私募这家创业公司，给读者谈谈你做出这个选择的原因吧。

李：王喆你好。基金经理这个职位，就像你刚才说的那样，收入不错，工作内容也比较有意思，对我个人来说性价比确实很高。而且，我之前所在的基金公司也提供了一个非常好的环境，我遇到了我很喜欢的领导和同事。

至于我为什么要离开，根本原因是我自身的发展规划：我一直有一个理想——普及科学投资理念、降低科学投资门槛。北京棱镜私募这个平台可以帮我更好地实现理想。

王：职业发展规划确实非常重要，本书也一直在强调这一点。你能不能谈得更具体一些，比如在做选择时是怎么考虑的？

李：我对职业选择的认知也是一步一步建立的。大致可以分为三个阶段。

第一个阶段是刚毕业的时候。那时因为比较自负，觉得自己迟早会解决钱的问题，就只想选一个自己最感兴趣的事情做。放到现在来看，这肯定是有失偏颇的，是"瘸腿发展"的状态。

后来我调整了思路，开始考虑薪酬待遇、行业发展空间等实际问题，希望先解决家庭的财务问题，再考虑人生理想。在第二个阶段，我遇到了一些很不错的领导、同事，还赶上了量化投资和FOF投资的行业发展机会，在职业道路上走得比较顺利。

直到今天，我依然没有彻底解决财富自由的问题，但经过这十几年的积累，能力得到了提升，现在我基本相信这只是时间问题。所以最近两年算是我在职业选择上的第三阶段，我一直以来的人生理想——普及科学投资理念重新占据了主导地位。刚好在这个时候，我遇到了北京棱镜私募的创始人姜昌浩。

北京棱镜私募的宗旨是"让家庭理财更科学，让财富机构更智能"，这和我的个人理想高度吻合。我从中发现了将自身理想在创业平台实现的可能性。之后我们沟通了大约两年，其间我也在预判在创业平台实现理想的可行性。终于，2021年5月前后，我离开公募基金行业，和几位朋友创立了一家专注于以FOF投资形式提供财富管理服务的私募公司。虽然沟通的过程比较长，但现在回头看，加入这家公司是一种必然的选择。

在新平台上，我给自己的目标就是和新老合伙人一起，把经过长期验证的科学投资理念和投研方法，设计成点几下鼠标就可以完成的分析工具。我希望将来有一天，每个人都能使用到足够专业，同时又看得懂、容易用的投资工具；在每次投资前，大家都会想到用科学投资工具对自己的投资想法做一个轻松的验证。

王：那其实你的选择也挺符合我们书中关于职业规划的介绍的：在职业生涯初期夯实基础，深钻一个行业，在解决了家庭的生活问题，自己也有了足够的职场财富之后，变成职场的"高端玩家"，去追求更能体现自己理想和价值的方向。

希望你的这些亲身经历，对读者的职业选择有所帮助。

问题二：对于各个平台上的投资专家的经验分享，我们应该采取什么样的态度？

王：这个问题应该困扰着很多刚参与投资理财的读者，这里我就替大家问问李腾。网络上有很多投资专家的分享，很多电视台的财经节目也会做股票的复盘分析。那么，作为一名专业投资者，你会看这些节目吗？你建议大家看这些节目吗？

李：我一般不看，相信大多数投资专业人士也不会看。这可能是因为，对于专业投资者来说，有很多更优质的、可以互动的专家资源。不过，普通投资者的情况就不同了，这里可以给读者一些建议。

作为一名普通投资者，你可以根据自己的段位，在初期听一听这些专家的意见，但要注意分辨，拿不准的先不要盲目相信。

我指的初期，是指刚开始炒股，甚至是第一次炒股票或者买基金时。这时，如果你没有更好的资源，可以去听听网上的股评，或者电视上的股评师的意见，相信他们的分享对处在这个阶段的你是有些帮助的。

希望读者不要看着别人炒股赚钱了，就急着上车，以至于慌不择路地选择了一些质量低劣的学习资源。这里我想强调的是什么呢？世界这么大，投资机会年年有、到处有，不必急于一时。你首先要做的，**不是赶上某专家推荐的那趟车，而是快马加鞭地通过持续学习建立自己的认知优势**。这一点，在本书的第 1 节就已经提道："对自己的认知，尤其是对自己能力边界和风险承受能力的清晰认知，是比找到一个顶级投资策略，或抢手的投资标的更关键的事。"

王：这里我想插一句，我经常在网络上、生活中的讨论里听到这样的提问：王老师，对于某件事，你是怎么看的？这样的提问也反映了类似的问题。其实，我怎么看对你来说重要吗？**专家的意见可能有用，但作用是很有限的，重要的还是你怎么看，以及你为什么这么看**。本书也聚焦在培养投资思维上，而不是给出标准答案。

李：说得没错。只有形成了自己的认知，才能在这个基础上验证自己的投资想法，才能基于支点投资法进行操作，然后通过投资复盘不断提升自己的认知水平。这是一个长期的过程，所以不要着急，不要担心错过一个机会就再也没有其他机会了，拿不准的就先不做。

当你的水平提升到一定程度时，可以再看一些券商研究所的报告，或者一些经典的文本，如投资大师巴菲特的文章和书籍。我们会在"番外二"里推荐具体的学习资料。

问题三：如何应对投资时产生的负面情绪？

王：感谢李腾的具体建议，给我的启发很大，相信读者也会有不少收获。再问一个经常困扰普通投资者的问题。我觉得普通投资者最难克服的就是投资过程中产生的负面情绪。跌了就认为当初不该投，涨了就后悔当初买少了。你也会有这样的负面情绪吗？

李：当然，我在投资时也会有负面情绪。例如，我也很遗憾明明提前做了研究，却因为不坚定，最终错过了 2021 年新能源锂行业的大好机会。我也后悔过买了基本面因子很好看，但是后来爆出财务问题的股票。

王：看来专业投资者也和我们普通投资者一样，难免会产生一些负面情绪。不过我觉得，让自己完全没有情绪是不现实的，重要的是不让情绪影响自己的投资行为。你是怎么做到这一点的？

李：对，这是很好的问题。因为在投资行业从业，我每天都需要做一些投资决策，之后都可以看到这些决策是成功还是失败。每做一次决策，我都会总结成功经验，反思失败的教训。经过这些年大量的训练，我基本可以让自己的投资操作不再受情绪影响。也就是说，不管上一笔投资是成功还是失败，我总是会遵循自己长期思考后制定的规则，来决定下一次的投资逻辑并执行。总之，**情绪归情绪，操作上还是要坚持自己长期相信的方法论，不能因为一时的得失盲目变更。**

说到保持心态平衡，我有一个好的办法，就是做分散投资，把每一笔投资的金额控制在一个可以承受的范围内。这样，就可以用更超然的心态看待每一笔投资，避免因为损失金额过大而导致的心态失衡。

具体来说，我建议读者人工投资时，最好每一笔投资都不超过个人资金的 10%，并且要把它分散到 10 到 20 只标的上。如果你有能力开发量化策略就更好了，这时可以让策略自动执行，同时让分散度进一步提高，这样就几乎可以说是完全摆脱了人类情绪的限制。

问题四：专业投资者怎么评价巴菲特和他的价值投资理论？

王：感谢李腾的建议，也希望大家能在实践中不断修炼自己的心态。第四个问题，我想和你讨论下巴菲特。只要稍微了解投资的人，应该都听说过巴菲特的价值投资理论。那么，在你们专业的投资圈子里，也会崇尚巴菲特的理论吗？

李：那必须的。而且，干这一行越久的人，越觉得巴菲特的方法是经得起时间检验的真知灼见。我身边很多专业的基本面投资者，都把巴菲特当成人生偶像，自称是巴菲特的信徒。

王：那看来巴菲特的理论确实在散户圈和专业圈都受追捧。但有个问题，普通投资者总觉得巴菲特的价值投资理论没有太强的实用性，你有没有什么实践上的建议？

李：明白。巴菲特的成功经验里，有一些是普通投资者能够复制学习的。例如，要

尽量选对自己来说最简单的、最能看懂的股票来投，要做长期投资，等等。还有一些经验是不能复制，或不能在短期内复制的。例如，巴菲特拥有一家保险公司，能为他持续输送低成本资金，以及他和芒格对世界的深刻认知，这些条件都不是一般人能在短期内复制的。

普通投资者觉得巴菲特的价值投资理论没有实用性，可能主要是觉得巴菲特的方法赚钱太慢，研究起来太累。也就是说，普通投资者可能认为存在着更快、更轻松的赚钱方式，其实这个认识大概率是不对的。我想给的建议就是，投资赚钱主要靠的是认知变现，所以你想获得可观的超额收益，就需要通过学习和研究，建立自己的认知优势。这是一个需要长期付出的过程，没有捷径可走。

唯一可行的方法，就是我们每个人都根据自身的优势和特点，构建自己个性化的投资方法论。不同的人适用的投资方法也是不一样的，甚至不是只有少数几个版本，而是千人千面的。

我们学习巴菲特时，一方面要结合自己的实际情况，学习他经验中那些自己可以真正应用的部分。例如，在投资顶层思想上，巴菲特可能比绝大部分人都强，这是值得大部分人学习的。另一方面，我们每个人也有比巴菲特更具认知优势的细分领域，在这些领域，你当然有战胜巴菲特的基础。面对巴菲特的价值投资理论，我们要做的就是扬长避短、取长补短，这样是有机会在局部领域做得比巴菲特更好的。

最后提一句，如果要学习巴菲特，建议优先学一手资料。例如，读巴菲特每年给股东的公开信，这个绝对值得投入时间学习。

王：了解。我总结下：我们普通投资者学习巴菲特的思路，就是掌握他的基本投资理念，再结合我们自身的优势进行实践。

问题五：专业投资者怎么评价索罗斯和他的投资理论？

王：刚聊完巴菲特，我们再顺着这个思路聊一聊另一位投资大师索罗斯。大家都知道，索罗斯是一位做空大师，狙击英镑、做空泰铢都是他的得意之作。那么李腾，你是怎么评价索罗斯的？你觉得我们这些普通人可以从他身上学到什么？

李：索罗斯当然是一位伟大的宏观交易大师。我想我们应该学习他的思考方式，而不是盲目地模仿他的宏观对冲交易，因为他的很多优势也是我们无法复制的。

第23节提到过他用宏观对冲基金狙击英镑的故事，还拿这个举例吧。索罗斯的这次巨大成功，是基于他自身的两个优势。第一个是他本身就有经济学的专业功底，并且对英镑进行了大量的研究。正是在这个基础上，他做出了一个极强的判断，就是英镑会贬值。这时，就连英国政府都不敢做出这样的判断，还在砸钱维护英镑汇率。他的第二个优势，是他有足够的能力和资源，可以借入上百亿美元的资金，也就是加杠杆去做空英镑，然后进一步触发英镑贬值的进程。

索罗斯的这两点我是做不到的。我很少能对一些宏观问题有如此之强的判断。另外，我也没有本事从银行借来上百亿美元的贷款。不过，索罗斯在进行宏观对冲交易时，依据的一些基本逻辑其实没有那么高深，我们可以在经济学或者市场中学到。只是你要做得无比娴熟，有极高的置信度。只有做到这个水平，你才敢于加杠杆，然后去下重注，博取巨额的收益。

而且，**索罗斯这种加杠杆去赌一件事的操作风格，对我们普通人来说风险非常大**。一旦做错，就可能倾家荡产。有些盲目加杠杆的人，可能做之前都没有想好一个基本的问题：一旦发生了意料之外的事情，自己有没有能力处理？我们身边也有很多这样的事情：有人贷款去赌一只龙头股，结果这只龙头股后来暴跌，就把他所有的本金和贷款都跌光了。这样，不仅他的原始积累没有了，还背上了巨额的债务，整个家庭的财务状况都面临着危机。

王：确实是这样。索罗斯有资本输，因为他的原始积累已经完成了，输的钱也是机构的钱。而普通人如果杠杆太高，一输就倾家荡产，风险和收益完全不成正比。我们之前也建议过普通投资者尽量不去碰做空的操作，你能不能从专业的角度再分析一下这个观点？

李：好的。索罗斯采用的宏观对冲交易既可以做多，也可以做空，其中做空是一种风险更高的操作。为什么呢？

首先，市场上可以投资的这些资产，长期收益都是正的，否则这种资产就不该存在。既然资产都是长期看涨的，如果做空时间足够长，那基本上是要亏钱的。所以，要长期做空一种资产，面临的风险非常大。

此外，做空往往需要一定的资金成本，比如每年要交一次固定融券成本，这种成本又进一步加大了风险。还有，你做多时资产价格顶多跌到零，最多也就是亏掉投入的所有本金；而做空时，这个资产的价格可以无限上涨，于是你的亏损就可以无限大。基于上面这三个理由，我建议普通个人投资者尽量不要做空一个资产。

王：好，感谢李腾，这个话题我们先聊到这里。

问题六：专业投资者怎么看比特币？

王：李腾你好。我们再谈一个程序员圈子里特别火的话题，比特币。这个话题这么火，不只是因为比特币确实制造了很多财富神话，还因为区块链是目前很前沿的技术领域。那么，你能不能从专业投资者的角度谈谈你对比特币的认识？

李：比特币确实是一种新兴的数字资产，我觉得它有可能在未来成为每个人的标配资产。如果真的出现这种情况，那么比特币的币值可能还会有很大的提升空间。

为什么这么说呢？因为比特币的发行总量是有上限的，就 2000 万枚。这和各国政府发行的主权货币是不一样的，主权货币在政府需要的时候，可以无限发行。对于那些相信数字货币有未来的人来说，比特币是值得以适当比例配置的，至少应该有个 5%以下的敞口配置在上面，之后根据比特币的发展情况动态地调整配置的比例。

但也要意识到投资数字货币的风险，因为从历史来看，这类标的的波动是非常大的，所以还是要用资产配置的思路去看待比特币，找到适合自己的配置比例。

王：那你有没有投资过比特币？从你的角度看，有没有比较合适的投资比特币的方法？

李：我在七八年前试着买过一枚比特币，当时还很便宜，币价是现在的 1/10 左右。不过我那次的运气不太好，中午买的，当天晚上就跌了 50%。这个波动太大了，所以我之后几年都没有碰过比特币。

但是，2022 年，我又对数字货币进行了一轮学习，重新调整了认知，于是又开始投资比特币了，只配置了很小比例（大概 1%左右）的资金在这上面。以后我会强迫自己学习一些关于数字货币的知识，然后根据我学习的情况和比特币的发展，可能会考虑逐步增加配置比例。目前来看，应该不会超过 5%。

王：看来，投资比特币时，也要贯彻本书强调的资产配置理念：既不能错过财富增值的机会，也不能盲目地跟投，暴露过多的风险。

问题七：怎么看待投资者中的技术分析流派？

王：我们接着聊下一个话题，技术分析。可能是因为我们程序员本身对技术很执着，所以炒股时，很多程序员热衷于看各种技术流的指标。那么李腾，你对技术分析流派是怎么看的？你觉得强大的技术分析能力是做一名成功投资者的关键吗？

李：这个问题可能得从头说起。我的专业投资生涯是从做量化投资开始的。当时我相信量化是世界上最好的投资框架，非常系统，非常有纪律性，也非常有效率。

后来，因为工作原因，我"被迫"学习了我曾经认为过于随意的基本面投资，结果发现基本面投资是非常好的投资方法。那时我意识到，真正的投资应该建立在一个人的认知优势上，而我以前在没有深入投资认知的状态下做的量化投资只能说是数据统计，或者数据挖掘。

王：看来我提的问题已经有答案了。要想做一名成功的投资者，关键是要建立认知优势，技术分析只是体现认知优势的方法之一。

李：没错，接下来我们就具体说说技术分析。我后来遇到一位很聊得来的同事，他是一位优秀的量化投资经理，特别相信技术投资。每次做投资前，他都要看"线"，也就是所谓的技术形态。受他的影响，我下决心投入时间好好研究技术分析。

我用量化投资中的回测技术，把常见的技术指标系统地回测了，也就是测试了用技术指标进行择时或选股的有效性。我发现这样做的效果真的很不错，尤其是在中国市场上。而且，很多业绩很好的量化私募基金，它们用的选股因子，大都是基于量价生成的技术指标。因此，我现在相信技术指标也有可取之处。

经过这些年的成长，我最终得到了一个综合的结论：不管是技术分析、价值投资、成长股投资、主题轮动、宏观对冲，还是量化投资，每个流派都有糟粕，但也都有精华。我并不想轻易地否定某一个流派，因为他们就像武林中的门派一样，有武当、少林、峨眉之分，但是任何一派的武功练到顶级都可以打遍天下。因此，关键在"功力"，而不是"门派"，你要做的就是找到最适合你自身特点的方法，用科学的眼光验证打磨。

王：我对你说的这些话特别有感触。其实，不仅是投资，在事业发展上我们也要在一个方向上钻研。只有在一个技术点上的积累足够深，才能拿到更高的薪资，做出不一样的成果。

问题八：怎么评价量化工程师这个职业？

王：接下来我们要聊的问题，和投资理财相关，也和职业方向的选择相关。近年，我身边有几位同事接连跳槽去了量化私募，而且我感觉他们跳槽之后都挺神秘的，也不太清楚他们具体在做什么。李腾，你能帮我们揭秘量化工程师（Quant Developer）这个职业吗？

李：我个人很喜欢量化工程师这个职业，因为它很有趣。我来说说量化工程师都在做什么吧。

在做量化策略时，做的事情就像在做科研，要读别人的文章来获得一些策略想法。你要研究这个世界的变化，这些变化会在市场中各种资产的价格上留下投影。我们通过研究和思考，找出一些可以利用的规律，或者好的投资想法，然后找合适的数据进行回测验证。

整个过程非常激动人心，也能帮助你更准确、更客观地认识这个世界。但是要注意，千万不要把量化做成一个纯粹挖掘数据的工作，否则会陷入过拟合。这样，既不能增加你对世界的认知，也不能带来更多的乐趣，而且最后的投资效果也不稳定。策略一旦失效，你就不知道该怎么办了。

即使是现在最流行的基于深度学习的选股模型，在研究时也有很多深刻有趣的底层逻辑，而不是纯粹的喂数据、套用模型和调参数。我的看法是，如果你做量化时没找到逻辑，只是暴力调参，那就说明努力的方向有问题。

王：量化工程师听起来确实是个有趣的工作，不过我们在评价一个职业方向时，不仅看工作内容，还要考虑更多的现实因素。那么，你觉得量化工程师是一个好的职业方向吗？是不是也很"卷"？

李：关于量化工程师行业发展状况的问题，我们可能要动态地看。几年前，在大多数公募基金公司里，量化投资还是比较边缘的部门，主要做一些被动指数型产品，技术含量不是特别高。因此，量化工程师的待遇和奖金也低于做传统基本面投资的基金经理。

但这两年不一样了。随着量化模型的发展，以及计算机算力和基础数据设施的发展，量化投资的学习门槛越来越高，业绩优势越来越强。头部量化选股策略的超额收益，已经可以和顶级的主观选股相媲美了，甚至稳定性还更强。所以，这两年大部分的公募基金公司都在增加对量化投资的投入。做基本面投资的团队，也开始使用一些量化分析工具来辅助自己的投资决策。

所以无论是公募基金行业还是私募基金行业，都越来越重视量化投资。做得比较好的量化投资研究员或者投资经理，在猎头市场上是被热捧的，所以待遇应该是很好的。但据我所知，基本工资可能也就跟一线互联网公司的程序员差不多，不过开发出来的策略业绩好的话，奖金会比较多。和互联网行业的创业公司的期权比较起来，也说不准哪边更有吸引力。

此外，量化投资领域的头部岗位还是高度内卷的，充斥着大量"清北复交藤校"的毕业生。要想成为抢手的量化投资从业者，至少要在三个方面比较出众：一是投资的经验和直觉，二是数学建模能力，三是编程能力。

一些人在量化投资领域做了很多年之后，发展遇到瓶颈，甚至丧失了前进的动力和方向。我个人认为，这是因为他们一直没有注意积累自己的投资经验，只是在做简单的数据挖掘或者数据统计。要想做好量化投资，本质上还是得懂投资，而不是只懂量化的这些技术，比如编程、数学模型。

所以，如果你有一个比较好的机会进入量化投资领域，除了利用你在数学建模或者编程上的基本功来指导投资，还应该在这个过程中更进一步，尝试去理解模型和程序背后的投资逻辑。只有不断积累对投资的真正理解，才能设计出有长期生命力的量化投资策略，否则就会陷入永无止境的同行内卷竞争中。数学建模和编程，永远只是你实现投资想法的有力工具，不能代替投资想法本身。

阅读这本书的程序员朋友，我想你已经迈过了数学建模和编程这两个对大多数人来说最难的门槛。还剩下一个门槛，就是投资经验和投资直觉。对于这一点，你可以读一些巴菲特的书，或者读一些关于交易思想的书来补充，然后在投资实践中注意积累就好了。

问题九：程序员用业余时间搞量化投资可行吗？

王：听完你的介绍，感觉专业的量化投资领域真是强手如云，普通人要是贸然进入，有点鸡蛋碰石头的感觉。但说实话，和很多程序员一样，我对量化投资总有种跃跃欲试的感觉。你觉得程序员利用业余时间搞量化投资是条可行的路吗？能赚到钱吗？

李：我觉得可以尝试，但是要有章法。首先，要想清楚自己的优势和劣势，大致估算要投入的资金和精力。可以设置一些中期目标来衡量自己的进度和潜力，判断是否要继续做下去，并想清楚在哪些方向上长期积累。

我觉得程序员做量化投资，最大的优势就是编程能力。你们善于使用很多最新的数据分析工具（如机器学习），或者最新的数据获取方式（如用程序定期抓取一些开放的数据集），用机器学习的知识解决一个特定的投资问题，等等。所以我觉得，程序员如果能很好地使用自己的专业信息优势，在某些领域进行长期的投入，是有可能在竞争非常激烈、高度内卷的量化投资领域赢得一席之地的。

王：我知道很多程序员朋友也尝试过量化投资，刚开始很兴奋，觉得自己要大展宏图，实现财富自由了。但当他们遇到挫折时，又很沮丧，觉得量化投资就是个伪命题。你觉得面对量化投资，正确的态度应该是怎样的？

李：关于程序员面对量化投资时的态度，我有两点建议。

第一，不要认为这件事很容易。如果有其他性价比更高的努力方向，我不建议加入高度内卷的量化投资领域。

第二，也不要认为这件事不可能做到。现在比较优秀的量化私募的合伙人团队，几乎每一家都有一位是程序员出身。程序员在做量化投资方面，确实有先天的优势。

总结一下，**承认这件事很难，同时也要清楚自己的优势，做有章法的长期积累**。你可以给自己预留几年的时间来成长和试错，还是有可能成为靠量化投资养活自己，甚至实现财富自由的程序员的。

王：所以说白了，就是不要妄自菲薄，也不要轻敌冒进。还是要想清楚自己的长处，静下心来细细打磨技术优势，才有可能通过量化投资赚到钱。

问题十：我们到底应不应该充分信任基金经理的专业水平？

王：李腾，作为"灵魂十问"的最后一问，我们来谈谈你最擅长的领域，基金投资。有些普通投资者对基金经理不信任，认为基金公司就是赚管理费的，把钱交给基金经理还不如自己炒股。作为业内人士，你怎么看这个观点？

李：我想绝大多数基金经理还是有自己的职业荣誉感的，这表现在他们很在意自己管理的基金的净值曲线。此外，即使你认为基金经理只是为了赚管理费，他的长期利益也是跟基金份额持有人绑定的。这是因为，只有他的基金净值表现比较好，后续才有更多的资金来申购他的基金；规模大了，他才能赚到更多的管理费。

至于投资能力，毕竟基金经理是专职做这件事情的，又有团队和资源的支持，他们的投资能力远远高于普通投资者个人的平均水平。投资者喜欢用自己最成功的案例，和基金经理失败的案例对比，然后得出"把钱交给基金经理还不如自己炒股"的结论，但这样做肯定是有失公允的。

其实，投资这件事有很多不可控因素。有些不可控因素，别说基金经理，连央行行长都控制不了。例如，某个化工厂的某个反应罐爆炸了，做财产险的保险公司遇到了特大的洪水或者地震灾害，等等。所以，即使是水平最高的基金经理，他也一定有"跑输"某些个人投资者的时候。但是"拉长线"来看，基金经理战胜普通投资者几乎是确定的事情。

因此，我们应该借助全市场各领域基金经理的能力，来管理自己的财富。虽然我做过很长时间的投资经理，但其实我95%以上的资金都交给了各个领域的基金经理来管，只有不到5%的钱用我的策略来管。这样做是因为，我擅长的策略只是其中的一个细分领域，我们还是要坚持"让专业的人干专业的事"这个原则。

王：确实是这样。我也接触过几位基金公司的研究员和投资经理，我觉得他们的专业性是毋庸置疑的。让我印象最深的是，当时我随便提了几只股票，他们马上就能说出股票的编号、特点、近期业绩、关键指标。所以我觉得，还真是"不要用自己的业余爱好挑战别人的专业工作"。在不同的细分领域，把自己的钱外包给相应专业的人去管理，绝对是性价比很高的一件事情。

到这里,我们的"灵魂十问"采访就结束了,再次感谢李腾精彩的回答。下一个番外,我和李腾会向你推荐一些可以用来长期学习的投资理财资料。

番外二　有哪些能够持续学习的参考资料和相关网站

很多读者在学习理财的过程中,觉得网上关于投资理财的学习资料很多,但很难筛选出专业、客观又实用的。本节,我就向读者推荐一些我们精挑细选出的学习资料。

为了帮助不同阶段的学习者,我们将这些学习资料分为入门级、进阶级、专业级三大部分,读者可以循序渐进地学习。希望这些资料能帮助你在财富管理之路上走得更远。

入门级

这个级别的学习资料,可以带你了解基本的投资知识,建立基本的理财观念。

建立理财观:《富爸爸穷爸爸》

《富爸爸穷爸爸》从本质上讲清楚了什么是资产,例如房子和股票;什么不是资产,例如汽车。它还告诉我们,为什么要扩大自己财产中的资产项,压缩非资产项,以及具体如何实行。

这本书采用讲故事的方式,对理财新手非常友好,没有任何阅读门槛。读完这本书,你就会明白理财的重要性和大方向,进而走上理财的自驱之路。

投资指数基金:《漫步华尔街》

《漫步华尔街》是我刚接触投资时看的。这本书对我的影响非常深刻:它让我放弃了不切实际的投资幻想,回到跟市场一同成长的长期投资轨道上。

整本书里最关键的观点,就是投资指数基金时不要进行过多的"瞎操作"。这本书不会教你太多复杂的投资技巧,但是能让你树立正确的投资心态。在学习投资的入门阶段,这一点是最关键的。

了解对冲基金的历史:《富可敌国:对冲基金与新精英的崛起》

《富可敌国:对冲基金与新精英的崛起》讲述了全球各类著名对冲基金的发展史,论述深刻又非常有趣,其中也包括不少量化相关的对冲基金。虽然书里涉及了一些金融专业名词,但是描述生动,你可以结合上下文轻松理解,所以阅读门槛不太高。

读完这本书，你可以大致了解各种策略类型的私募基金的相关知识，包括它们在做什么，是怎样做的，谁创造了它们，未来的发展变化，等等。这些知识可以很好地指导你投资这些私募基金。

机器学习入门：《机器学习》

对于想把机器学习应用在投资理财上的读者，我推荐的入门书是南京大学周志华教授的《机器学习》。

这本书也被叫作"西瓜书"，因为作者在讲解基本术语和原理时，经常用挑西瓜来举例，帮助读者理解。它是国内最流行的机器学习入门书之一，特点是内容非常全面、详尽，语言也流畅易懂。所以，我把它推荐给机器学习基础不太牢固的读者，希望它能带你进入机器学习的大门。

进阶级

这个级别的学习资料，适合已经入门、希望更进一步的读者。

如何判断自己有没有入门呢？有一个简单的标准：如果你在投资理财时遇到了问题，虽然并不能马上给出解决方案，但能迅速想到该去哪个网站搜索哪些关键字，或者该去问谁。这时，用计算机术语来讲，你已经建立好了理财问题索引表，可以说是入门了。另外，当你将本书的内容完全消化吸收时，基本上就建好了索引表。

价值投资圣经：《巴菲特致股东的信》

投资大师巴菲特每年都会给伯克希尔的股东写一封信，介绍当年的投资情况，以及他对市场和公司的看法。这几乎是全世界价值投资者的圣经级教材。

巴菲特从来不使用艰深的术语或模型，而是用平实却深刻的语言讲道理，所以这些资料也基本没有阅读门槛。但是，因为这些信内容丰富，信息量很大，需要你投入大量时间消化理解。如果你有精力，那么最好读英文版。

深度学习领域经典教材：《神经网络与深度学习》

对于那些有一定机器学习基础、希望进一步研究的读者，我推荐阅读复旦大学邱锡鹏教授的《神经网络与深度学习》。

这本书也叫"蒲公英书"，它更偏向于介绍神经网络和深度学习，对深度学习的介绍非常全面、详尽，又不故作高深，是我们进入深度学习领域的绝佳选择。

投资社区：雪球

雪球是国内各种流派的投资者进行线上交流的主流社区，里面沉淀了各派高手的优秀思考。读者可以根据自己的投资偏好，关注一些高手，向他们学习。

各大量化交易平台

在网上跟读者交流量化投资时，很多读者询问如何获得投资数据。这里我统一答复。

目前，市场上没有完全开源、真正免费的投资数据集。不过，在各大量化交易平台上，我们可以利用回测模块使用这些投资数据集，只是不能批量下载。所以，有志于学习量化交易的读者可以关注主流的量化交易平台的使用方法，并进一步落地你的量化投资想法。商业原因，这里就不做具体推荐了，请读者自行搜索和调研。

专业级

这一级别的学习资料，适合那些想转行进入专业投资领域的读者，主要涉及基本面投资和量化投资的知识。

行业分析框架：各券商研究所的研究报告

券商就是证券公司，大型券商一般都有自己的研究所，它们的研究报告的质量往往高于普通财经媒体推送的文章。

由于这些报告的目标读者是基金公司的专业投研人员，所以对普通投资者不太"友好"。想要转行到投资行业的读者，还需要投入一定精力去学习。读者可以搜索并尝试更多券商的研究服务，通过比较来选择自己的学习资源。

多因子模型：Barra USE3 handbook（《美国股票风险模型手册（第 3 版）》）

Barra USE3 handbook 是由 BARRA 公司发布的，该公司是量化投资技术提供商，量化投资领域的先驱。*Barra USE3 handbook* 的篇幅不太长，一共几十页，但它详细介绍了股票市场多因子模型的理论框架和实证细节。而且，介绍时描述规范清晰，没有陷入无意义的细节，很适合作为读者转入专业量化投资行业时的起步项目。我开始做量化投资时，花了 8 个月把 USE3 的架构在 A 股数据上适配实现，这个项目做完了，也基本入门了。

因子投资：《因子投资：方法与实践》

在我看来，这是近年来最好的讲解多因子模型的专著，不仅思想深刻，表述也准确生动。这本书很适合那些想要深入研究多因子模型，并开发因子投资策略的读者。

量化分析"圣经":《主动投资组合管理》

《主动投资组合管理》的两位作者是量化投资行业的先驱者,并且都曾担任 BARRA 公司的研究总监。它的内容相对较深,描述也偏实践,介绍了许多深刻的真知,书中的很多论述精彩而透彻。这本书被奉为量化组合投资的业界"圣经"。

不过,该书有些章节撰写得深度不一,初学者阅读起来会有些吃力。所以我推荐的阅读方法是:首次阅读时,不必纠结看不懂的细节,只要不影响后续阅读就跳过;有一定基础后,再反复阅读本书,每次阅读都会有新的体会。

以上就是我推荐的全部资料。财富管理是一生的事情,对本书内容的学习只是你个人财富管理的起点。要想获得更有效的财富增长,你还需要持续学习,建立强大的认知优势。希望本书能帮助你明确努力的方向,在前进的过程中,你一定会收获更有价值的东西。

番外三 知识总结:本书的全部思维导图

在本书的最后,为了加深读者的理解和记忆,也为了方便读者回顾学习,我把本书的核心知识点总结成了思维导图。读者可以对照这些图,把本书的内容从头到尾梳理一遍。回望来路,相信你会有更多新的体会和思考。